あなたの予想と馬券を変える

革命競馬

勝つ！ 儲ける！ 極める！

オッズ馬券幸福論

大谷清文

Kiyofumi Otani

はじめに…競馬で大切なのは「予想」ではなく「予報」です

多くの競馬ファンは、馬券検討を始めるときには馬の成績や展開など、いきなりレースの予想をする傾向があると思います。私の場合、予想ツールのメインは「オッズ」ですから、レース前日の段階では出走頭数やどんな馬が出走するのかを眺める程度で、馬券に直結するような作業は一切しません。しませんというより、できないのです。レース当日になり、オッズが発表されるわけですが、それでもいきなり馬券の検討は始めません。最初にするのは「競馬予報」です。

「競馬予報」とは一日のレースの中で、どのレースが波乱になるか、どのレースが堅く収まるかを判定することを指します。それぞれのレースの性格を見極めるまでは、けっしてレースの検討をしないのが私の馬券検討法の第一歩です。

「競馬予報」で使用するオッズは当日朝9時半のオッズです。そのオッズを使用し、一定のルールをもとにしながら、一日のレースを「大穴型レース」「中穴型レース」「本命型レース」に振り分けていきます。そして「大穴型レース」として分類されたレースだけを波乱レースと認定し、穴馬を見つけ出していくのです。

すなわち**「波乱レースで穴馬から馬券を買う」**が基本となっています。本命馬が活躍しそうなレースで穴馬を買ったり、穴馬が活躍しそうなレースで本命馬を買っていたら、馬券の的中率や回収率は上がりません。ですから、私はそれぞれのレースの性格を見極める「競馬予報」が重要だと考えているのです。

それは、波乱になる可能性の高いレースで穴馬から狙う行為は、無駄な馬券を買わないで済むということにつながります。馬券で勝てない人たちの多くは、無駄な馬券を買う傾向があります。的中させたいという気持ちが強すぎ「この馬が危ない」「この馬がきたら高配当」などという思いが沸き起こるからです。

その結果、購入点数が増え、挙句の果てには的中しても払い戻しは投資金額を下回る、いわゆる「ガミ馬券」になるケースも少なくありません。馬券は的中させることが最終目標ではないことは理解していても、レース直前になると次々と無駄な馬券を買ってしまいます。それは人間の深層心理からくる当たり前の行動かもしれませんが、それではなかなか競馬の世界で勝つことは難しいのではないでしょうか。

オッズ馬券は数字がメインの馬券術です。数字はウソをつきませんし、また人間の心理が入り込む余地が少ないため、誘惑に負けて無駄な馬券を買う危険性が少なくなります。

私は9時半のオッズを重要視しています。この時間帯のオッズで一日のレースのすべてが決まってしまうといっても過言ではありません。最終レースの発走からすると、ほぼ7時間前のオッズです。これほど早い段階のオッズの数値が7時間後のレース結果を予測しているなんて、信じられないかと思いますが、数え切れないほどのレースを的中しているのも事実なのです。それは、9時半のオッズからしっかりと一日のレースの性格を調べる「競馬予報」があるからなのです。

本書で紹介した100のルールを活用し、ひとりでも多く人たちが高配当馬券を手にすることができたら、これ以上の喜びはありません。

大谷清文

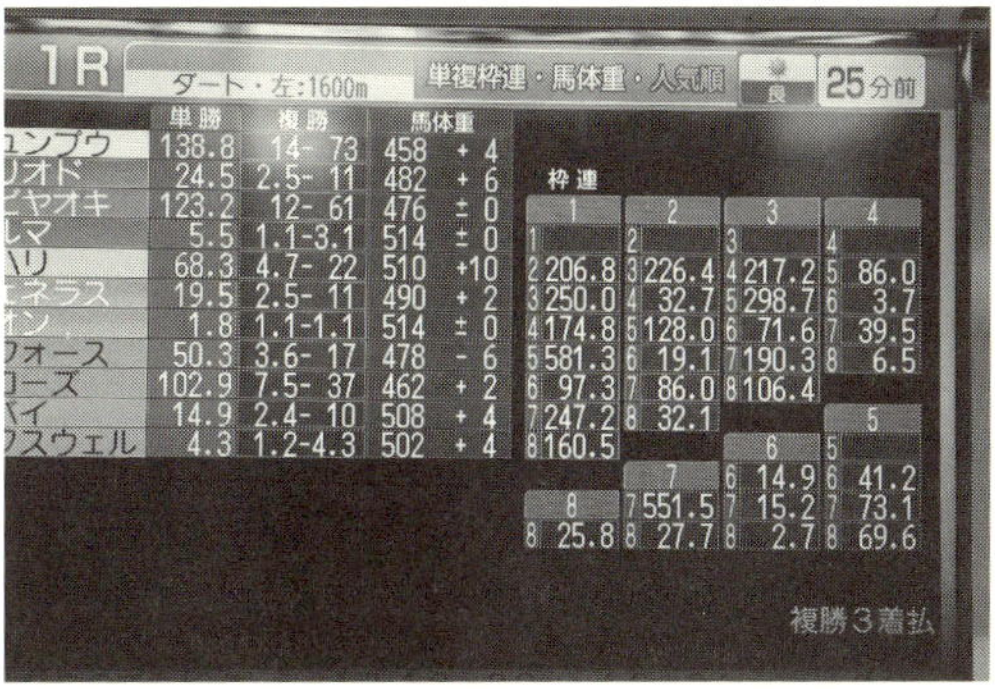
1R
ダート・左:1600m
単複枠連・馬体重・人気順
25分前
単勝
複勝
馬体重
枠連
複勝3着払

第4章 投資学 資金を最大限に活用する重点項目

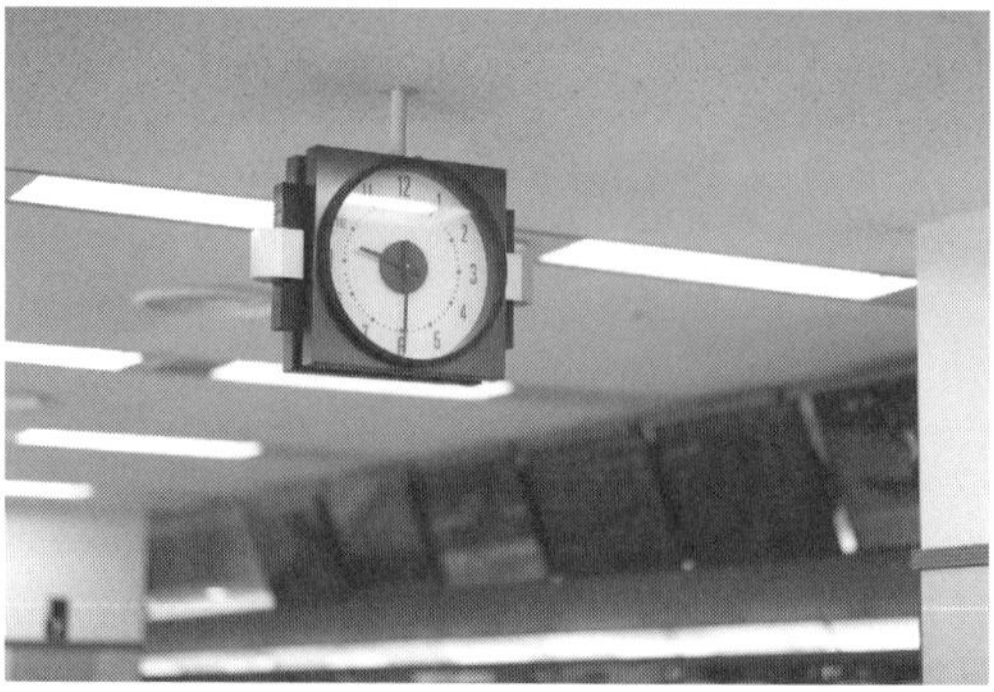

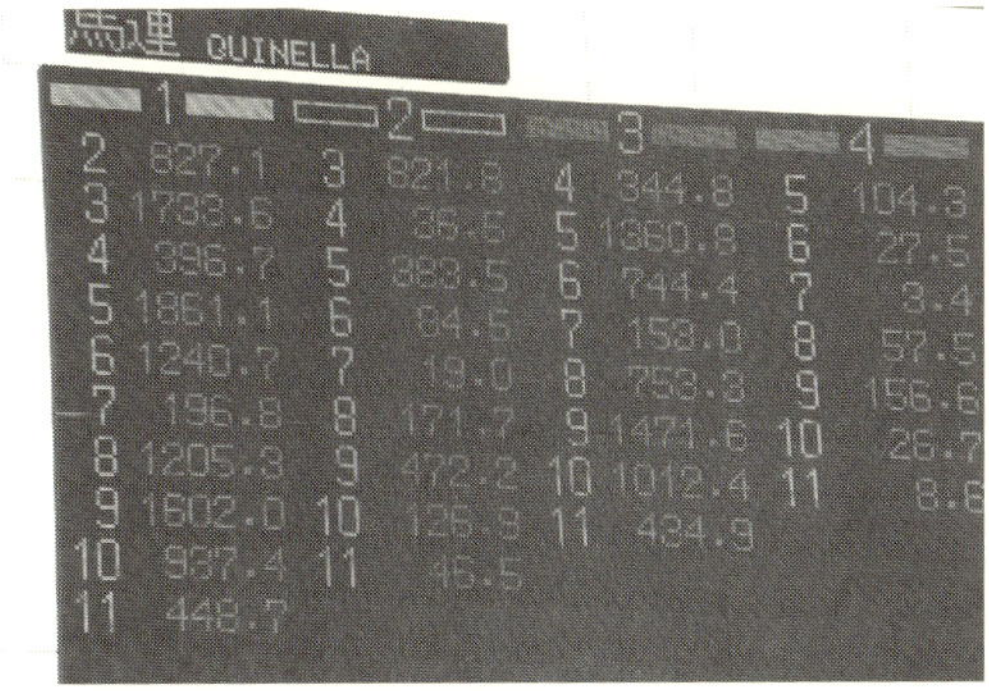
馬連 QUINELLA
1 2 3 4
2 827.1
3 1733.6
4 396.7
5 1861.1
6 1240.7
7 196.8
8 1205.3
9 1602.0
10 937.4
11 448.7
3 821.8
4 36.5
5 883.5
6 84.5
7 19.0
8 171.7
9 472.2
10 126.9
11 46.5
4 344.8
5 1360.8
6 744.4
7 153.0
8 753.3
9 1471.6
10 1012.4
11 434.9
5 104.3
6 27.5
7 3.4
8 57.5
9 156.6
10 26.7
11 8.6

第7章 検証 的中馬券から読み解くオッズの重点項目

装丁●橋元浩明（sowhat.Inc.）　本文 DTP ●オフィスモコナ　写真●武田明彦
馬柱●優馬　編集協力●キューブリック
※名称、所属は一部を除いて 2021 年 11 月 5 日時点のものです。
※成績、配当、日程は必ず主催者発行のものと照合してください。

馬券は必ず自己責任において購入お願いいたします。

第1章

論理学

馬券で勝つための基本的な重点項目

1 競馬は予想するから外れてしまう！

多くの競馬ファンは競馬前日に枠順が発表になると、競馬新聞などから情報を入手し、馬券の検討を始めます。競馬場で向かう電車の中を見回すと、ほとんどの人がメインレースや電車の到着時刻に合わせたレースの馬柱と睨めっこをしています。

これは、すべてのレースの馬券を買ってしまう人の検討パターンではないかと考えられます。そもそも馬券の世界では、すべてのレースを的中させることなんて不可能に近いものなのです。皆さんも経験があると思いますが、すべてのレースに手を出すと回収率は下がる傾向にあります。

また、競馬場やウインズで「本日の運試し……」などといって、競馬場やウインズに到着するやいなや、あまり検討もしないで馬券を買っている姿も見かけます。これもいただけません。

馬券の世界に「運試し」はありません。ちょっとした軽い気持ちで500円、1000円と馬券を購入すると最終レースになる頃には数万円にもなってしまい、簡単に取り戻せる金額ではないほど負け金が膨らんでしまいます。

馬券で勝つ近道とはなんでしょうか？

それは馬券を買うレースを絞ることです。そして無駄な馬券を買わないようにすることです。それにはレースを絞るための基準をつくることが重要なのです。私はそれを**「競馬予報」**と呼んでいます。

多くの人たちはレースの「予想」をします。いきなり馬柱を見て馬券検討を始めるのです。私はけっしてそのようなことはしません。「競馬予報」、すなわちレースの性格を見極めることに、まずは注力していきます。

これから「競馬予報」の大切さを紹介していきましょう。

2 万馬券になるレースで万馬券を狙うのが、馬券勝利への近道

「競馬予報」とは一日のレースを、一定のルールに基づきながら「大穴型レース」「中穴型レース」「本命型レース」に分けていくことをいいます。基準は簡単です。当日朝9時半のオッズを使用します。

まず注目するのは「馬連1番人気」です。

「馬連1番人気」のオッズが9倍以上でしたら「大穴型レース」、4倍以上9倍未満でしたら「中穴型レース」、4倍未満のレースでしたら「本命型レース」に分けていきます。そして「馬連オッズ」9倍以上のレースは、単勝30倍未満の頭数が何頭いるかを数えます。10頭以上いたら合格です。もし9頭以下の場合は、そのレースは「中穴型レース」になります。

前日の段階でもある程度、レースの予測は可能です。それは日刊スポーツで掲載している「日刊コンピ指数」です（P38参照）。この指数の1位にランクしている馬のポイントと46ポイントの馬がどこにランクされているか、この2点だけに注目します。**コンピ指数1位のポイントが80P以下、かつ46Pの馬が11位以下にいるレースが「大穴型レース」**となります。

9時半のオッズで「馬連1番人気が9倍以上、単勝30倍未満の頭数が10頭以上」という条件をクリアしているレースでは、往々にしてコンピ指数の段階で「1位が80P以下、46Pの馬が11位以下」という条件をクリアしているものです。

このように、9時半のオッズでの「競馬予報」から浮上した「大穴型レース」は馬連や3連複で万馬券になる可能性が高いのです。「万馬券になる可能性の高いレースで万馬券を買う！」――こんな単純なことが、馬券で勝つための近道なのです。

3 レースの性格を見極めることの重要性

前項で「競馬予報」をすることによって、レースの波乱度を測ることの大切さを申し上げました。馬券であまりいい成績を残せない人の多くは、常に本命馬券ばかりを購入する人、反対にいつも高配当馬券を狙って穴馬から馬券を購入する人というように、どんなレースでも同じように馬券を買う傾向にあります。競馬は常に本命馬券ばかり飛び出すわけではありません。もちろん大穴馬券ばかり

●オッズで行なうレースのタイプ分類

当日朝9時半の「馬連1番人気のオッズ」が

9倍以上	4倍以上～9倍未満	4倍未満
↓波乱傾向	↓	堅い傾向↓
大穴型レース	中穴型レース	本命型レース

↑ただし、「大穴型」は単勝30倍未満の馬が10頭いることが条件。9頭以下なら「中穴型」になる

でもありません。

常に1番人気から馬券を買っている人は、的中率は高いかもしれません。

しかし回収率はどうでしょうか？

多くの人はマイナスになっているのではないでしょうか。反対に大穴馬券ばかり狙っている人は、いつかは高配当馬券をＧＥＴするかもしれません。しかし相手は大穴馬券です。何度も連続して的中できるほど競馬は甘くありません。外れ続けると心理的にも不安になり、いずれは資金が底を尽くことも珍しくないでしょう。

しかし「競馬予報」でレースの性格を見極めておけば、無駄な馬券を買うことを避けることができるのです。

本命を狙っている人は「競馬予報」で「本命型レース」と判定が出たレースだけを狙って馬券を買えばいいのです。大穴馬券を狙いたい人は、「競馬予報」で「大穴型レース」と判定が出たレースだけを狙えば、効率よく高配当馬券を的中させることができるのです。

私はメインレースだからといって、「競馬予報」から納得のいく判定が出ない限り馬券は買いません。重賞レースもＧⅠレースも同様です。特に大穴馬券を狙うときには、「大穴型レース」の判定をクリアしていないレースには絶対に手を出しません。

私は約30年以上オッズとつき合い、相性のいいのは後半7レースであることがわかり、現在では7レース以降のレースをターゲットレースとして検討しています。

ひとつの競馬場で1日6レース、3場開催の場合は18レースを「競馬予報」から「大穴レース」を見つけ出しています。14頭立て以上のレースだと、判定をクリアするのは3開催でも3～4レース程度です。「競馬予報」で大穴判定が出たレース以外はけっして、大穴馬を見つけようともしません。私が実践しているオッズ馬券のいいところは、誰が判定しても同じ結果になることです。そして、感情に左右されることがけっしてないことも特徴として挙げられます。

4 競馬検討で使用する数字はウソをつかない

競馬の予想方法は人それぞれです。私のようにオッズを中心に馬券を検討している者にとって、競馬新聞は発走時刻や競馬中継を見るときの資料程度としか活用していません。

しかし多くの人たちは馬券検討をするときに、競馬新聞の馬柱を重要視しています。馬柱には着順やタイム、前走の人気などが書かれています。それらの数字はすべて間違いのない正しいデータです。しかし同じ正しいデータを使っても、ある人は馬券を的中させ、またある人は馬券を外してしまうのはどうしてでしょうか。

それは馬柱などに書かれている数字の使い方が間違っているからです。

競馬新聞に掲載されている数字は、どんな新聞でも同じようなものです。その数字はけっしてウソをつきません。しかし見る人にとって、その分析方法によって浮上してくる馬番が変わってしまいます。

そこで私は「ウソをつかない数字」の分析から結論を出し、実際に馬券を購入した数字、すなわちオッズに注目しました。オッズは競馬ファンが様々な角度から馬券を検討し最終結論として、自らお金を投じて馬券を買った結果を表したものです。

オッズという数字もウソをつかない数字であると考えています。

オッズは単勝オッズ、複勝オッズというように馬券の式別ごとに発表されています。3連複、3連単といった3連系の馬券が現在では人気のある式別ですが、私は**「単勝オッズ」「複勝オッズ」「馬連オッズ」**の3つの数字を大切にしています。これらのオッズは購入層が異なると考えられるからです。

「単勝&複勝馬券」は馬の調子の情報を得ることができる馬主やその関係者が好んで購入する馬券です。100円単位でも馬券は売れていますが、多くの場合はまとまった票数が投じられることが多いものです。「馬連馬券」は一般の競馬ファンが購入することが多いでしょう。【項目13】で詳しく説明しますが、**馬券の購入層が違うことが穴馬を見つけ出すことにつながる**のです。

このように私はウソをつかない「オッズ」という数字を大いに活用しています。なぜなら数字には感情がありません。誰でも同じ分析結果を導き出せるからです。

5 9時半の馬連1番人気からレースを3つに分類する

馬連1番人気のオッズはレースの性格を見極めることのできる優れものです。【項目2】でも紹介しましたが、馬連オッズが4倍未満は「本命型レース」、4～9倍未満が「中穴型レース」、9倍以上が「大穴型レース」です。

さて、3つの型に分類したレースは、どんな特徴があるのでしょうか。

「本命型レース」に分類されたレースでは、もちろん1、2番人気が中心になります。単勝1、2番人気が信頼できるかどうか、たとえば単勝オッズ1倍台の超1番人気は信頼できるのかどうか調べていきます（【項目29】でも後述）。

「中穴型レース」に分類されたレースは、5～7（8）番人気の馬が中心になります。5～7（8）人気の馬同士が1、2着すると万馬券になるケースも少なくありません。中穴型のレースの検証方法は後ほど詳しく述べたいと思います（P97参照）。

「大穴型レース」に分類されたレースは、もうひとつ大切なことをチェックしなければなりません。「単勝30倍未満の頭数」です。10頭以上いれば合格です。「大穴型レース」に分類しているレースは複勝オッズで6倍未満の頭数が何頭いるかもチェックしておくと、偽物の「大穴型レース」に騙されません。複勝6倍未満の頭数が7頭以下のレースでは、「馬連1番人気9倍以上」「単勝30倍未満が10頭以上」という条件をクリアしても、大穴馬が浮上しないケースが多いからです。

また穴馬が浮上しても、その穴馬が馬券に絡まないケースが多いものです。すなわちそのレースは偽物の「大穴型レース」なのです。つまり、複勝オッズ6倍未満の馬が8頭以上いることが望ましいのです。

複勝オッズは「2・3～3・4」というように、幅をもった数値で発表されています。オッズ馬券術では複勝オッズ上限の数値を使います。つまり「2・3〜3・4」でしたら「3・4」がその馬の複勝オッズということになります。

このように3つのパターンに分類しておけば、「本命型レース」で穴馬券を買ったり、「大穴型レース」で本命馬券を買ったりすることは防げるのです。

6 9時半のオッズはなぜ重要な数値なのか

当日朝9時半のオッズはどうして重要なオッズなのでしょうか。

私は枠連しかない時代から「オッズ」に興味をもっていました。故・松本守正氏と一緒にオッズ馬券に注目し、担当編集者として何冊も単行本を世に出し、また私が編集長を務めた雑誌「ザ・競馬」において、オッズ分析による記事を載せたものです。

その後、競馬は馬連の時代を迎え、競馬場やウインズにはオッズプリンターなるものが登場し、気軽にオッズを入手することが可能になりました。そのオッズプリンターが動き出す時間が9時半だったのです。まだパソコンなどそれほど普及していない時代でしたから、ネットでオッズを調べる人などほとんどいません。皆無といっていいでしょう。

すなわち**9時半のオッズは、主催者であるＪＲＡが最初に発表しているオッズ**なのです。でしたら、そのオッズに何かヒントがないものか、あらゆる角度から検証しました。

馬連馬券で万馬券になったレースを集め、そのレース結果から9時半のオッズでは【項目2】で紹介した2つの条件（馬連1番人気が9倍以上、単勝30倍未満の馬が10頭以上）を見つけ出しました。その他にも万馬券レースを演出する穴馬の姿を見つけやすいのも、9時半のオッズでした。

どんな競馬新聞でもほとんど印のついていない馬が、単勝や複勝で1番人気になっていたりする姿を見ることができるのも9時半のオッズです。このような馬は万馬券を演出することが多いものです。しかし9時半のオッズで単勝&複勝1番人気になっていた馬は時間とともに人気が落ち、レース直前では単勝&複勝10番人気といったように、なんの疑問ももたないような普通の顔に戻ってしまい、とてもそのオッズからは穴馬として浮上させることができません。

9時半のオッズは、レースの性格がわかる「競馬予報」をすることができ、さらには「大穴型レース」で万馬券を演出する馬を浮上させることができる、馬券検討になくてはならないオッズなのです。

7 馬連ランクを調べることがオッズ馬券の基本

馬連ランク（人気順位）を調べることが、オッズ馬券で穴馬を見つけ出す作業では一番重要なこととなります。これを調べないことには何も始まらないといっても過言ではありません。

馬連ランクの調べ方はそれほど難しいものではありません。ひとつ例を出して説明しましょう。

単勝1番人気の馬を調べたところ、①番が1番人気でした。単勝1番人気絡みの馬番を抜き出すのがルールです。①番絡みの馬連オッズをすべて抜き出します。

ここで使用するオッズは「当日朝9時半のオッズ」です。

①番からの馬連オッズを抜き出したら【図A】のようになりました。馬連ランク2位は②番となり、馬連ランク3位は③番となります。この馬連ランクが重要になります。すなわちこのレースの馬連ランクは「1・2・3・4・5・6・7・8・9・10・11・12・13・14」ということになります。つまり、ひとつの表にすると【図B】のようになります。

このレースの単勝2番人気が⑫番だとしましょう。馬連ランクは12位に対し、単勝ランクが2位になっているなんておかしいですね。明らかにオッズのバランスを崩しています。

このようにオッズのバランスが崩れている箇所を見つけ出すことが、馬連ランクを調べることによってわかるのです。

もうひとつ、馬連ランクを調べるうえで注意しなければならないことがあります。

馬連1番人気の組み合わせが必ずしも単勝1、2番人気とは限りません。たとえば馬連1番人気の組み合わせが①－②がであったとき、単勝1番人気が③番というようなケースも考えられます。このようなケースでは、馬連1番人気の組み

【図A】

①絡み	オッズ
①－②	11.4
①－③	12.3
①－④	12.5
①－⑤	18.5
①－⑥	21.1
①－⑦	23.5
①－⑧	34.5
①－⑨	38.9
①－⑩	41.0
①－⑪	54.2
①－⑫	67.2
①－⑬	189
①－⑭	234

【図B】

馬連ランク	馬番	オッズ
1位	1	
2位	2	11.4
3位	3	12.3
4位	4	12.5
5位	5	18.5
6位	6	21.1
7位	7	23.5
8位	8	34.5
9位	9	38.9
10位	10	41.0
11位	11	54.2
12位	12	67.2
13位	13	189
14位	14	234

合わせである①番と②番の単勝オッズを比較します。

①番が5・5倍、②番が6・5倍でしたら、馬連ランク1位は①番となり、①番からの馬連オッズを抜き出し、先ほどのルールと同じように①番から並び変えていきます。

8 馬連ランクからランク間の乖離差を調べる

馬連ランクの馬番との間には、どれくらいの乖離《かいり》差があるかを調べることも重要です。では、どのようにして乖離差を調べるのでしょうか。

前項の【図B】をご覧ください。

①－②のオッズは11・4倍です。①－③のオッズは12・3倍ですから、馬連2位と3位との間には12・3÷11・4＝1・07で1・07倍の乖離差があることがわかります。

つまり、馬連ランク2位と3位との間の乖離差は1・07ということになるのです。

同様に馬連ランク3位と4位の乖離差を調べてみましょう。①－④の馬連オッズは12・5倍です。①－③の馬連オッズは12・3倍ですから、12・5÷12・3＝1・01となり、馬連3位と4位との間には乖離差が1・01あるということになります。

これは乖離差という考え方を説明しただけで、実際の検討ではすべてのランク間の乖離差を調べる必要はありません。重要なのは**1・8倍以上に大きく乖離している箇所**だけです。

前項のレースでは一見して、馬連ランク12位と13位の間に大きな乖離差があることがわかります。13位の馬連①－⑬のオッズは189倍です。12位の馬連①－⑫のオッズは67・2倍ですから、189÷67・2＝2・81となり、馬連12位と13位の間には2・81倍の乖離差があることがわかります。

乖離差1・8倍以上の箇所を**「オッズの壁」**と呼んでいます。

「オッズの壁」の前の2頭を穴馬候補として浮上させ、この2頭にまずは注目するのが、オッズ馬券術の基本となります。

しかし、馬連オッズが何倍でもいいというわけではありません。ひとつの指標として180倍までのオッズで出現した「オッズの壁」の前の2頭に注目しています。

実例を出して説明してみましょう。2021年7月4日、福島12Rです。このレースの馬連1番人気は①－④で11・8倍です。単勝1番人気が⑩番ですから、①番と④番の単勝オッズを調べると、①番は6・5倍、④番は8・5倍ですから、①番が馬連の1位となります。①番絡みの馬連オッズを人気順に並び変えると【図C】のようになりました。

すると馬連12位が133倍、11位が57・7倍となっています。133÷57・7＝2・3となり、馬連11位と12位の間に、「オッズの壁」があることがわかります。「オッズの壁」の前の2頭が穴

【図C】2021年7月4日
福島12Rの場合

馬連ランク	馬番	オッズ
1位	1	
2位	4	11.8
3位	10	12.5
4位	12	18.8
5位	5	19.5
6位	7	20.4
7位	15	35.0
8位	13	42.8
9位	9	44.5
10位	8	50.3
11位	6	57.7
12位	2	133
13位	3	211
14位	11	243
15位	14	255

太線がオッズの壁。この場合、10位の馬連①－⑧、11位の馬連①－⑥の⑧番、⑥番が穴馬候補

●2021年７月４日福島12Ｒ（３歳以上１勝クラス、ダ1700m）

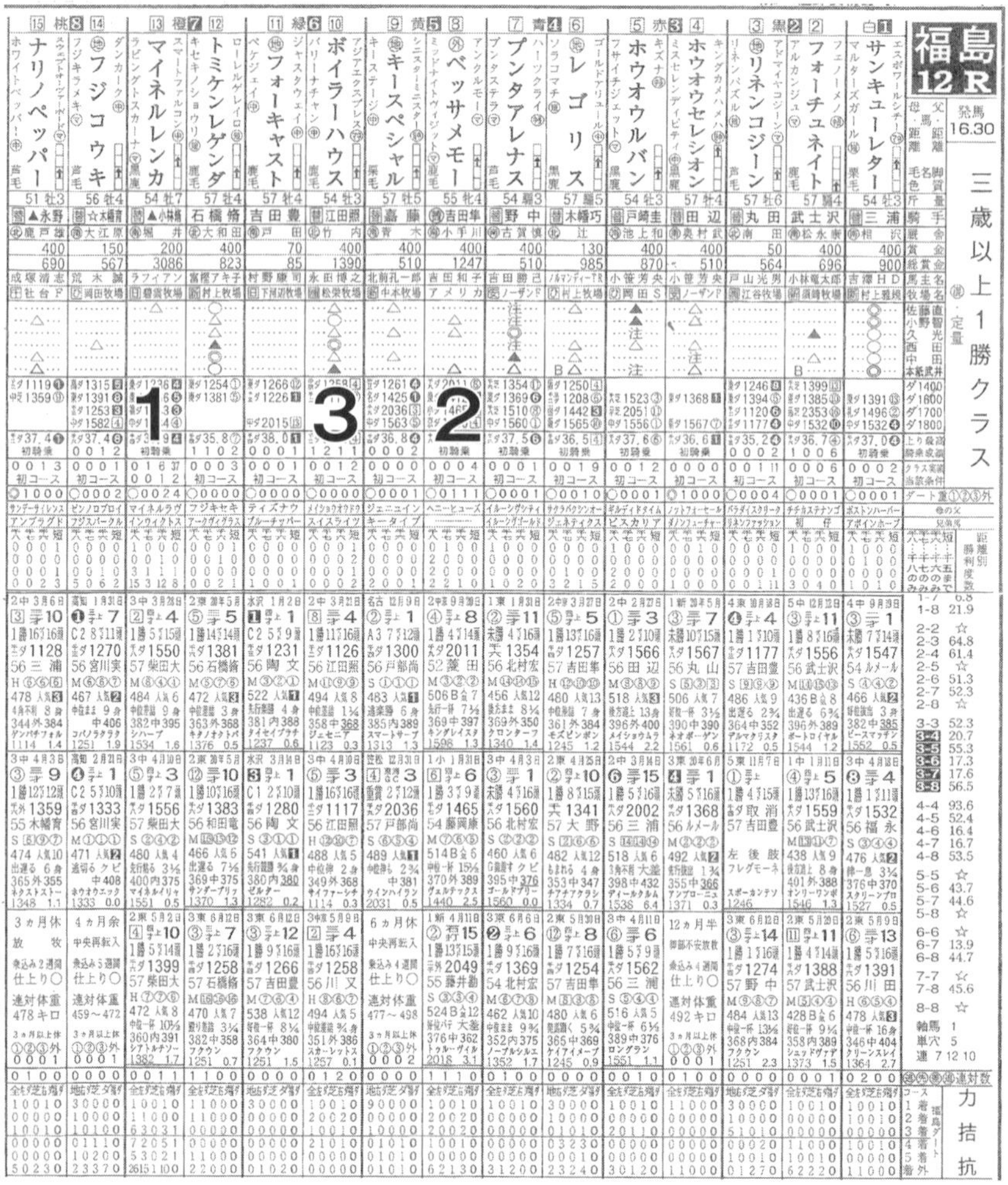

馬番	枠	馬名	父	母	性齢	斤量	騎手	厩舎
1	白1	サンキューレター	エスポワールシチー	マルターズガール	牝3	54	三浦	相沢
2	黒2	フォーチュネイト	フェノーメノ	アルカンジュ	牡4	57	武士沢	松永康
3	黒2	リネンコジーン	アドマイヤコジーン	リネンパズル	牡6	57	丸田	南田
4	赤3	ホウオウセレシオン	キングカメハメハ	セレンディピティ	牡4	57	田辺	奥村武
5	赤3	ホウオウルバン	キズナ	フサイチジェット	牡3	54	戸崎圭	池上和
6	青4	レゴリス	ゴールドアリュール	ソラコマチ	牡5	57	木幡巧	辻
7	青4	プンタアレナス	ハーツクライ	プンタステラ	牝3	54	野中	古賀慎
8	黄5	ベッサメモー	アンクルモー	ミッドナイトヴィジット	牡4	55	吉田隼	小手川
9	黄5	キースペシャル	シニスターミニスター	キーステージ	牡5	57	嘉藤	青木
10	緑6	ボイラーハウス	アジアエクスプレス	バリーナチャン	牡3	54	江田照	竹内
11	緑6	フォーキャスト	ジャスタウェイ	ベケジェイ	牡4	57	吉田豊	戸田
12	橙7	トミケンレゲンダ	ローレルゲレイロ	キセキノショウリ	牡4	57	石橋脩	大和田
13	橙7	マイネルレンカ	スマートファルコン	ラピングトスカーナ	牡7	54	▲小林脩	堀井
14	桃8	フジコウキ	ダンカーク	フジキラメキ	牡4	56	☆大江原	大江原
15	桃8	ナリノペッパー	スウェプトオーヴァーボード	ホワイトペッパー	牡3	51	▲永野	鹿戸雄

１着⑬マイネルレンカ　（９番人気）

２着⑧ベッサメモー　（10 番人気）※穴馬候補

３着⑩ボイラーハウス　（２番人気）

馬連15,770円

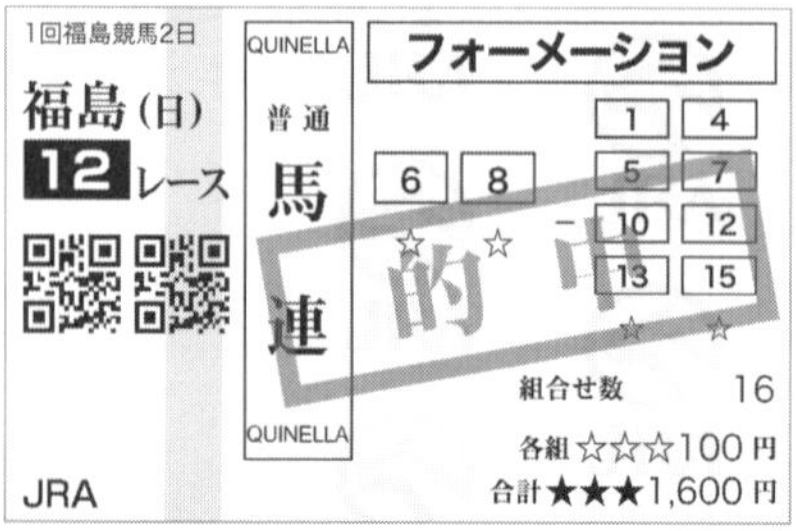

３連複27,180円

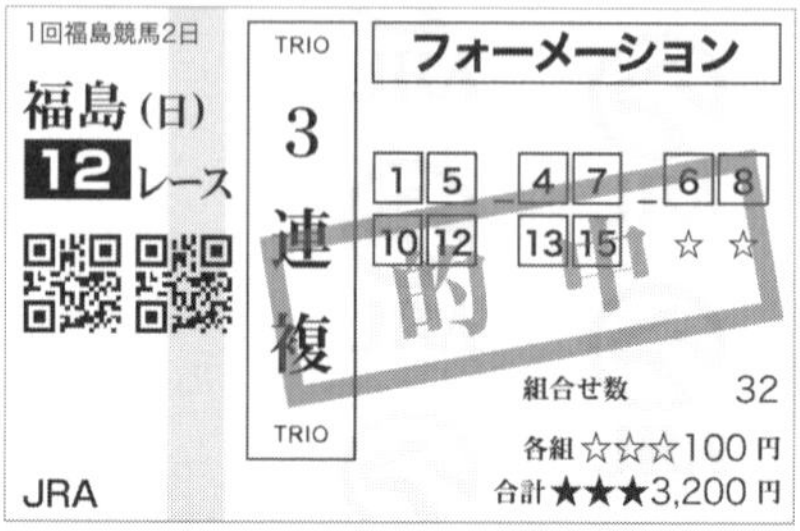

馬候補になるのがルールですから、この場合は⑧番と⑥番です。
レース結果は1着⑬番、2着⑧番、3着⑩番と入り、穴馬候補の⑧番はしっかりと馬券になりました。
馬連⑧-⑬は1万5770円、3連複⑧⑩⑬は2万7180円の的中です。

9 9時半のオッズで万馬券が飛び出す予兆は察知できる！

当日朝9時半のオッズを使い「競馬予報」をすることにより、「大穴型レース」「中穴型レース」「本命型レース」に分類することができると申し上げました。前述したように9時半のオッズは発走時刻の数時間前から、レースが波乱になるかどうかを教えてくれる優れものです。

万馬券を狙い撃ちしたいと考えている人は、9時半の「競馬予報」から「中穴型レース」や「本命型レース」には見向きもせず、狙った「大穴型レース」だけにターゲットを絞って検討すればいいのです。

競馬はひとつの開催で12レース、3競馬場で同時開催をしているときには、1日で36レースものレースが実施されています。36レースものレースをすべて真剣に検討することなんて、なかなかできるものではありません。

長い時間検討を続けていると、人間ですから疲れも出てきますし、思考能力も低下してしまいます。最終レースになると思考回路が麻痺し、（【項目20】でも説明しますが）その日の負け金だけを意識してしまい、高配当が期待できる馬券ばかり購入し、さらに傷口を広げる結果になる傾向が強いものです。

ですから頭のスッキリしている、まだ1Rも始まっていない9時半のオッズで「大穴型レース」を見つけ出すことは重要なのです。

「馬連1番人気は9倍を超えているか」「単勝30倍未満の頭数は10頭以上いるか」——こんな単純な2つのことを調べるだけでいいのです。この2つの条件をクリアしたレースこそが、万馬券を演出する可能性の高いレースとなります。

もちろん馬連9倍未満のレースでも、人気馬が馬券から消えてしまったり、単勝100倍を超えるような馬が馬券に絡み、大波乱になることはあります。ただ、このようなレースは結果的に万馬券になっただけであり、私の実践しているオッズ馬券術では、狙って獲れるレースではありません。

しかし、前述の2つの条件をクリアしたレースは、かなりの確率で万馬券になることはわかっています。言い換えれば9時半のオッズが、万馬券が飛び出す予兆を察知することができるのです。

10 9時半のオッズで超・万馬券が飛び出す予兆は察知できる!

一度でいいので100万円馬券をGETしてもみたいと思うのは、競馬ファンの共通の想いでしょう。しかし万馬券でさえなかなか的中できないのに、いきなり100万馬券的中なんて、夢のまた夢ではないでしょうか。

100万馬券を的中させたいからといって、すべてのレースで超穴馬から馬券を買っていたら、いくらお金があっても足りません。しかしオッズ馬券術では、夢の100万馬券GETに大きく近づくことができるのです。

万馬券になる可能性が高いレースは、9時半のオッズから2つの条件をクリアしているレースであることは申し上げました。この条件をクリアしたレースで、さらに次の4つの条件のうち、2つの条件に該当しているレースは、超穴馬が台頭するレースになる可能性があるのです。超穴馬が馬券に絡むということは超万馬券になるということです。

3連単馬券で100万円を超える結果になっているレースを分析すると、多くの場合が次の4つの条件のうち、2つ以上の条件に当てはまっていました。

条件1・馬連1番人気が15倍以上である
条件2・馬連ランク2位馬が複勝4位以下に下落している
条件3・馬連1番人気の2頭が単勝3番人気以下になっている
条件4・単勝ランク10位以下に「オッズの壁」がある
※このうち2つ以上が該当すれば大波乱の可能性あり

たとえば2020年6月13日、函館11R函館日刊スポーツ杯は超万馬券が飛び出すことが事前に察知できました。このレースは9時半のオッズで、馬連1番人気は16・5倍、条件1に該当していたのです。

馬連1番人気は③－⑯でしたが、ランク2位に該当する⑯番は複勝7位に下落、すなわち条件2に該当していました。この時点で超万馬券が飛び出す4つの条件のうち2つの条件をクリアしており、超人気薄

●2020年６月13日函館11Ｒ函館日刊スポーツ杯
（３歳以上２勝クラス、芝1200m）

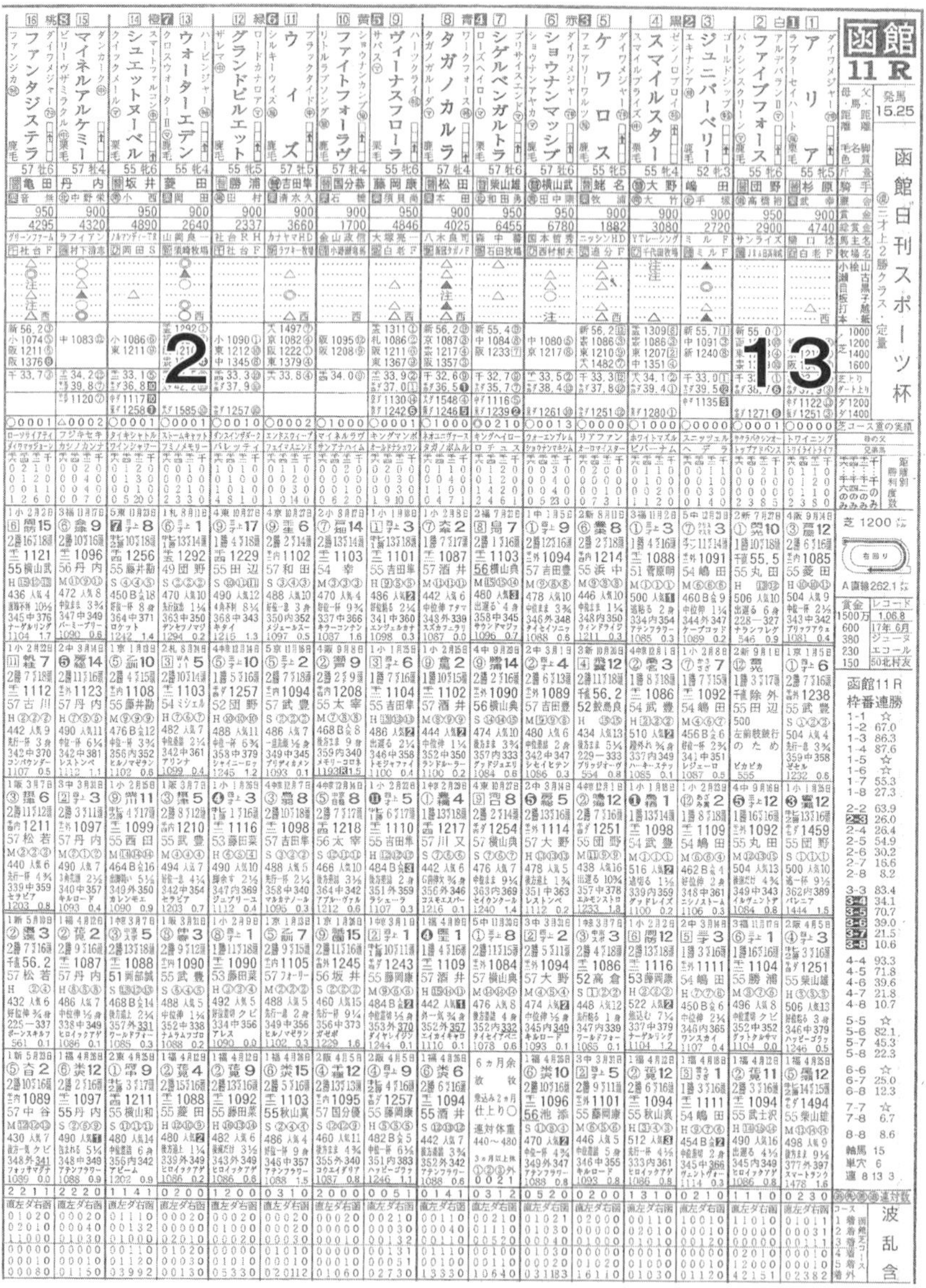

１着	②ファイブフォース	（16番人気）	馬連 46,470円
２着	⑬ウォーターエデン	（５番人気）	３連複 191,800円
３着	①アリア	（７番人気）	３連単 2,021,900円

の馬が馬券に絡む可能性の高いレースであると判断されたのです。

私は事前に、このことを自分が管理している「オッズ馬券の教科書」のブログで書き、警鐘を鳴らしたものです。

レース結果は16番人気の②番が1着、2着には5番人気の⑬番、3着に7番人気の①番が入り、3連単②→⑬→①は202万1900円で200万馬券になりました。

このように超万馬券が飛び出す可能性の高いレースであると判定されたレースでは、超大穴馬は14番人気以降の馬であることが多く、また条件4の単勝オッズで「オッズの壁」があった場合では、その「オッズの壁」の前後馬、またP82でもう一度解説しますが、「複勝15倍の壁」の前の1頭であるケースが多いのです。

このレースの場合、超大穴馬は②番です。②番は「複勝15倍の壁」の前の1頭でした。このように超穴馬が台頭する、超穴レースの予兆を事前に察知できるのが、私が実践するオッズ馬券術なのです。

11 馬連ランクや単勝ランクの「オッズの壁」から波乱度はわかる

馬連ランクの乖離差が1・8倍以上ある箇所を「オッズの壁」と呼び、その前の2頭が穴候補レースでは万馬券を演出するということは【項目8】で紹介しました。

「オッズの壁」は「大穴型レース」だけではなく、「本命型レース」や「中穴型レース」でも活用できるのです。

通常、「大穴型レース」で万馬券を演出する穴馬は、馬連ランク9位以下に現れた「オッズの壁」から浮上します。

しかし「オッズの壁」は馬連ランク9位以下だけに現れるものではありません。馬連ランク4位や7位といった箇所にも当然「オッズの壁」は出現します。さらに、馬連だけでなく単勝ランクでも「オッズの壁」は出現します。

「オッズの壁」は2つ以上を超えることは難しいものです。たとえば4位と8位に「オッズの壁」があると、9位以下の馬は馬券に絡むことが難しいということになります。

これは大変重要なことなのです。

「大穴型レース」と判定されたレースにおいて、馬連オッズを人気順に並び変えたとき、馬連9位以内に「オッズの壁」が2つ以上出現したレースは、大穴型レースとしては失格となり、そのレースは「中穴型レース」となります。

もし馬連5位以内の馬連や単勝ランクに、それぞれ2つ以上の「オッズの壁」が出現したらどうでしょうか。「オッズの壁」は2つ以上を超えることが難しいため、このレースは「本命型レース」に近づくことになります。

つまり**「オッズの壁」は2つ以上飛び越えることは難しい**という性質を知っていると、どのランクに「オッズの壁」が出現したかを調べるだけで、レースの波乱度がわかるのです。

12 馬連ランクと単勝ランクを比較してわかること

9時半のオッズで馬連ランクと単勝ランクを調べたら、次はこの2つを比較しなければなりません。馬連ランクと単勝ランクの馬番が一致するとは限りません。ランクを比較することにより波乱になるかどうか、レースの性格がわかるからです。

【図D】と【図E】を比べてください。9時半のオッズから馬連ランクと単勝ランクの馬番を1位から並べたものです。

するとどうでしょうか。【図D】のレースでは馬連の人気順と単勝の人気順がほとんど変わっていません。これは馬連を購入した人が出した結論と、単勝を購入した人が出した結論がほとんど同じということを示しています。ランク間の変動があまり見られないレースは本命サイド、すなわちあまり波乱にはならないことを示しています。

次に【図E】を見てください。こちらのレースは馬連10位の⑩番が単勝1番人気になっていたり、馬連15位の15番が単勝9位に売れています。反対に馬連6位の6番は単勝12番人気に下がっています。

こちらのレースは馬連と単勝のランク間の変動

【図D】

馬連	単勝
1	1
2	2
3	3
4	4
5	6
6	5
7	7
8	8
9	10
10	9
11	11
12	13
13	12
14	14
15	15
16	16

【図E】

馬連	単勝
1	10
2	1
3	2
4	3
5	7
6	8
7	5
8	4
9	15
10	11
11	12
12	6
13	9
14	13
15	16
16	14

【図D】は馬連と単勝ランクの乖離がほとんどなく、【図E】は乖離が激しい

が多く見られます。つまり、馬連馬券を購入した人と単勝馬券を購入した人との結論が異なっていることを示しているのです。このようなレースは波乱になることが多いものです。

同様に馬連ランクと複勝ランクも比較することにより、さらにそのレースが波乱になる可能性が高いかどうかがわかります。

たったこれだけの作業をするだけで、レース自体をより詳しい性格を見極めることができます。特に【項目5】で紹介したように、「大穴レース型」に判定されたレースなどは、穴馬が馬券に絡みやすいかどうかより詳しく調べるために、馬連ランクと単勝、複勝ランクとの比較は大切になってきます。

13 オッズ馬券の基本は「バランス」だ！

【項目4】で馬連馬券と単勝&複勝馬券を購入する層は異なるということを申し上げました。単勝や複勝馬券を購入する層の考え方と馬連馬券を購入する層の考え方を比較することは、【項目12】で記した通り「競馬予報」すなわち、「レースの性格」を見極めるうえで非常に大切なことです。

レース結果が本命サイドで決まったレースを調べてみると、9時半オッズで馬連ランク、単勝ランク、複勝ランクがほぼ揃っていることがわかります。反対に穴馬が激走し、高配当馬券、すなわち大穴レースになってしまったレースは、馬連ランク、単勝ランク、複勝ランクとの間で馬番が変動しているものです。

このようにオッズ馬券の基本は、馬連、単勝、複勝がどのように売れているか、そのバランスが重要になってくるのです。馬連で売れていない馬が単勝や複勝で売れているのはバランスが悪いことになります。

【項目94・95】で実際のレースを使って詳しく説明しますが、**バランスを大きく崩す要因になっている馬は、大穴型レースでは馬券になる**ことが多いものです。

さらに、オッズの動きの特徴として紹介しておくべきことがあります。

9時半のオッズで馬連ランクと比較して単勝や複勝が大きく上昇している馬、すなわち売れている馬は、もともと競馬新聞では印がついていない馬たちです。

レースが近づくと多くの人たちが馬券を購入します。印がたくさんついている馬の配当が高いと「この馬で10倍もつくのは美味しい」という思いが湧き、9時半の段階で人気を落としていた馬の馬券が売れ、単勝や複勝オッズは競馬新聞の印に比例するような人気に近づいていきます。

つまり、9時半のオッズで大きくバランスを崩し、「大穴型レース」で穴馬の姿をしていた馬は、まったくおかしな動きをしていないオッズになってしまうのです。これでは穴馬として浮上させるのは難しいでしょう。

9時半のオッズが大切だと申し上げたのは、このような理由もあったのです。

14 10時半のオッズは馬券購入のための基本!

私が実践しているオッズ馬券では、「競馬予報」や穴馬を見つけ出す基本となるのは当日朝9時半のオッズです。しかし実際に馬券を組み立てたり、9時半のオッズから浮上した穴馬候補が信用できるかどうか、その判定をするために10時半のオッズも活用しています。

9時半のオッズと10時半のオッズを比較すると、その時間帯で単勝や複勝が大きく売れている馬がまれに現れます。この時間帯だけで大きくオッズが動いた馬の多くは、穴馬として馬券に絡まない傾向にあります。

9時半のオッズから様々な角度から穴馬を浮上させたにも関わらず、10時半のオッズで、単勝や複勝が急激に売れると「これは裏情報があった馬」と勝手に思い込み、その馬を穴馬として変更してはいけません。**穴馬の選定はあくまで9時半のオッズで、10時半のオッズは「大穴型レース」で馬券を購入するための馬連ランクとして使用する**ことを覚えておいてください。

どうして10時半のオッズを、馬券購入するために使用するのでしょうか。「大穴型レース」として判定された9時半のオッズでは、もともと波乱になる可能性が高いレースのため、馬連オッズもまだ動く可能性があります。

穴馬から少ない点数で3連複馬券をGETするには、どんなフォーメーションを組み立てればいいか、そこで過去のデータを分析して10時半のオッズが信用できるという結論になったのです。

【項目56】で3連複のフォーメーションの組み立て方を詳しく紹介します。ここでは10時半のオッズは馬券を組み立てるために必要なオッズであることを覚えておいてください。

また10時半のオッズでは、9時半のオッズから穴馬候補として浮上した馬の単勝と複勝オッズがどう変化しているかを調べる必要があります。

9時半のオッズで「オッズの壁」などから穴馬候補となった馬が、単勝&複勝オッズがともに下落、すなわち売れていない馬なら、穴馬としての信頼度が下げることになります。

15 前売りオッズの枠連からでも超穴馬は見つけ出せる

枠連オッズに注目している人は、今ではそれほどいないと思います。馬連馬券が発売されるまでの競馬では枠連馬券が主流でしたが、今では馬連、そして3連系馬券に人気は奪われ、枠連は売れなくなってしまいました。

しかし、**枠連馬券のオッズは超大穴馬を見つけるための指針**となっているのです。

私は枠連オッズでは8－8のようなゾロ目のオッズに注目しています。たとえば16頭立てで8－8という目は、馬番にすると⑮－⑯と同じ組み合わせになります。

1着⑮番、2着⑯番だった場合、馬連の的中目は⑮－⑯、枠連は8－8ということになります。そのオッズに注目するのです。

馬連⑮－⑯と枠連8－8は、ほぼ同じようなオッズであるのが普通です。しかし馬連⑮－⑯が60倍で枠連8－8が30倍だったらどうでしょうか。明らかにおかしいですね。「こんなこと起きないよ」と思われがちですが、このようなおかしなオッズは現実に起きているのです。

●2020年２月23日東京11Ｒフェブラリー S（G Ｉ、ダ1600m）

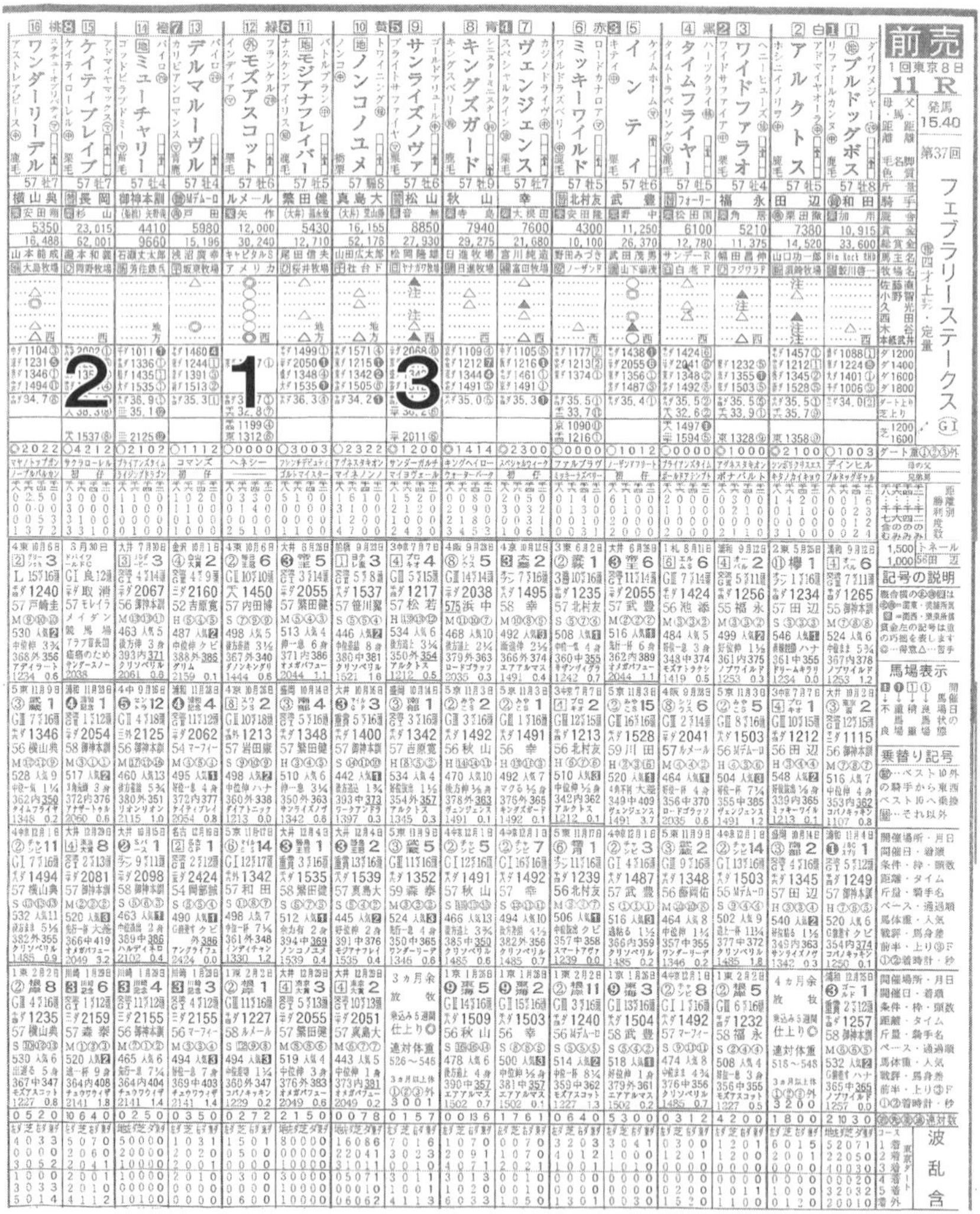

３連複95,310円

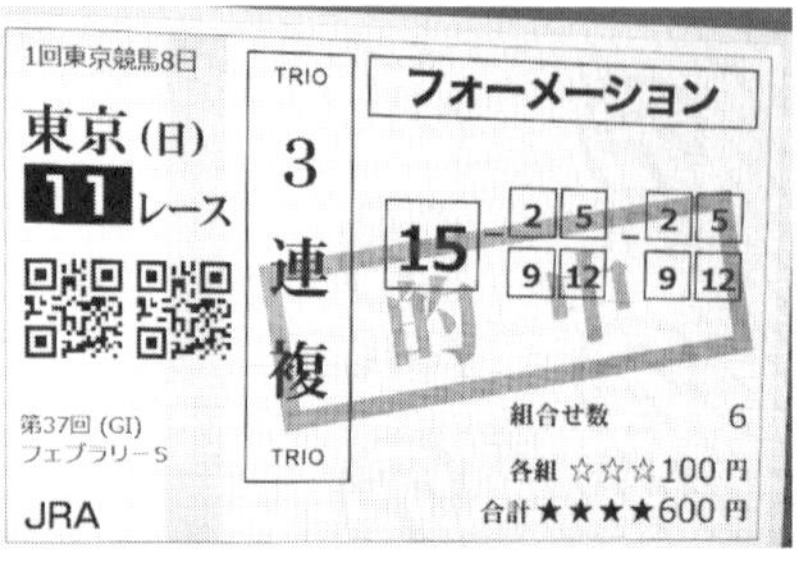

１着⑫モズアスコット　（１番人気）

２着⑮ケイティブレイブ（16 番人気）

※超穴馬候補

３着⑨サンライズノヴァ（３番人気）

2020年2月23日に行なわれたフェブラリーSです。このレースの前売りオッズで枠連8－8の組み合わせは516倍であるのに対し、同じ馬番の組み合わせ⑮－⑯は1392倍だったのです。同じ組み合わせであるのに、枠連と馬連では約2・7倍の開きがありました。

GIレースは、ふだんは馬券を買わない人でも馬券を買う傾向にあります。つまり普通のレースより馬券が売れます。そんなGIレースで、これほどオッズの開きがあったのです。

枠連と馬連のゾロ目のオッズで大きな開きがあったケースでは、その組み合わせの馬に注意する必要があります。すなわちフェブラリーSでは⑮番と⑯番です。私は自分のブログ上でもレース前日に枠連8－8と馬連⑮－⑯について、オッズの開きがあることを指摘しました。

レース結果はご存知の通り、16頭立ての最低人気、⑮番ケイティブレイブが2着に入り、1、3着は1、3番人気にも関わらず、3連複は9万5310円という高配当馬券となりました。

このフェブラリーSの最終オッズは、JRAのホームページで今でもチェックすることが可能です。それを見ると、枠連8－8は516倍に対し、馬連⑮－⑯は1478倍と、約2・9倍、さらに開きが大きくなっていたことがわかります。

日曜日に行なわれる重賞レースの多くは、土曜日に前日発売されます。枠連ゾロ目と馬連とのオッズの比較は、時間帯に限らずチェックすることが可能です。前日の前売りオッズの枠連と馬連を比較するだけで、怪しい枠や怪しい馬番が浮上することがあるので注意が必要です。

16 情報は多ければ多くなるほど本命馬券を買ってしまう

様々な角度から検討し、最終結論を出した馬券がどんな人気になっているか、オッズを確認したことはありませんか。すると、狙いの馬が最低人気で単勝万馬券だったとしたら……。

そんなときは、自分の予想に自信がなくなり、もう一度検討をし直してしまうものです。挙げ句の果てにせっかく時間をかけて結論を出した馬を、単勝万馬券という人気薄のオッズであるがゆえに、変更してしまう人がいるのも現実です。

つまり、せっかく人気薄の馬から馬券を組み立てようという結論を出したにも関わらず、オッズを見たことによって自信を失い、買い目を変更してしまうことになるのです。

すると今度は上位人気の馬を中心に検討をし始め、購入する馬券は上位人気からとなってしまいます。しかしレースは、事前に予想していた単勝万馬券の馬が馬券に絡み、後から結論を出した馬はどこにもいない……まさに、これ「競馬あるある」です。

前項で紹介したフェブラリーSの⑮番は単勝万馬券、最終オッズでは142倍の馬でしたが、私はこの馬が絡めば配当が高くなると思い、喜んで馬券を買ったものです。

競馬は予想しただけでは、いくら的中しても儲かりません。実際に自分のフトコロからお金を出し、馬券を買わなければ儲からないのです。

また競馬新聞を何紙も購入し、色々な新聞の印を比較している人も見かけます。これもいただけません。

各競馬新聞にはそれぞれ特徴がありますその情報を得るというのであれば問題ありませんが、印の比較をするということは、イコール本命馬券に近づくことになってしまうからです。

競馬新聞の多くは、穴馬の情報はあまり載っていません。トラックマンの印で人気薄の馬に◎印がついている程度です。馬柱の短評欄でも単勝万馬券になるような馬のコメントは厳しいものがあります。つまり、人気薄に対しては自分自身で見つけ出さなければならないのです。

多くの情報が人気馬に対してのものであるということは、その情報を得れば得るほど人気サイドの馬の馬券を購入してしまう結果になるのではないでしょうか。

その点、オッズ馬券は数字だけです。オッズの動きやバランスを見るだけで感情はまったく入っていません。

●「9時半のオッズ」についてのQ＆A

Q：現在は朝9時半前にもネット（ＪＲＡのホームページ等）でオッズを確認することができますが、それでも「当日朝9時半」のオッズでいいのでしょうか？

A：私のルールでは「当日朝9時半」です。ＪＲＡの発表したオッズは、実際の時刻より約5分程度遅れているケースが多いです。9時30分にアクセスすると9時25分頃のオッズということがありますが、多少の誤差は問題ありません。

Q：必ず「9時半」でなくてはいけないのでしょうか。9時20分とか9時40分とか、多少のズレも許されない？

A：本書で紹介しているオッズ馬券は10分程度のズレでも問題ありません。10時半頃にもう一度チェックしますので、派手な動きをしている馬はそのときにわかります。

Q：「10時半オッズ」についても触れていますが、そこまで待つと1～2Rの馬券が買えなくなりそうです。

A：午前中のレースは、検討するレースからは割愛しております。私がオススメするのは7R以降です。またデータ的に午前中のレースは未勝利戦や新馬戦、障害戦などが多く、顕著な動きをする穴馬候補は出現しづらい傾向もあります。私は、午前中はレースの検証時間と割り切っています。

馬番能力順位	1	2	3	4	5	6	7	8	9	10	11	12	13	14
11　R	⓬77	⑦69	⑬68	③58	⑩57	⑪56	⑧53	⑤51	⑥49	⑭48	②47	④46	⑨41	①40

●「日刊コンピ指数」について

P11で紹介されている「日刊コンピ指数」はレース当日、日刊スポーツに掲載される出走馬の能力指数で、実際の人気とリンクする傾向にあるといわれています。馬番・枠番コンピがあり、いずれも指数の最高は（1位）90、最低は40です。

当日の日刊スポーツの紙面のほか、日刊スポーツの競馬サイト「極ウマ・プレミアム」に登録すると前夜7時くらいから確認できます。

第2章

心理学

外れ馬券をつかまないための重点項目

17 的中したい気持ちが強すぎると回収率はダウンする

馬券を的中させたいという気持ちは、すべての競馬ファンに共通する想いです。しかし的中させることばかりを意識するあまり、無駄な馬券を買ってしまう人も少なくありません。馬券の世界は的中率が大切ではありません。

回収率が大切なのです。

1R~最終レースまで、すべての馬の単勝馬券を買えば、単勝馬券の的中率は100%になります。しかし回収率は100%にならないことがほとんどです。

友人同士で競馬場やウインズへ行ったときなど、競馬の検討方法は人それぞれですから、出した結論も変わるのは当然です。自分自身はA馬を軸にしてすでに馬券を購入したとしましょう。その後で友人から「B馬は、今日は勝負だってネットで書いてあったよ」なんて聞くと、追加でB馬からの馬券を買ってしまいがちです。

また競馬場やウインズには〝嘘つき村の村長〟がたくさんいると思っています。〝嘘つき村の村長〟とは、パドックなどで「この馬がデキている」「この馬は今日は勝負だ!」とささやいている人のことです。

もし本当に馬のデキを理解している人なら、わざわざパドックで人に聞こえるようにささやかないものです。しかし人間は、偶然に耳にした情報を信用してしまうという心理が働く傾向があります。そして偶然耳にした情報を正しいと思い込んでしまうのです。

実際に日常生活で似たような事件が起きています。かなり前の話になりますが、1973（昭和48）年12月に起きた「豊川信用金庫取り付け騒ぎ事件」です。

女子高生が話していた「豊川信用金庫って危ないらしいよ」という冗談を、偶然耳にした大人が鵜呑みにしてしまい、その情報は拡散。信用金庫の財務状況は健全でまったく問題がなかったにも関わらず、約26億円の預貯金が一気に引き出さされたという事件です。

的中したいという気持ちが強すぎてしまうと、どんな些細な情報でも気になるものです。その情報が正しいものであれば問題ありませんが、間違った情報が多いのも事実です。確信がもてないレースは見送るというような、強い意志がないと馬券で勝つことは難しいのです。

18 ほとんどの競馬ファンが求める2つの欲には要注意！

競馬ファンは色々な角度からレースを検討し、最終的な結論を下し馬券を購入します。そしてレースを見て一喜一憂するわけです。

私はここには競馬ファンが求め続ける2つの欲が存在していると考えています。この2つの欲の姿を理解していないと、結果的に馬券での回収率は100％を割ることになり、すなわちそれは〝馬券で負けた〟ということにつながります。

2つの欲とはなんでしょうか。

ひとつは「馬券で儲けたい」という「欲」です。

人間は常になにかしらの「欲」が常に存在しています。大手証券会社の会長の言葉で面白い金言があります。その趣旨は次のようなものです。

「儲け続けているときに投資を辞める人はまずいません。儲け続けている人は死ぬか損をするまで投資を続けてしまうものなのです。それは人間の欲というもので、その欲はどんな人にも存在するものです」

馬券の世界では常に「欲」がまとわりついてきます。応援している馬や騎手などの単勝馬券などを購入するような人を除いて、最初から損をしようとして馬券を買う人はまずいないでしょう。「儲けたい」という欲が強いからこそ、何度も外れ馬券をつかむことになっても懲りず、馬券を買い続けてしまうのです。

もうひとつの欲は、自分の予想通りにレースが運び、その姿を実感したいという欲です。

コロナ渦になる前、ＧＩレースになると多くの人たちが競馬場に押し寄せ、レースを堪能したものです。しかし今では、生の観戦がかなわなくても自宅でレースを楽しむことが可能です。グリーンチャンネルに加入すれば、一日最大で36レースものレースを見ることができます。

この２つの欲を常に同時に求めようとしたいがために、無駄な馬券を買って結

競馬ファンの２つの欲

果的に回収率を悪化させることになるのです。

GIレースのような、馬券を買わずに見るだけでも楽しめるレースは、予想に自信があるとき以外は馬券を買わないで、レース観戦のみに専念するのもいいのではないでしょうか。

競馬ファンは「G」のつくレースが大好きです。特に「GI」レースともなると、馬券を的中させたいという欲が大きくなってしまい、必ずといっていいほど通常以上に馬券を購入します。

私はグレードレースだからといって、購入資金を増やしたりしませんし、馬券検討が不十分なときには馬券の購入を控えることもしています。グレードレースも3歳1勝クラスのレースも同じ競馬です。どちらのレースも馬券を的中させることができれば配当をもらえます。

確かにGIレースの馬券を的中させたときの気持ちの高揚感は、一般レースでの的中と比べものになりません。しかしGIレースで興奮したいという欲と、馬券を的中させたいという欲を同時に求めるには無理があります。

グレードレースやメインレースを中心に馬券を購入している人は、視点を変えないと回収率がアップしないのではないでしょうか。

19 直前に飛び込んできた競馬情報には注意せよ！

今はネット社会のせいか、レースを検討するときの情報はあふれています。競馬新聞のみならず、過去の馬の成績はネットでも詳しく調べることが可能です。情報が手軽に手に入るというのは便利な世の中ですが、その反面、情報に踊らされてしまうという欠点もあります。

マーケティングの世界に「プライミング効果」という要素があります。「プライミング」とは「呼び水」「起爆剤」「誘導する」という意味を表しています。

人間は今までの経験から「これは正しい」「これは間違っている」と判断し行動しています。赤信号を見て「渡ってはいけない」「渡ると危険」と判断し信号を待っているのも脳が判断しています。

その一方で、人間の脳は、直近で経験したものを正しいと勘違いしてしまうこともあるのです。それが「プライミング効果」というものです。

テレビなどで「Aという商品は便利！」と紹介されると、自分自身にとって便利かどうかわからないにも関わらず、勝手に脳が「Aという商品が便利！」と判断してしまい、その商品を欲しがるようになります。

美味しそうにラーメンを食べている姿を見ると、自分も食べたくなってしまったりするのも「プライミング効果」のひとつでしょう。

馬券の世界もこの「プライミング効果」には注意しなければならないのです。

枠連馬券が中心だった頃、列の前に並んでいた人が大声で「2－4に10万円！」などといって馬券を買っている姿を見るとつい、自分でも2－4が正しいと思い込み、2－4を追加で購入してしまったりしたものです。

競馬場のパドックで「この馬のデキは素晴らしい！」などと耳にすると、まったく知らない人の発言が気になり、その馬から馬券を購入してしまうのも「プライミング効果」なのです。つまり馬券を購入する直前の情報が「正しい」と脳が判断し、今まで自分が予想していたものを書き換えてしまうのです。まれに直前に入手した情報により馬券が的中することもあるでしょう。しかし、長い目で見れば、見ず知らずの知らない人から飛び込んでくる情報は、間違っていることが多いものです。

事前に自分で決めた馬券以外は、無駄な馬券と割り切ることが重要です。こんな簡単なことを多くの人たちは実践できていないので、回収率が悪化してしまうのです。

私は自分自身で決めたオッズのルールから浮上した馬以外、馬券は決して買いません。競馬を始めた頃はあれこれ馬券をレース直前で買い足したりしていたものです。しかし結果は惨憺《さんたん》たるものでした。「プライミング効果」に気をつけるだけでも、馬券の回収率は良化すると思います。

20 最終レースは回収率を左右する重要なレースだ

最終レースは当たり前ですが、その日の開催競馬場での最後のレースです。私は最終レースをどう扱うかによって、回収率は大きく変化すると考えています。

午前中などにまとめて馬券を購入し、後からチェックする人なら関係ありませんが、今はネット競馬が多くなっています。グリーンチャンネルなどを使ってリアルタイムで一日中、競馬を楽しんでいる人も増えてきています。

最終レースはジャパンCのような特殊な日を除いて、メインレースのひとつ後のレースになっています。つまりメインレースで馬券を外してしまった人は一発逆転を狙い、メインレースを的中させた人はさらに大きな利益を求めて馬券を買う傾向にあります。

メインレースを外してしまったり、収支がマイナスになっている人は、最終レースは特に注意しなければなりません。なぜなら最終レースで一日の帳尻を合わそうとするからです。

たとえば最終レースまで2万円マイナスだったと仮定しましょう。残っている資金は5000円です。前日から検討し、最終レースは①番の複勝と馬連①－②を購入すると決めていました。しかし①番の複勝は約4倍、馬連①－②も4倍です。①番の複勝2500円、馬連①－②を2500円購入しようが、馬連①－②に5000円すべて購入しようが、事前に予想した馬券では2万円のマイナスを埋めることはできません。

馬券で負けてしまうことの多い人は、素直に事前の予想通りの馬券を買わないものです。この場合、①番の複勝を単勝に変更したり、馬連①－②を1点買いと予定していたのに①番から配当の高い組み合わせに変更してしまうのです。

つまり、オッズによって予想を変更してしまうのです。これでは本末転倒です。

競馬はその日だけのものではありません。来週も再来週も続いていきます。連日収支をプラスにするなんて、なかなかできることではありません。ですから収支がマイナスだっていいのです。

負けを認めることも、回収率をアップさせるには大切なことなのです。

レースは①番は2着で複勝が的中。1着は②番で馬連①－②も的中。予想通りに馬券を購入していれば5000円で2万円のリターンを得ることができ、トータルの収支はマイナス5000円。マイナス2万円が5000円まで良化したことになるにも関わらず、その日の収支だけを意識してしまうと、トータル収支5000円どころか、マイナス2万5000円と、さらに悪化させることになります。

私が実践しているオッズ馬券では、オッズは穴馬を見つけ出す道具として使っています。一日の収支を計算するため使ったことは一度もありません。

21 「今度こそ！」は負け組につながる危険な感情だ

「認知バイアス」とは心理学で登場する用語で、人間の心理状態と密接な関係があります。馬券の世界も、知らずに誘導されてしまう人間心理を理解していないと、勝ち組に入ることは難しいと考えています。

「競馬あるある」ではありませんが、この「認知バイアス」にかかっている競馬ファンは多くいます。馬券と深い関係のある「認知バイアス」を紹介してみましょう。

まずは「確証バイアス」です。次のレースは本命馬券だと勝手に思い込み、人気馬が馬券に絡む情報ばかりを信用し、波乱になる可能性や本命馬が危ないという情報は一切無視するという心理の中、馬券を購入してしまうことをいいます。つまり、ひとりよがりな予想をしてしまい、結局馬券を外してしまうということになります。

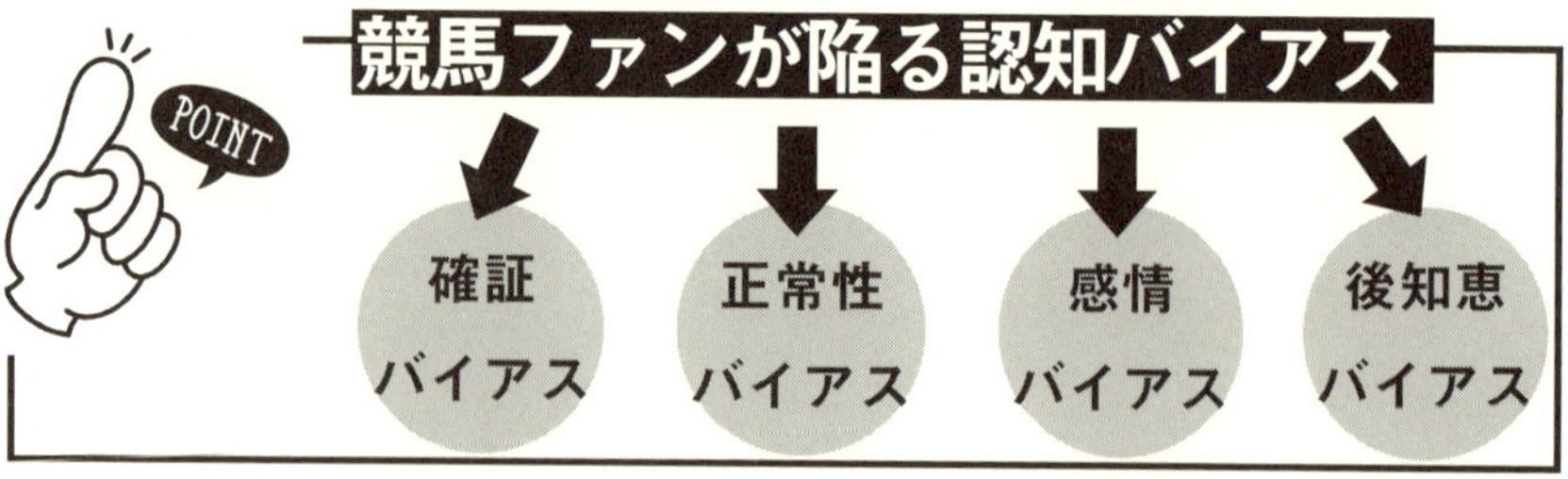

次に「正常性バイアス」です。これも「確証バイアス」と似ています。超1番人気の馬が消えると次は1番人気が馬券になると思い込んだり、波乱になったレースの後は本命馬券になるというようなルールをなんの根拠もなく決め込み、このルールさえあれば馬券で負けることはない、すなわち自分は馬券で勝てると思い込んでしまうことです。

自然災害で避難指示が出ても「自分だけは大丈夫」と勝手に思い込み、不幸なことに災害に遭ってしまうのも「正常性バイアス」が働いてしまうからなのです。

3つめは「感情バイアス」です。これは馬券でなかなか勝てない多くの人が該当するのではないでしょうか。楽観的な感情が働き、自分だけは今度は的中すると思い込んでしまう心理状態をいいます。

自分の予想は常に最高の選択だと考え、常に自信をもってしまいます。自分の出した予想に自信をもつことは重要なことですが、このタイプは人の噂に流されやすく、新しく情報を入手するとすぐに自分の予想を変更してしまい、その変更した予想にまた自信をもってしまいます。ここが問題なのです。

4つめは「後知恵バイアス」です。心理学では自らの行動を反省することなく、同じ過ちをしてしまうことを指しています。

馬券の世界では外れ馬券をつかんでしまったとき、予想が外れてしまった原因を顧みることなく、騎手の位置どりが悪かった、馬場が悪かったというように、自分の買った馬券が外れた要因を他の要因のせいにしてしまい、自分の予想を常に正しいものとして思い込んでしまう人がいます。このような人は自分の敗因を顧みないため、同じ過ちを繰り返すことになり、回収率はけっしてアップすることはありません。

自分は「認知バイアス」になっていないか、もし該当しているのであれば、今すぐにでも改めるべきだと思います。

22 すべてのレースに手を出してしまう心理を知っておく

目の前でレースが行なわれていると、常に馬券を的中させたいという欲望にかきたてられる人が多いのです。しかし、そのほとんどの人がトータルでは負けているのです。

人間の能力には限界があります。ひとつの競馬場で一日12レース、そのすべてを同じ精神状態で検討するには無理があります。徹夜で麻雀をしたことがある人は経験があるかと思いますが、ゲームを始めた頃と何時間も局を重ねた頃では、頭の疲労度が異なります。

麻雀の場合なら、対局者がすべて同じように疲れていますが、競馬の場合は違います。あらゆる人たちが真剣にレースを検討し馬券を購入してきます。

今までの馬券人生を振り返ってみてください。一日でいくつのレースを的中させたことがあるでしょうか。的中させるだけではありません、どれほど儲けることができたでしょうか。

馬券の世界はダラダラと深く検討もせずに馬券を買い続けると、回収率が100%を切るようになっていいます。1レースあたりの投資金額が少なくても外れ続けると、メインレースを迎える頃になるとマイナスは大きなものになってしまいます。

朝からダラダラと馬券を買っている人は、メインレースでは他のレースと比べ、大きな金額を投じる傾向にあります。メインレースで馬券を的中できれば傷口も少ないのですが、外したときにはさらに傷口は大きなものになり、最終レースは大きな傷口、すなわちマイナスを取り戻そうというだけで馬券を買い、最終的には大負けすることになります。

馬券の世界は的中が1勝4敗でもいいのです。その1勝で大きく儲けられれば勝ちです。しかし多くの人たちは5勝0敗を目指します。全レース馬券を購入する人は12勝全勝を狙っているものです。

これは最初から回収率が100%以下になる、すなわち馬券で負ける可能性が高い行為ではないでしょうか。

23 根拠のない馬券を買い続けると大きなマイナスになる

今日は3月5日だから馬連3－5を購入したり、自分の誕生日が5月13日だから馬連⑤－⑬を購入したり、まったく根拠のない馬券の買い方をしている人を見かけますが、こんな買い方をしていては、間違いなくトータルの回収率が100％を下回ると思います。

回収率が100％を下回るということは、イコール馬券の世界では負け組に入ってしまうことを意味しています。

「シンクロニシティな出来事」という考え方が心理学の世界にあります。これは心理学者として有名なカール・グスタフ・ユングが提唱したもので、「意味のある偶然」ということを表しています。

「電話しようと思ったら相手からかかってきた」「幸運な夢を見たら現実なものになった」などというように、科学では解明できないような要因によって偶然起きるような出来事を指しています。

オッズ馬券の世界でも、馬連オッズの【項目8】で紹介したように、「オッズの壁」の前の2頭が穴馬として高配当馬券を演出しています。

どうして「オッズの壁」の前の2頭が穴馬券を演出するかは科学では解明されていません。統計学上、そのようなデータが残っているだけです。何度も同じ現象は繰り返されています。言い換えれば、これは「意味のある偶然」なのです。

しかし、誕生日で馬券を購入するのはどうでしょうか？　確かに偶然に的中することはありますが、購入する人によって誕生日は異なります。すなわちこちらは、まったく根拠のない買い方になります。根拠のない馬券を買い続けていくと、回収率を上げることは難しいと考えています。

【項目22】でも触れましたが、目の前で馬が走っているとつい、深く検討もせずに根拠のない馬券を買ってしまいがちです。本気で競馬で儲けようと思うのであれば、けっして行なってはいけない行為です。

24 「馬券満足度」が変化したことに気づかないと馬券では負ける

馬券の世界では2つの欲が存在すると申し上げましたが、同時に2つの幸福も存在していると考えています。

それは「的中する幸福」と「儲かる幸福」です。

この2つの幸福も似ているようで本質は異なります。競馬をまったく知らない人が勧められるがままに、それほど馬券検討もせずに買った馬券が的中したときの幸福は「的中する幸福」です。

そのときはいくらリターンがあるかなんて、事前に計算できるわけがありません。ある程度競馬のことを知るようになると、今度は常に「儲かる幸福」を常に求めるようになります。さらに欲は深まり「的中する幸福」と「儲かる幸福」を同時に味わいたいという気持ちにかりたてられるようになっていくのです。

人間の幸福度は変化していきます。「とりあえずビール」ではありませんが、喉が渇いているとき、居酒屋で最初に飲むビールは美味しいものです。しかし時間が経つにつれ、何杯もビールをおかわりしていると、ビールの味が変わっていくものです。とても最初の一杯の美味しさは味わえません。

馬券の世界も同じです。ビギナーズラックで的中した「的中する幸福」は次

馬券満足度

的中する幸福 ↓　　儲かる幸福 ↓

幸福度は時間とともに変化する

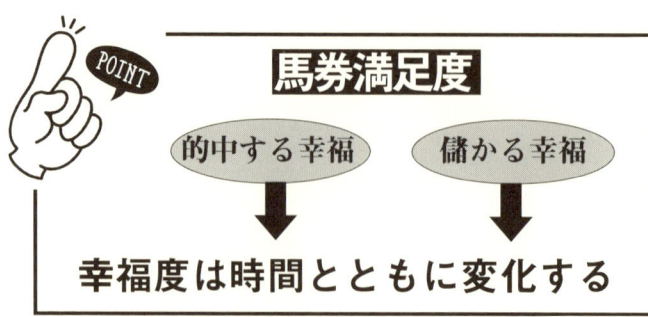

第に薄れ、普通に的中するだけでは満足しなくなってしまいます。

「儲かる幸福」も最初は1000円でも儲かれば満足していたのが、こちらも次第に満足する金額が増えていくものです。「的中する幸福」と「儲かる幸福」とのバランスが崩れ、無駄な馬券を購入してしまう結果につながっていきます。

自分の購入パターンと求める（払い戻し）リターンを、ある程度設定しておくことは重要なことなのです。私は1レースの購入額は5000〜8000円程度、リターン（払い戻し）は馬連で1〜2万円程度、3連複は2万円以上と設定しております。

競馬を長く続けていると「的中する幸福」や「儲かる幸福」のような「馬券満足度」が変化していきます。その変化を理解することは回収率アップにつながると考えています。

25 自分の外れ馬券を認め反省しないと馬券では勝てない！

アメリカの心理学者であるレオン・フェスティンガーによって提唱された人間の心理状態を示す理論として「認知的不協和理論」があります。人は「認知的不協和」なことが起きると、その不協和をなくそうとする行動を起こすという理論です。

たとえば暴力をふるうダメな彼氏と別れられないのは「認知的不協和理論」によるものと考えられています。

第三者から見ればすぐにでも別れたほうが賢明であることがわかる状態でも、当事者である女性は「暴力をふるわれるのはイヤ」「彼氏とつき合いたい」という相反する考え方のもと、「彼氏とつき合いたい」という思いを選択し、「彼氏はたまに優しくしてくれる」「私がいないと彼氏はダメになる」というような都合のよい感情ばかりを抱き、彼氏とつき合うことを正当化してしまうのです。

馬券の世界でも、この「認知的不協和理論」にハマってしまうと、よい結果を残すことが難しいことになります。

馬券の世界での「認知的不協和」とは「自分の外れ馬券を認めない」ということです。馬連の軸馬として選んだ馬が3着になったとしましょう。3着でも10着でも、馬連馬券なら2着まで入らなければ外れ馬券です。

しかし自分の予想が外れてしまったことを認めず、3連複を買っていれば的中したとか、騎手がもう少しうまく乗れば的中したと思い込み、「自分が馬券で外れたことは自分のせいではない、自分の予想は的中していた」と思い、自分の買った馬券を正当化してしまうのです。

マイクロソフトを立ち上げたビル・ゲイツ氏が「失敗したら落ち込んでいる場合ではなく、いちはやく失敗の原因を探ることが大事である」と自分の著書の中で述べているように、馬券で外れたら「どうして外してしまったのか」という要因を見つけ出し、次の予想で同じ過ちを繰り返さないように、教訓とすることが大切なのです。

26 9時半に浮上した穴馬の単勝＆複勝オッズは高くなる

1章で書いたように、私は穴馬を当日朝9時半のオッズから見つけ出しています。馬連と単勝や複勝オッズとのバランスを比較して、穴馬を浮上させているのです。

9時半のオッズから浮上した穴馬候補の単勝や複勝オッズは、時間とともに高くなる（人気がなくなる）傾向があります。レース直前になると、とても手が出せないようなオッズになってしまいます。

ここでひとつ例を出してみましょう。2021年8月28日、札幌10R摩周湖特別です。9時半のオッズでは馬連1番人気は13・2倍、単勝30倍未満の頭数は12頭と、穴レースの条件はクリアしていました。

【図A】をご覧ください。このレースは単勝1番人気が④番でした。④番絡みの馬連オッズを人気順に並び替えた馬番が馬連ランクです。馬連ランク13位の⑬番の馬連オッズをみると159倍になっています。⑬番の単勝や複勝オッズを見ると、馬連159倍にも関わらず、単勝は6位に6ランク上昇し、11倍と売れています。複勝も8位で4・0倍です。

後章で詳しく説明しますが、このように馬連ランクと比較して単勝や複勝ラン

【図A】2021年８月28日札幌10Ｒ摩周湖特別：９時半のオッズによる馬連・単勝・複勝の各ランク

	1位	2位	3位	4位	5位	6位	7位	8位	9位	10位	11位	12位	13位	14位
馬連ランク	4	6	5	12	8	3	9	11	10	1	2	13	7	14
												159		
単勝ランク	4	5	3	6	12	13	8	9	11	2	1	10	14	7
						11.0								
複勝ランク	4	6	5	12	8	9	3	13	11	10	1	2	7	14
								4.0	4.9	6.4				

複勝６倍の壁

●2021年８月28日札幌10Ｒ摩周湖特別
（３歳以上２勝クラス、芝1200m）

札幌 10Ｒ 発馬15.00 摩周湖《ましゅうこ》特別 （混）三才上２勝クラス・ハンデ

枠	馬番	馬名	父	母	毛色	斤量・性齢	騎手	厩舎	賞金	総賞金	馬主名	牧場名
白1	1	エイカイマドンナ	ハーツクライ	マチカネハヤテ	鹿毛	52 -3 牝6	小沢	藤原英	900	2420	二木英徳	社台F
黒2	2	デストゥリエーレ	キズナ	サマールナ	青鹿	50 -4 牡3	菊沢	池上和	0	77	ライオンRH	秋場牧場
赤3	3	ブロンズレッド	レッドスパーダ	ヘリテージゴールド	栗毛	53 -1 牡3	団野	牧浦	900	1346	下河辺隆行	下河辺牧場
赤3	4	エグレムニ	キズナ	ビーチアイドル	鹿毛	55 -2 牡4	古川吉	加用	900	3445	吉田照哉	社台F
青4	5	ディキシークイーン	ダイワメジャー	テネシーワルツ	鹿毛	53 -2 牝4	横山典	[illegible]	900	1567	寺田千代乃	タイヘイ牧場
青4	6	ミニオンペール	マツリダゴッホ	トラックマグナ	鹿毛	53 -2 牝5	黛	小手川	540	4047	ノルマンディーTR	サンローゼン
黄5	7	セクシーフェイス	エピファネイア	アイムオールレディセクシー	黒鹿	51 -4 牝4	秋山稔	大和田	900	1540	社台RH	社台F
黄5	8	テリーヌ	ダノンシャーク	ビサノグレース	鹿毛	51 -1 牝3	泉谷	長谷川	900	1730	三木久史	フジワラF
緑6	9	タイセイトレンディ	ネオユニヴァース	ルナフェリーナ	青鹿	54 -3 騸6	菱田	田中克	900	3595	田中成奉	タイヘイ牧場
緑6	10	エピローグ	ハービンジャー	ルイーズ	鹿毛	52 -3 牝5	川又	杉山佳	900	2746	藤田好紀	前田F
橙7	11	（外）ヴォイスオブジョイ	マジシャン	シシーバ	鹿毛	53 -2 牝5	丹内	水野	900	5660	ラフィアン	アメリカ
橙7	12	タピオカ	ケイムホーム	カルナアヴァンセ	青鹿	53 -2 牝4	大野	牧	900	2400	清水牧場	清水牧場
桃8	13	ベッラヴォルタ	ヴィクトワールピサ	ミルククラウン	栗毛	52 3 牝4	亀田	加用	900	2400	ディアレストC	前田F
桃8	14	イルミネーター	トーセンブライト	リエートフィーネ	鹿毛	54 -3 牡4	水口	羽月	900	1999	山上和良	岡部牧場

１着⑥ミニオンペール　（３番人気）

２着⑬ベッラヴォルタ　（10番人気）※穴馬候補

３着⑪ヴォイスオブジョイ　（８番人気）

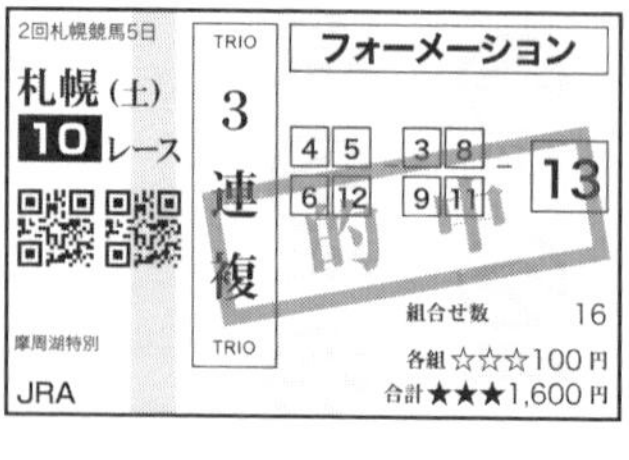

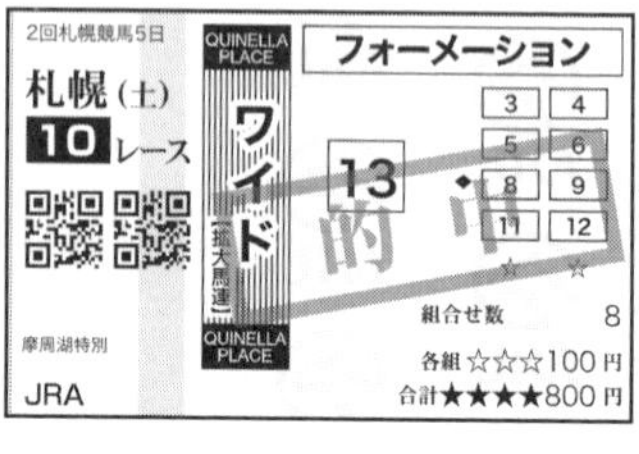

クが5ランク以上上昇している馬を**「突入&移動馬」**として穴馬候補として浮上させます。

複勝オッズにも注目してください。オッズで6倍を超えている箇所を**「複勝6倍の壁」**と呼び、その前の2頭が穴馬候補として注目します。ここからも⑬番は浮上しています。

つまり、このレースでは⑬番が穴馬となるわけです。レース結果は、1着には馬連ランク2位の⑥番が入線、2着には注目した穴馬候補の⑬番が入りました。3着には⑪番が入り、ワイド⑥⑬は3330円、⑪⑬は6360円、3連複⑥⑪⑬は4万9420円の的中です。

さて2着となった⑬番ですが、最終オッズはどれくらいになっていたでしょうか。

なんと単勝は10番人気で40・9倍、複勝も10番人気で12・8倍です。こんなオッズではとても穴馬として1頭だけ浮上させることは難しいでしょう。しかし9時半のオッズからは単勝11倍、複勝4・0倍という姿を確認できたため、いとも簡単に見つけることができるのです。

このように9時半の段階で浮上した穴馬候補の単勝や複勝オッズはレース直前では高くなり（売れなくなり）、朝9時半の段階で見せていた「穴馬の顔」の面影は完全になくなってしまうのです。

27 馬券を買ったら、レース終了までもう検討しない

前項で9時半のオッズから浮上した穴馬候補は、時間とともに単勝や複勝が売れなくなり、最終的になんの疑問ももたれない馬になっていることを申し上げました。これは高配当馬券をGETするためには知っ

ておかなければならない重要なことです。

もし先ほど紹介したレースで穴馬候補として浮上した⑬番をレース直前になり、単勝や複勝オッズをチェックしたらどうでしょうか。単勝オッズは40倍を超え、複勝は12倍を超えているなんてわかったら、不安になること間違いなしです。ですから穴レースに限っては、穴馬候補が決定したら、その時点で馬券を購入するようにしています。

「こんな人気薄の⑬番なんて馬券に絡まないよ……」なんて思いが強くなり、⑬番からの馬券を買わないなんてことになったら、なんのために9時半のオッズを調べて穴馬を見つけ出したか、わけがわからなくなってしまうからです。

穴レースと判定が出たレースで穴馬候補が見つかりましたら、迷うことなく馬券を購入する習慣を身につけることをオススメします。

また、馬券を購入したらもう、そのレースの検討は絶対にしないことです。

私の回りにもいるのですが、馬券を購入したにも関わらず、まだそのレースの馬柱などと睨めっこしている人がいます。そして気になる馬が見つかると、追加で馬券を購入しているのです。

なんとかレースを的中させたいという気持ちはわかりますが、ダラダラと馬券を買い続けていたら、回収率は悪化するばかりです。

読者の皆さんも経験があるかと思いますが、追加で購入した馬券のほとんどは的中しないものです。まれに的中することもあるかと思いますが、一旦レースの馬券を購入したら、もうそのレースは検討しないことを強く申し上げたいです。

28 「1番人気はイコール強い馬である」と思い込むな！

馬券検討をするときに、私はオッズの数値を最大限活用していますが、多くの人にとってオッズは馬券検討をするツールではなく、馬券の購入配分や単勝の人気順などをチェックするために使われています。

特に単勝1番人気の馬が注目を集めることは少なくありません。オッズが2倍を切るような超1番人気の馬が現れると、多くの競馬ファンは馬券に絡むと思い込み、その超1番人気の馬から馬券を組み立てるようになってしまいます。

確かに競馬新聞を見ると、上から下まで◎印がズラリと並んでいる馬の単勝が2倍を切るようなオッズであれば、「馬券に絶対に絡む」という心理が働いてしまうものです。

しかし、競馬には「絶対」はありません。単勝オッズが2倍を切るような、いや、1.5倍を切るようなオッズを背負った馬が馬場掃除……いわゆる負けてしまうシーンを何度も見たことがあります。しかし馬券を買う人には、何度も同じようなシーンを見ても「今度は大丈夫！」と思い込んでしまう傾向があります。

1番人気になる馬の中には、本当に強い馬のいるのは確かです。しかし1番人気とは「人気」というように、馬券を購入した人たちの購入比率が高いというだけのことです。

つまり「1番人気＝1番強い馬」という式は成り立ちません。それでも多くの人たちは、「強い馬の序列が単勝の人気順」と間違った認識をしてしまい、「最低人気＝1番弱い馬」という式も正しいと思い込んでしまうのです。

単勝1番人気である馬は、多くの人たちが1着になると思い込んでしまいます。しかし改めていいますが、単勝1番人気とは、実際に単勝馬券を購入した金額比率が高いだけの数字なのです。この点を理解していると、1・5倍というような数字から「1着になる」「この馬は強い」という先入観をもつことなく、冷静にレースを分析することができます。

オッズの数字は正直です。見えていないものも見えてきます。**単勝1番人気が信用できるかどうかは、複勝オッズや3連複のオッズを見るとわかります。**このあたりのことは【項目37・38】で詳しく紹介してみたいと思います。

29 オッズの数値には人間の深層心理を動かす力がある

単勝人気をはじめとするオッズという数値は、馬券を購入するときに大きな影響を与えることがあります。もともと人間は数字によって心理的に受ける影響が強いものです。

マーケティングの世界でも、数字によって消費行動が大きく変わってきます。「1980円」や「2980円」というような端数の数字を使用するのも、その商品が安いと思い込ませるためです。1着3万円のスーツを購入すると2着目は1000円と抱き合わせでお得感を醸し出したり、100人にひとりはタダというキャンペーンも、消費行動を煽るための数字を使ったマジックです。

競馬の世界では、消費行動の誘導のためだけにオッズがあるというわけではありませんが、オッズには購入する馬を変えてしまう力はあります。

【項目28】で紹介した単勝オッズが2倍を切るような1番人気のオッズが発表されると、「超1番人気＝勝つ馬・強い馬」と勝手に思い込んでしまうのもオッズの魔法です。

馬連の1番人気が3倍を切るようなオッズが出ると、その組み合わせの2頭がそのレースの中心であると思い込み、何も考えずにその2頭絡みの馬番からの馬券が売れていくのも、オッズの魔法のひとつではないかと考えます。

私が実践しているオッズ馬券は、バランスが大切です。馬連1番人気が3倍を切るようなオッズのときに、単勝1番人気が3倍、単勝2番人気が4倍だとしたらどうでしょうか。

明らかにバランスが悪いですね。このようなオッズは実際に表れます。そしてバランスを欠いた馬連1番人気の2頭は簡単に馬群に沈んでいくのです。

単勝1番人気の馬が1・5倍で複勝オッズが2・0倍だなんて馬も、バランスを欠いています。ディープインパクトが国内で1回だけハーツクライに敗れ2着になった2005年の有馬記念、金曜日の前売りオッズでは複勝が2・0倍もつき、スポーツ新聞の1面で「ディープ複勝2倍」という見出しが躍ったものです。

当時、私はディープインパクトの単勝と複勝オッズのバランスが悪いことに気づき、ディープインパクトの2、3着付けの3連単馬券を組み立て、約3万円の3連単を的中しました。

オッズの数値をそのまま鵜呑みにすると、馬券でいい思いをすることはありません。**常に「どうして?」という心構えで数字を見ることが大切です。**

30 気軽に馬券が買えるネット競馬の落とし穴

電話投票が普及する前は、馬券は競馬場や場外馬券場（WINS）へ足を運ばなければ購入することができませんでした。そのためか「ノミ屋」という私設馬券が登場し、電話一本で馬券を請け負っていた人がよくいたものです（もちろんこれは違法です）。

JRAでは1974（昭和49）年から電話投票システムが開始されました。当初は利用者が電話投票窓口に電話をかけ、オペレーターに購入目を伝えて馬券を買う「CRT方式」と呼ばれるものでした。

しかしこの方式だと、多くのオペレーターが必要となるため、「ARS方式」と呼ばれる自宅の電話機や公衆電話からプッシュ回線を利用しての馬券購入方法が登場し、専用端末や専用ソフトを使った「PAT式」へと馬券購入方法の形態は変化していきます。現在ではネットを通じて馬券を購入する「I-PAT方式」が主流となっています。

2000年を迎える頃、家の電話や公衆電話を使い馬券を買う電話投票会員には希望者が殺到し、なかなか会員にはなれませんでした。そのため多く人たちは、馬券を購入するためには競馬場や場外馬券場（WINS）へ足を運ぶしかなかったのです。

今では気軽に簡単に誰でも家にいるだけで、ネットを通じて馬券を購入することができます。グリーンチャンネルに加入すれば、家にいながら競馬場と同じ興奮を得ることができます。このように競馬を取り巻く環境は非常に便利なものに変化したのです。

しかしネットにより馬券購入が便利になったとはいえ、反対に落とし穴もあります。馬券を購入するのにわざわざ競馬場や場外馬券場へ足を運ばなければならない時代では、常時売り場の近くにいなければ、すぐに馬券を購入することができません。

しかし、ネット競馬では自宅が競馬場に変わり、さらに場外馬券場（WINS）にもなっているため、気軽に馬券を購入することが可能です。気軽に馬券を買えるということは、**無駄な馬券も気軽に買えること**にもつながります。

ネット競馬では自分なりのしっかりとしたルールやパターンのもとに馬券を購入しないと、知らず知らずのうちに無駄な馬券を買ってしまうことになります。

31 日曜日の最終レースに大金を投じてしまう人間心理

日曜日の最終レースは、土曜日の最終レースとは異なり、大きな金額を購入してしまう傾向にあります。

最終は特別戦を除く他の一般レースと比べると、売り上げが多くなります。多くの競馬ファンが注目しているレースのひとつといってもよいでしょう。そこで注意すべきは、人間は追い込まれると冷静な判断を欠くということです。

当たり前の話ですが、日曜日の最終レースの後にもうレースはありません。土曜日の最終レース後はまだ翌日曜日には重賞レースなどが組まれており、資金的にも残したいという心理が働きます。土曜日の最終レースは、まだまだ翌日にレースがあることから、週単位で考えると本質的には最終レースではないのです。

土曜日の最終レースで予想を外してしまうとその記憶が鮮明に残ってしまい、翌日の予想に影響が出るという人がいますが、本当にそうでしょうか。

下の図は、心理学者のヘルマン・エビングハ

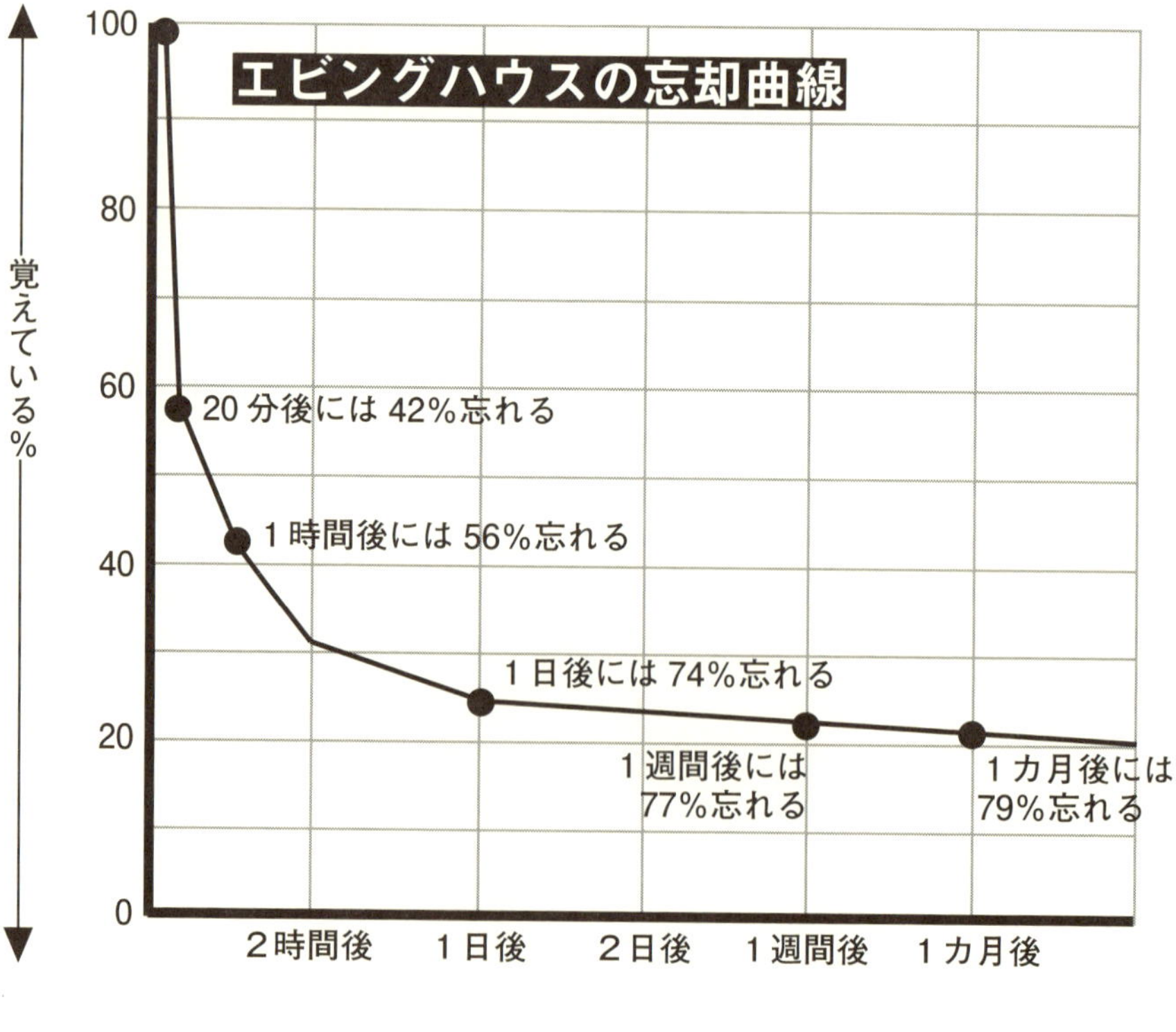

ウスによって導き出された、人間の脳と記憶の関係を表した「エビングハウスの忘却曲線」です。これによると1時間後には記憶の56％、翌日には記憶の74％を忘れてします。つまり土曜日の最終レースの印象が、翌日まで影響することはほとんどないのです。

ここで何を申し上げたいのかというと、**競馬の検討をするうえで、まだレースが残っているということは考えないようにする**ことです。

午前中のレースでも、自信のあるレースがあれば、そのレースを勝負レースとして資金を投じればいいのですが、ほとんどの人は、メインレースの資金を残したいがために、自信のあるレースでも購入資金を減らしてしまう傾向があります。

オッズ馬券では、判定が出たレースがその日のメインレースです。重賞レースだからメインレースであるという考え方は絶対にしません。

さて、日曜日の最終レースで注意しなければならない点を紹介しておきましょう。それはＧⅠレースの反対競馬場の最終レースです。

ＧⅠレースが行なわれている競馬場には、リーディング上位の騎手が集まることになり、反対競馬場には見習い騎手や、まだ勝利数が少ない騎手が残る傾向があります。このような理由から、ＧⅠレースの反対競馬場の最終レースは波乱になりやすいものです。過去のデータからも、3着まで上位人気同士で決まったレースはほとんどありません。

ＧⅠレースの反対競馬場の最終レースは、穴馬が飛び出す可能性の高いレースと覚えておくだけでも、高配当馬券GETへ近づくのではないでしょうか。

32 超1番人気を常に信じてしまう人間の心理

【項目28】で超1番人気を信用してしまう人が多いことを申し上げました。競馬には絶対がないとはわかっていても、いざ馬券を購入しようとすると躊躇してしまい、人気馬から馬券を買ってしまう人が多いのも事実です。単勝万馬券のような馬から平気で馬券を購入できるようにならなければ、けっして馬券でいい思いはできないのではないでしょうか。

P34で紹介したフェブラリーSの⑮番ケイティブレイブは16頭立ての16番人気の馬です。単勝オッズは142倍（最終オッズ）という単勝万馬券です。このような馬から馬券を購入できる人は少ないと思います。ですから高配当なのです。

私は最低人気であることを知った瞬間喜んで、⑮番が3着までに馬券に絡めば100%的中の、⑮番からのワイド馬券総流しをまずは購入したものです（下の馬券）。

人は知らず知らずのうちに「1番人気は信用するが、最低人気は信用

ワイド⑫ー⑮11,170円、⑨ー⑮18,320円

しないという」心理が働いてしまいます。このような心理は意識的に変える努力をしませんと、高配当馬券をGETするのは難しいのではないでしょうか。

1番人気の馬は常に疑いをもって検討するべきです。そして1番人気が信用できると判断できれば、本命党の人は1番人気から馬券を購入すればいいですし、穴党の人はそのレースは穴馬から馬券を購入することを避ければいいのです。

私は2倍を切るような超1番人気の馬が出てくると、必ずその馬が信用できるかどうかのチェックをします。超1番人気が危険であると判断できれば、高配当馬券が期待できるからです。

【項目37・38】で詳しく複勝オッズや3連複のオッズの動きから、簡単に危険な1番人気の判定方法を紹介しています。

ここでは超1番人気を無条件で信用してしまう行為だけは避ける、ということだけを覚えておいてください。

33 七夕賞で7－7が売れる摩訶不思議な現象

出目で馬券を購入する人は少なくありません。世相馬券などもそのひとつでしょう。有名なのは2001年、アメリカで同時多発テロが起きた年の有馬記念です。

1着はマンハッタンカフェ、2着はアメリカンボスです。「マンハッタン」と「アメリカ」の組み合わせで馬連は、13頭立ての最低人気のアメリカンボスが絡んだため、4万8650円といった高配当になりました。これが世相馬券と呼ばれているものです。

七夕賞でも枠連7－7が売れる傾向にあります。2021年7月11日に行なわれた七夕賞ですが、最終オッズでもわかるように枠連の7－7は52・1倍に対し、同じ組み合わせの馬連⑬－⑭は149倍となっています。明らかに七夕賞だから枠連7－7が売れてしまっている現象です。

【項目15】では枠連と同じ組み合わせのオッズの乖離には注意と申し上げましたが、ここは〝七夕〟から7－7が売れていると判断し、⑬番や⑭番には注目しなかったものです。

母の日に枠連8－8が注目される傾向もあります。

私にとって、母の日の8－8で非常に印象深いレースがありました。かなり前の話になりますが、2002年5月12日、東京競馬場で行なわれた京王杯スプリングCです。

私はオッズ馬券での検討から⑯番、⑰番、⑱番を中穴馬として浮上させました。当時はワイド馬券の発売はありましたが、3連複や3連単馬券の発売はありません。

偶然8枠3頭からの馬券だったため、枠連8－8に注目しましたが、母の日のせいか、枠連8－8が売れていたのです。

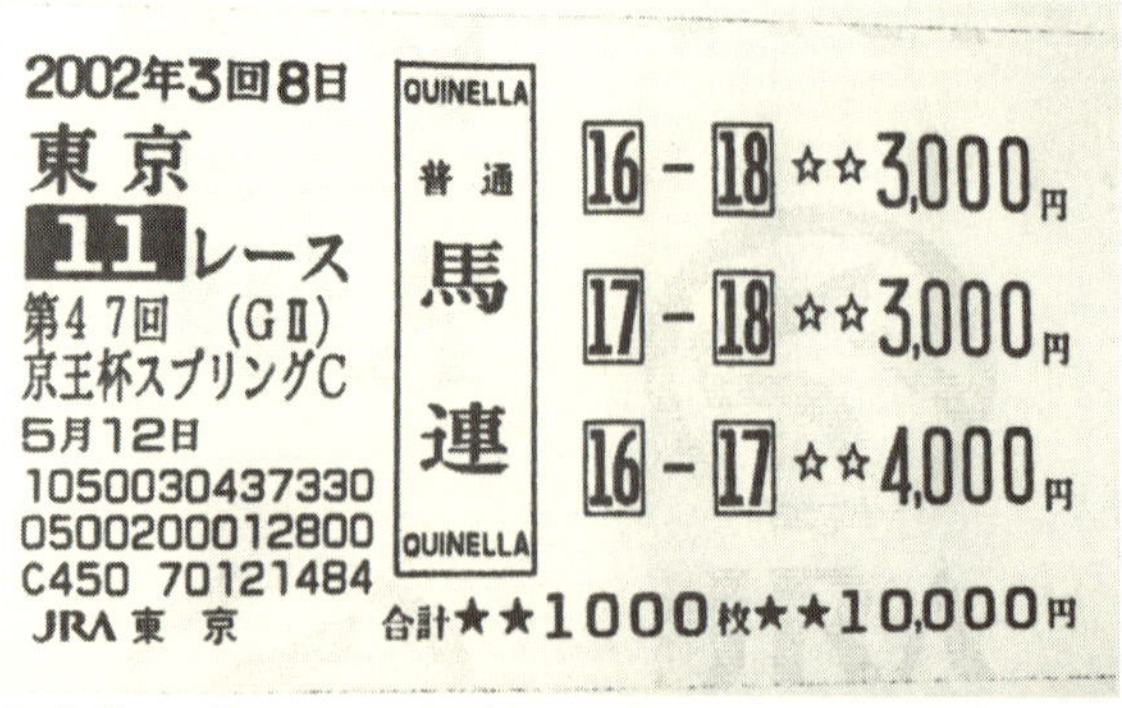

馬連⑯－⑱10,270円（払い戻し410,800円）

このレースの枠連8－8は25・7倍、馬連の組み合わせは⑯－⑰、⑯－⑱、⑰－⑱の3通りあります。⑯－⑰は71・0倍、⑯－⑱は102倍、⑰－⑱は144倍です。

もし8－8を1000円購入するのであれば、⑯－⑰を400円、⑯－⑱は300円、⑰－⑱は300円の比率で購入すれば、その組み合わせでも枠連8－8が的中したときのリターンより大きくなることがわかります。

レース結果はなんと8枠3頭で1～3着を独占しました。1着⑱ゴッドオブチャンス（11番人気）、2着⑯グラスワールド（6番人気）、3着⑰ビリーヴ（7番人気）の入線です。配当は枠連8－8で2570円、馬連⑯－⑱は1万2770円でした。馬連を4000円買っていたおかげで40万円以上の払い戻しをGETしました。

2021年8月8日も面白い馬券が飛び出しました。新潟11RレパードSです。レース結果は枠連8－8で決まったのですが、この日は8月8日で「フジテレビの日」だったのです。枠連8－8は4980円に対して馬連⑮－⑯は5240円といったものでした。

オッズを眺めていると、特定の組み合わせが突然売れていることがよくあります。そのような組み合わせを見つけたならば、「どうして？」という疑問をもつことが大切です。京王杯スプリングCの8－8のように、自分の予想と一致したときは、馬券の買い方を少し工夫するだけで大きなリターンを得ることができます。

●2021年８月８日新潟11Ｒレパード S（３歳ＧⅢ、ダ1800m）

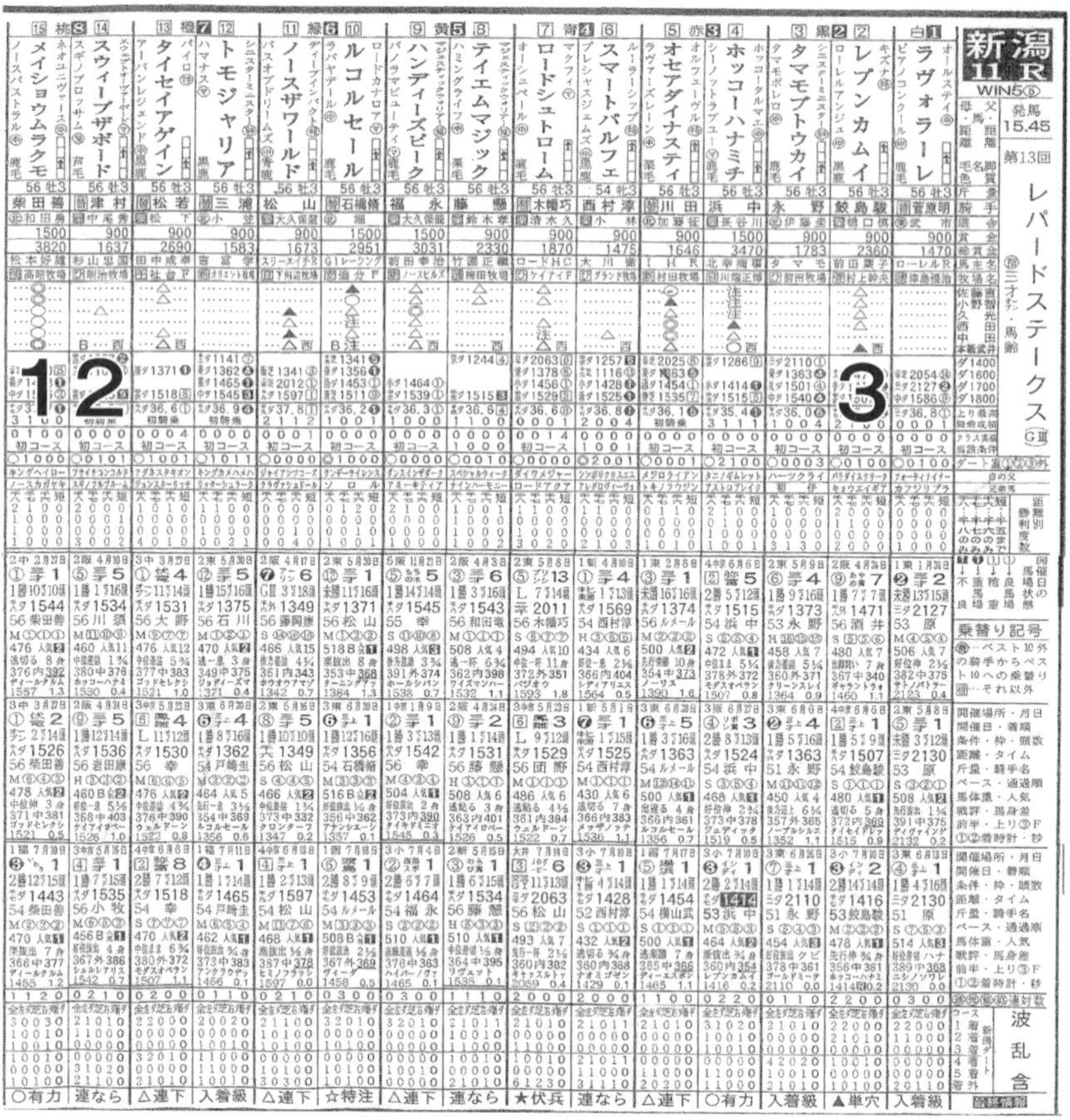

1着８⑮メイショウムラクモ　（１番人気）

2着８⑭スウィープザボード　（10番人気）

3着２②レプンカムイ　　　（６番人気）

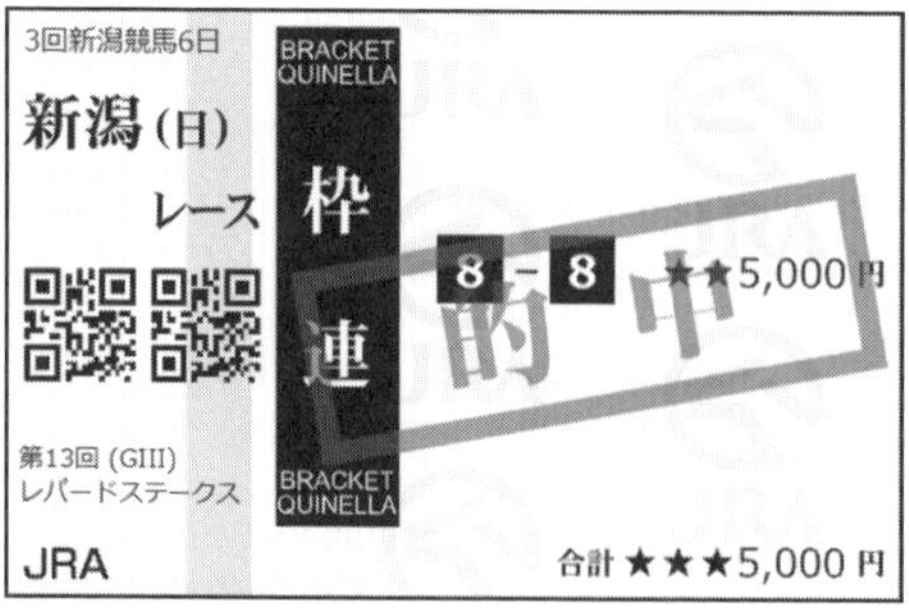

枠連4,980円（払い戻し249,000円）

34 自分の予想を外的要因で変えてはいけない！

人気薄の馬を見い出すことができたり、レース展開まで自分の思った通りの結果で終わった予想をしても、その予想の馬の馬券を購入しなければ意味がありません。たとえ人気薄の馬を見つけ出しても、オッズという魔物によって自分が出した結論を変更してしまい、大きな獲物を取り逃がしてしまったら元も子もなくなってしまいます。こんな苦い経験を経験したことがある人は多いのではないでしょうか。

オッズという数字は、心理的に大きな影響を与えてしまう不思議なものです。私は常にオッズという数字とつき合っていますが、「競馬予報」を経て「大穴型レース」からルールに従って浮上した穴馬を決定したら、その穴馬の変更は絶対にしません。

特別な事情で追加で穴馬が浮上したとして、穴馬の追加をすることはあっても、穴馬の変更をしたことはありません。

人の脳はちょっとした情報でも影響を受けてしまう性質があります。【項目26】でも申し上げましたが、私の実践しているオッズ馬券では、当日朝9時半のオッズから浮上した穴馬は、レース直前ではとても買えそうもない単勝や複勝オッズに姿を変えてしまいます。そんな姿を見ると、自分の予想に自信がなくなり予想を変更したくなる心理が働いてしまうこともあります。

自分で一度出した結論は、どんな情報が流れてこようとも変更してはいけません。私はそれを防ぐためにも、**お昼過ぎには一日のすべての馬券を購入する**ことにしています。競馬場にいるときでも、追加の馬券は買いません。目の前でレースは行なわれているのですから、そこは「見る楽しみ」だけにし、「儲ける楽しみ」は馬券を買ったレースだけにしています。

目の前で走っていると馬券を買いたくなる気持ちもわかりますが、馬券で本気で勝とうとしたいのであれば、自信のないレースの馬券を購入することは避けるべきです。

自信のないレースの馬券を購入する行為は、もともと自分の予想では「見送り」という結論を下しているわけですから、自分の予想を変更していることになります。

第3章

解析学

回収率をアップさせる重点項目

35 無駄な馬券を認識し、無駄を絶対に買うな！

ナッジ理論とは〝ちょっとしたきっかけ〟〝少しの後押し〟だけで、人間の行動パターンは変化するという考えです。2017年、ノーベル経済学賞を受賞したアメリカの経済学者、リチャード・セイラ（1945〜）が提唱者として有名です。

ナッジ理論を使った、実際にあった事例を紹介しましょう。

アムステルダムの空港は、いつも汚れていた男子トイレの清掃に悩まされていました。「トイレはきれいに！」というような貼り紙をしても効果が出ません。そこで、便器の中に1匹のハエの絵を描いたのです。すると利用者は無意識にそのハエを目がけて用をたすため、トイレの汚れは少なくなったというのです。つまり、このハエの絵がトイレをきれいにする〝ちょっとしたきっかけ〟〝少しの後押し〟だったわけです。

このような行動パターンは、馬券の世界でも大切なポイントになります。なぜなら知らず知らずのうちに、無駄な馬券、すなわち外れ馬券を買ってしまうことになってしまうからです。

そのひとつが「G」と付くレース、いわゆる重賞レースです。「G」という文字が出走表に書いてあるだけで、人間の脳は無意識に特別なレースであるという思いが働き、予想に自信がないときにも馬券を買ってしまう衝動にかられてしまうのです。

ホープフルSは、現在では年末に行なわれる2歳馬のGⅠレースとして定着していますが、GⅠに昇格したのは2017年とつい最近です。OP特別時代のホープフルSは特に売り上げの高いレースではありませんでしたが、ＧＩになっただけで、人々は特別なレースに昇格したと思い、それまで見向きもしなかった人まで馬券を買うようになってしまったのです。

ＧＩが特別なレースであるというのは間違いありませんが、ここで私がいいたいのは、自分にとって見向きもしていないレースや予想に自信がないレースにも関わらず、「Ｇ」という文字だけで特別視してしまうということは注意したほうがいいを申し上げたかったのです。

特別視してしまったレースの馬券は買わずにはいられない……という衝動にかられるものです。予想に自信がないにも関わらずに馬券を買うわけですから、結果的に外れ馬券、すなわち無駄な馬券を買ってしまうことになってしまいます。

馬券の世界で、この「ナッジ理論」を理解していないと、Ｇのつくレースというだけで馬券を買いたいという衝動にかられ、知らずに無駄な馬券を買い続けてしまうことになります。身に覚えのある方も多いのではないでしょうか。

36 マイナスを恐れるあまり、多点数買いになってしまう病《やまい》

馬券を外したくないという気持ちは理解できますが、馬券は的中させるのが最終目的ではありません。**最終目的は儲けること、すなわち回収率１００％を超えること**なのです。

競馬場やウインズで競馬ファンの馬券の購入パターンを眺めていると、何度も売り場に足を運んでいる

姿を見かけます。多くの人は締め切り直前のレースの馬券を買っているのでしょうが、このパターンの人は、馬券で負けることを恐れすぎてしまっているのです。

人間は目先の利益を常に求めようとする心理が働き、損失の発生を恐れ、それを回避しようと、さらなる愚行をしてしまう傾向があります。これを心理学では「損失回避の法則」と呼び、行動経済学では「プロスペクト理論」として説明されています。

馬券で負けるのは当たり前のことです。多くの競馬ファンは、儲かった日もあればマイナスの日もあるはずです。多くの点数を購入すれば、的中する確率は増えていきます。しかし的中することばかりに目を向けてはいけません。

今から約35年前に、私は馬鹿な買い方をしてしまいました。1985（昭和60）年のダービーです。ダービーの馬券をなんとしても的中させたいという気持ちが大きくなり、枠連で全通りの馬券（36通り）を買ってしまったのです。

「大波乱になればいくら儲かるかな……」なんて淡い思いを抱いたのですが、レース結果は1番人気のシリウスシンボリが1着、2番人気のスダホーク2着で決まってしまい、全通り買った馬券は960円の払い戻しで回収率は27％です。ダービー的中という目的は達成できましたが、儲けたいという目的は達成できませんでした。

マイナスを恐れる必要はないのです。マイナスを恐れるあまり、無駄な馬券を買ってしまう——これが一番注意すべきことなのです。

37 「馬券に絡む超1番人気」と「消える超1番人気」は9時半にわかる

競馬新聞に上から下まで◎印が並んでいる馬は、単勝オッズが2倍を切るような1番人気になるものです。繰り返しますが、このようなオッズになると「この馬は絶対に馬券に絡む」と思い込んでしまう人が多いものです。そして、こんな超1番人気が出走するレースは、その馬番からの馬連が売れるものです。

ここで1番人気になった馬が信用できるかどうか、簡単に判断できる方法を紹介しましょう。

それには、1章でも紹介している「日刊コンピ指数」を使います。一日の競馬の中で、コンピ指数の1位が90ポイントや88ポイントのレースを見つけます。この指数の馬は、当日のオッズではまず1番人気になるものです。

ここからが重要なのですが、その馬の朝9時半の単勝と複勝オッズをチェックするのです。チェックするポイントは次の2点です。

①単勝オッズが3倍以上になっている

②複勝オッズが2倍以上になっている

この2つの要件のどちらかに該当している馬は、1着にならない可能性が高いものです。①②の要件を2つとも満たしている馬は、1着にならないどころか、3着にも絡まないことが多いです。

9時半の段階で、①②のような要件を満たしている馬は時間の経過とともに売れ、レース直前になると単勝1・8倍、複勝1・5倍というような〝超1番人気の顔〟になっているものです。

しかしながら9時半のオッズで消えると判断できた場合は、その馬が2着や3着に敗れる、あるいは馬券からまったく消え去る可能性が高いので、レース前のオッズがどうあろうと注意が必要です。そのような場合の攻略はどうするかは【項目49】で紹介します。

38 さらに3連複の人気順を調べると、危険な超1番人気が判別できる！

私がオッズ馬券を分析し始めた頃は、まだ馬券は単勝、複勝、枠連の3種類しか存在していませんでした。それが馬連の発売になり、今では3連系の馬券が売り上げのシェアを占めています。そこで3連系の馬券に何か攻略法はないものかと、様々な角度から検証していますが、満足のいく形での解明までには至っていません。

その中で、ひとつだけ見えてきたものがあります。それが3連複の人気順のオッズと超1番人気との関係です。私の拙著『回収率をあげる オッズ馬券の教科書』でも紹介しましたが、2015年の宝塚記念、ゴールドシップが超1番人気にも関わらず、スタート直後に出遅れて3着にも絡まなかったレースです。

ゴールドシップの単勝オッズは2倍を切る人気でした。となれば3連複の馬券はゴールドシップ絡みの馬券から売れていないとおかしいはずです。ゴールドシップは⑮番です。

3連複の人気順のオッズを確認すると（ここでは最終オッズを紹介）、3連複の1番人気は⑪⑬⑮で13・0倍、2番人気は⑤⑬⑮で17・9倍、3番人気は⑦⑬⑮で18・2倍……と1番人気の⑮番絡みの組み

●2015年6月28日阪神11Ｒ宝塚記念（ＧⅠ、芝2200m）

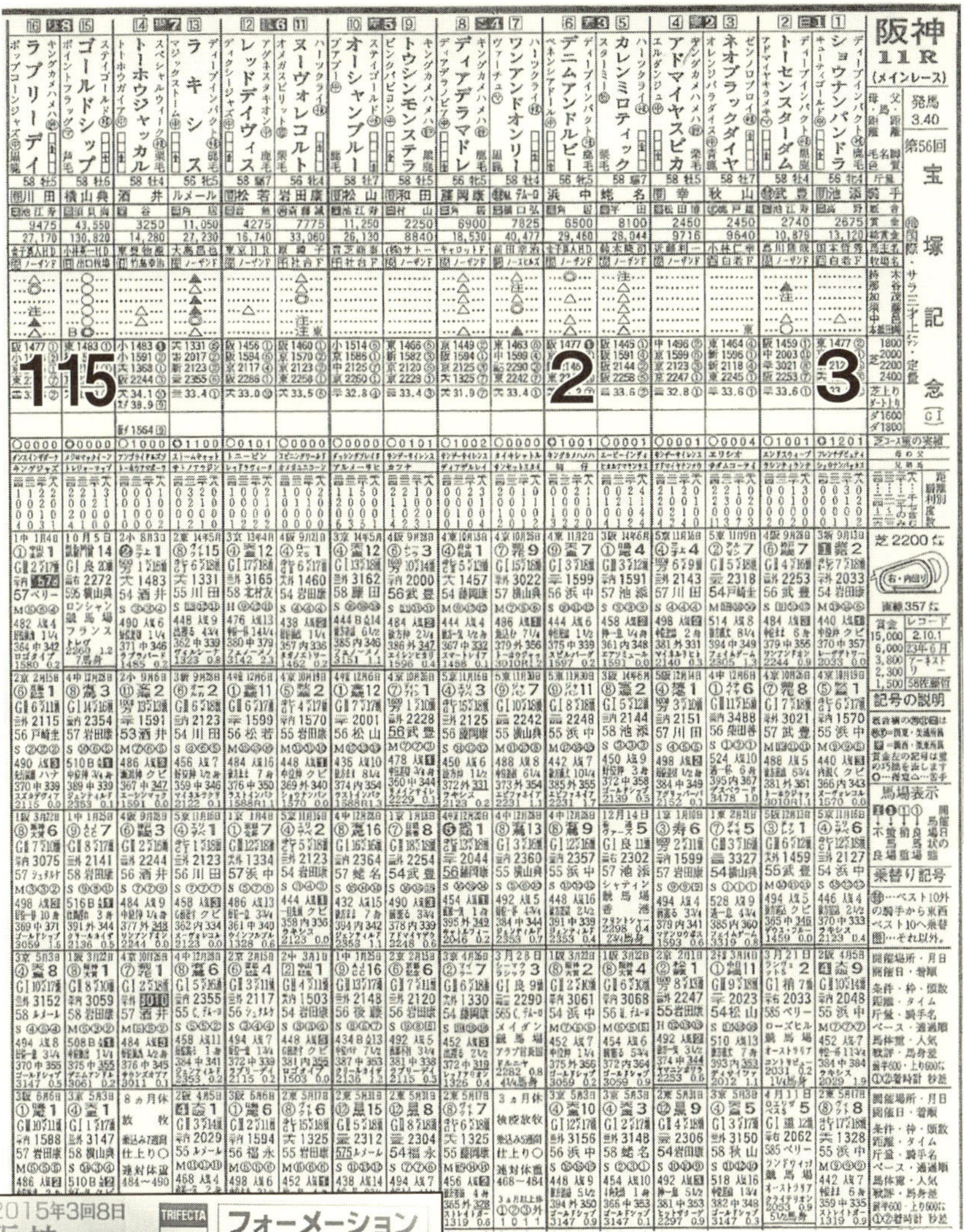

馬番	馬名	斤量・性齢	騎手
1	ショウナンパンドラ	56 牝4	池添
2	トーセンスターダム	58 牡4	武豊
3	ネオブラックダイヤ	58 牡7	秋山
4	アドマイヤスピカ	58 牡5	幸
5	カレンミロティック	58 騸7	蛯名
6	デニムアンドルビー	56 牝5	浜中
7	ワンアンドオンリー	58 牡4	デムーロ
8	ディアデラマドレ	56 牝5	藤岡康
9	トウシンモンステラ	58 牡5	和田
10	オーシャンブルー	58 牡7	松山
11	ヌーヴォレコルト	56 牝4	岩田康
12	レッドデイヴィス	58 騸6	松若
13	ラキシス	56 牝5	ルメール
14	トーホウジャッカル	58 牡4	酒井
15	ゴールドシップ	58 牡6	横山典
16	ラブリーデイ	58 牡5	川田

３連単528,510円

１着⑯ラブリーデイ　（６番人気）

２着⑥デニムアンドルビー　（10 番人気）

３着①ショウナンパンドラ　（11 番人気）

・・・・・・・・・・・・・・・・・

15 着⑮ゴールドシップ　（１番人気）

※危険な人気馬　単勝 1.9 倍

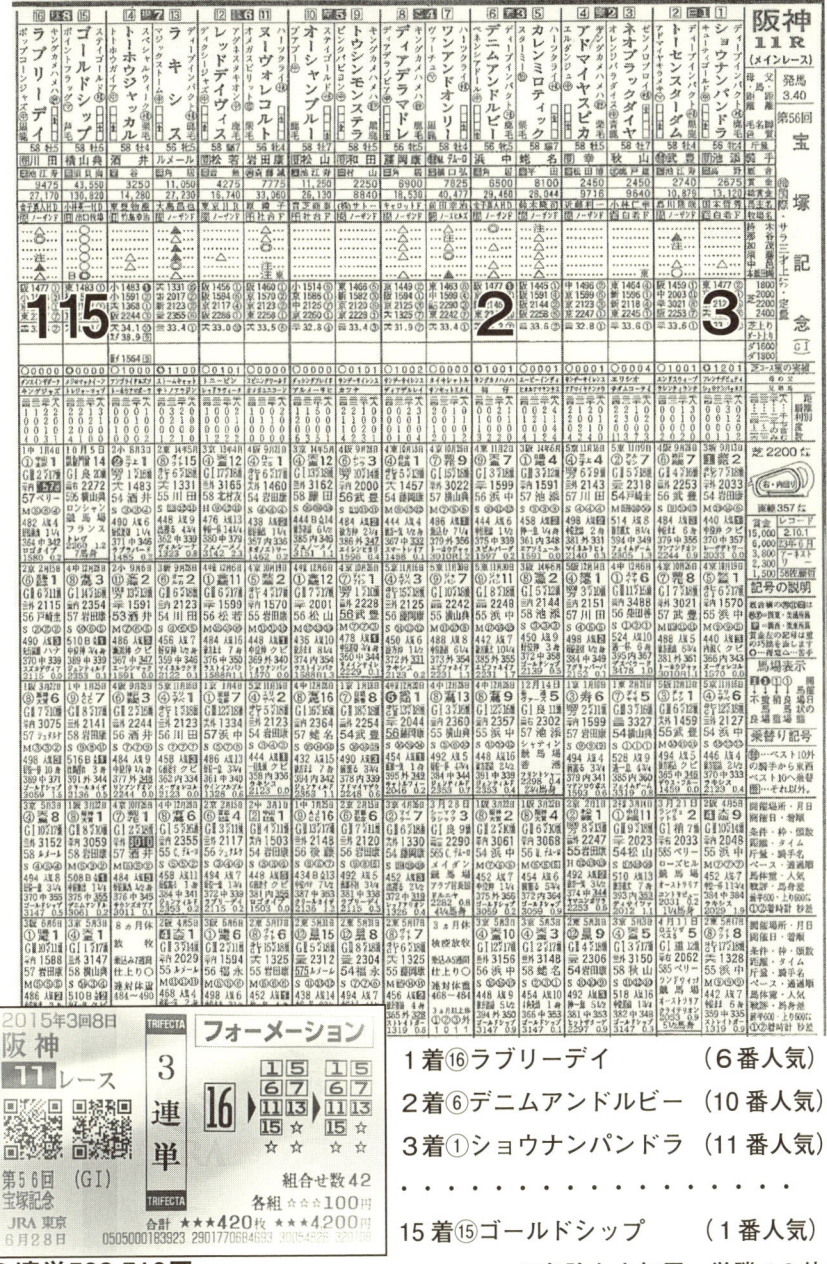

合わせが売れています。

⑮番絡みの3連複は15番人気まで続いていますが、16番人気になると、⑦⑪⑬で50・8倍と⑮番以外の組み合わせが登場しています。**信用できる超1番人気の馬は、3連複の人気順のオッズで、80倍台まで1番人気絡みの組み合わせが登場する**ものです（14頭立て以上のレースに限ります）。それが50・8倍までとは、明らかに1番人気の⑮番に危険信号が灯っていることがわかります。

私はそのレースでは⑮番ゴールドシップは1着にはならないと判断。他の馬、⑯番のラブリーデイからの1着流しの馬券を組み立ててみました。

結果は周知の通り、ゴールドシップはスタートで大きく出遅れ、最後までこれが響き15着。1着は狙った⑯番で、3連単⑯→⑥→①で52万8510円馬券の的中です。

3連複の人気順のオッズは、JRAのホームページでも確認することができます。また、3連系の馬券は売り上げシェアが高いため、単勝や複勝、馬連オッズと異なり、いつの時間帯のオッズでも大丈夫です。2倍を切るような超1番人気の馬が信用できるかどうか、3連複の人気順のオッズのチェックは非常に参考になります。

39 複勝オッズの「上限の数値」に注目する理由と、その活用法

複勝オッズは「2・5倍〜3・4倍」というように表示されます。この「2・5倍〜3・4倍」という数値

には、どんな意味があるのでしょうか。

複勝オッズの上限下限は、該当馬と上位人気2頭が馬券になったケース、反対に下位人気の2頭が馬券になったケースをそれぞれ計算し、それが○倍～△倍という数値のオッズで表されています。

10頭立てでAという馬が5番人気だとしましょう。下限のオッズは、Aが3着までに入り、残り2頭に1番人気と2番人気馬が入ったケースのオッズを示しています。反対に上限のオッズはAが3着まで入り、残り2頭に9番人気と10番人気が入ったケースです。もしAが1番人気馬の場合、2番人気と3番人気が入ったケース（下限）と、9番人気と10番人気が入ったケース（上限）となります。

単勝オッズが2倍を切るような馬が出走するレースでは、複勝オッズの幅は小さくなる傾向になり、さらに下限の数値はどの馬も同じような数値になる傾向にあります。

すると複勝オッズがどの程度売れているか判別することが難しいのです。しかし上限の数値は下位ランクの馬に影響されるため、それぞれの馬の複勝の売れ方がわかりやすい傾向があります。

そこでオッズ馬券では、上限の数値に注目することにしています。「2・5倍～3・4倍」ならば、その馬の複勝オッズは「3・4倍」としています。

複勝オッズに注目する人はあまり多くないと思います。しかしオッズ馬券にとっては、複勝オッズは高配当馬券を演出する穴馬や中穴馬を選定するうえで、非常に参考になる数値なのです。

また複勝オッズで1番人気の安定度を測ることもできます。

1番人気の単勝オッズが1・5倍というような馬なら、複勝オッズは「1・1～1・1」というようなオッズを示すものです。しかし、時折り「1・1〜1・4」のような、幅があるオッズが表示されることもあります。

この場合の「1・1〜1・1」と「1・1〜1・4」の違いは何を意味するのでしょうか。「1・1〜1・1」は信頼できる1番人気です。反対に「1・1〜1・4」は不安がある1番人気です。

まれに単勝1・3倍、複勝1・4倍というような馬が現れることがあります。これは**「単複逆転現象」**と呼び、1着にならない可能性のある、危険な1番人気の兆候です

40 複勝オッズは穴馬を見つけ出すことができるツールだ

複勝オッズは高配当馬券を演出する馬を見つけ出す、オッズ馬券にとっては欠かすことのできないツールです。複勝オッズのどこに注目すればいいのでしょうか。私は6倍と15倍の2つの数値に注目しています。

複勝オッズの上限のオッズに注目し、それを人気順に並び替えていきます。すると初めて6倍を超えた箇所と15倍を超えた箇所が表れます。その超えた箇所を**「複勝6倍の壁」「複勝15倍の壁」と呼び、その前の2頭に注目する**のです。

人気が割れているケースでは、複勝15倍が表れないケースがあります。その場合は複勝最低人気とブービー人気の馬に注目します。

	13	10	4	6	5
	9.0	9.4	9.8	11.3	20.4

↑ 複勝15倍の壁

「複勝6倍の壁」を使った攻略法は第7章の【項目96】【項目97】で後述するので、ここでは「複勝15倍の壁」について説明してみましょう。

下の【図A】をご覧ください。これは２０２１年10月2日、中山12Rの複勝ランクと複勝オッズを人気順に並び替えたものです（９時半のオッズ）。

このレースは馬連1番人気が12・4倍、単勝30倍未満の頭数が12頭で穴レースの条件をクリアしていました。しかし、「オッズの壁」はなく、馬連ランクと比較して単勝ランクや複勝ランクで大きく上昇している「突入&移動馬」もなく肝心の穴馬が浮上してきません。そこで「複勝15倍の壁」の登場となりました。

「複勝15倍の壁」は複勝15位と16位の間にあることがわかります。その前の2頭に注目するのがルールですから、この場合は④番と⑥番です。

この2頭の比較ですが、⑥番は馬連１００倍、④番は１７８倍でした。しかし複勝オッズは⑥番が11・3倍、④番が9・8倍と4番のほうが売れていることがわかります。そこで「複勝15倍の壁」からは④番が怪しい穴馬と判断し、④番から上位ランクへのワイド馬券を組み立ててみました。

レース結果は、穴馬として注目した④番がものすごい勢いで追い込みを決め3着。1着は⑪番、2着は⑯番の上位ランクの馬で、ワイド馬券はダブルで的中です。④－⑪は1万５８９０円、④－⑯は1万１８０円の配当でした。ちなみに3連複④⑪⑯は15万３９２０円の高配当馬券で

【図A】2021年10月２日中山12Ｒの複勝ランクとオッズ（９時半段階のもの）

複勝ランク	8	16	12	2	1	9	11	14	3	15	7
複勝オッズ	1.8	3.0	3.6	3.7	4.3	4.3	4.7	4.8	5.0	5.1	5.8

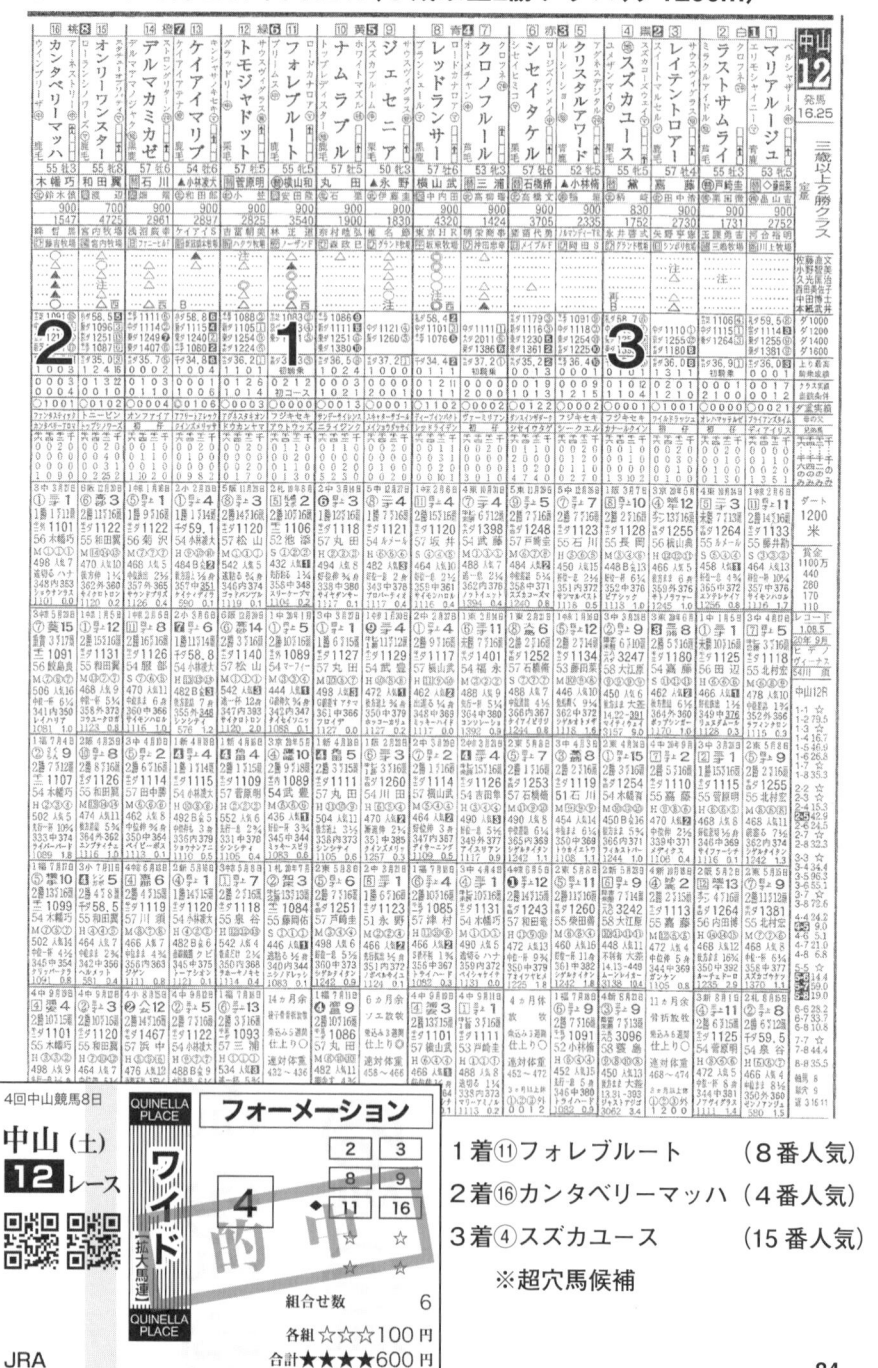

●2021年10月２日中山12Ｒ（３歳以上2勝クラス、ダ1200m）

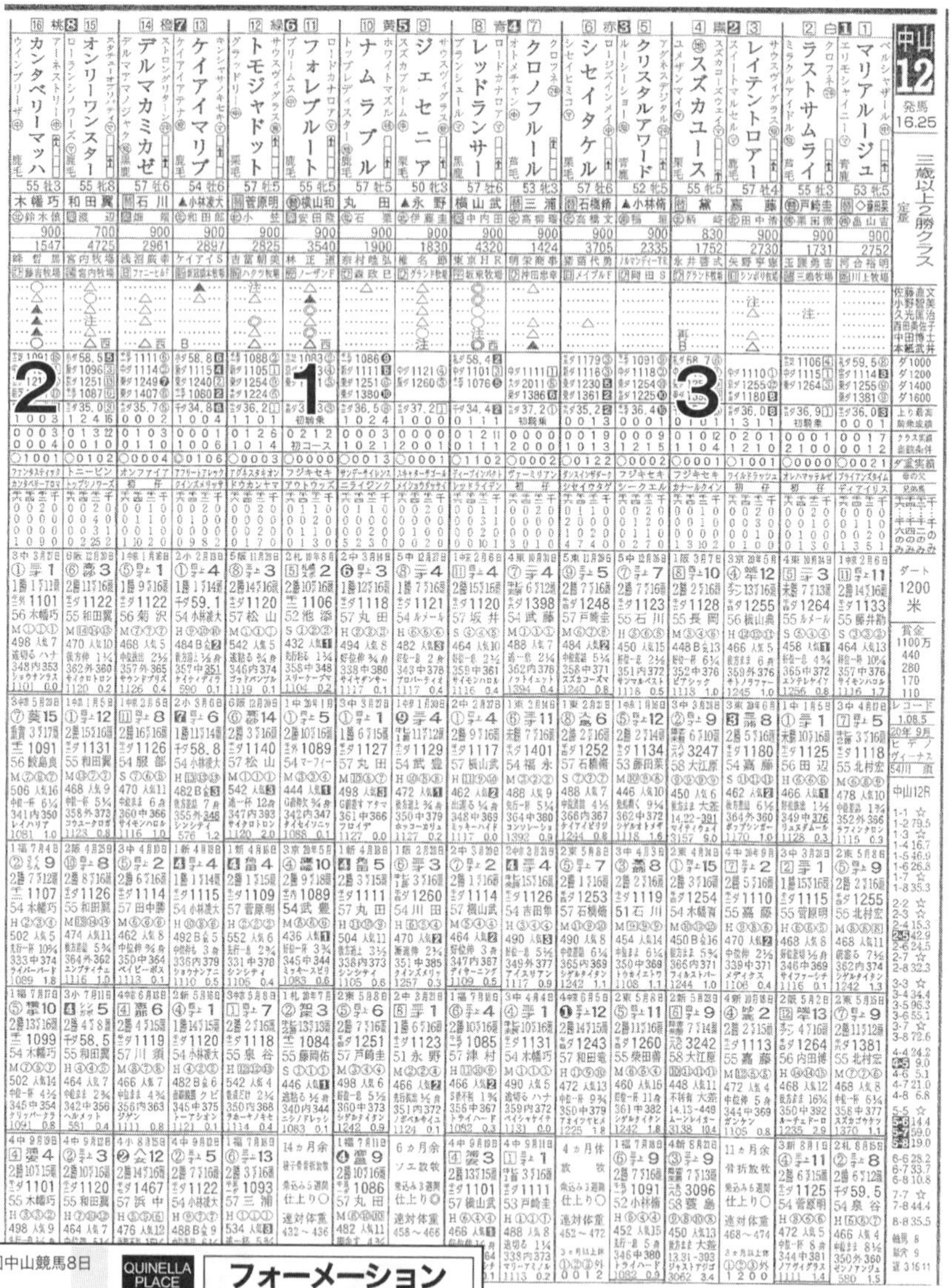

馬番	馬名	斤量・性齢	騎手
1	マリアルージュ	53牝5	◇藤田菜
2	ラストサムライ	55牡3	戸崎圭
3	レイテントロアー	57牡4	嘉藤
4	スズカユース	55牡5	黛
5	クリスタルアワード	52牝5	▲小林脩
6	シセイタケル	57牡6	石橋脩
7	クロノフルール	53牝3	三浦
8	レッドランサー	57牡6	横山武
9	ジェセニア	50牝3	▲永野
10	ナムラブル	57牡5	丸田
11	フォレブルート	55牝5	横山和
12	トモジャドット	57牡5	菅原明
13	ケイアイマリブ	54牝6	▲小林凌大
14	デルマカミカゼ	57牡6	石川
15	オンリーワンスター	55牝8	和田翼
16	カンタベリーマッハ	55牝3	木幡巧

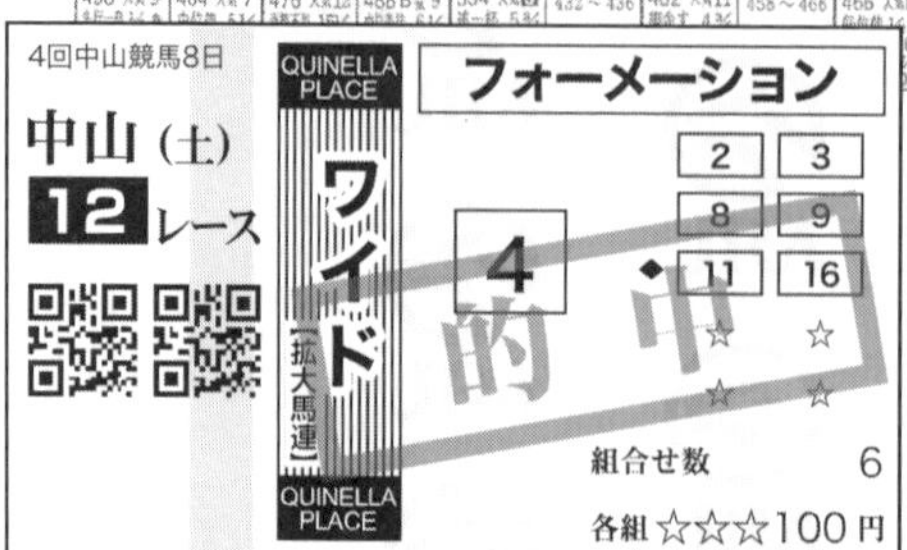

１着⑪フォレブルート　（８番人気）
２着⑯カンタベリーマッハ（４番人気）
３着④スズカユース　（15 番人気）
※超穴馬候補

ワイド④－⑪15,890円、④－⑯10,180円

した。

このように「複勝15倍の壁」から浮上した穴馬候補は、高配当馬券を演出するのです。

41 少頭数レースで高配当馬券が飛び出すパターンはこれだ！

少頭数レースは面白くない、波乱にならないと思い込んでいる競馬ファンは多いものです。しかし少頭数レースは、高配当馬券を少ない点数でGETできる素晴らしいレースなのです。

もちろん、すべての少頭数レースが波乱になるかといえば、そうではありません。では、どんな少頭数レースが穴馬が走るのでしょうか。

それを判別する方法で登場するのが「競馬予報」です。少頭数レースが波乱になるかどうかを、あらかじめチェックし、波乱になると判定されれば人気薄の馬から馬券を組み立てればいいのです。

では少頭数レースの波乱度の判定方法を紹介していきましょう。オッズ馬券では少頭数レースは12頭立て以下のレースを指しています（判定によっては13頭も含みます）。

チェックする項目は**複勝6倍未満の馬が何頭いるか**です。その頭数が、出走頭数の半数に2を加えた数以上いたらクリアです。12頭立てなら半数が6なので、6＋2で複勝

【図B】2021年10月10日東京7Rの馬連・複勝のランクとオッズ（9時半段階）

馬連ランク	7	4	10	3	1	5	2	11	9	8	12	6
馬連オッズ	／	11.0	12.4	16.1	16.4	21.3	22.5	48.7	65.1	88.9	325	367

複勝ランク	7	10	5	2	9	4	3	1	11	8	12	6
複勝オッズ	2.0	2.2	2.6	3.2	3.4	3.6	3.7	4.2	4.3	7.4	15.7	21.2

●2021年10月10日東京７Ｒ（３歳以上１勝クラス、芝1800m）

東京 7R　発馬 13.35　三歳以上1勝クラス　(混)・定量

	白1 ①	黒2 ②	赤3 ③	青4 ④	黄5 ⑤	黄5 ⑥	緑6 ⑦	緑6 ⑧	橙7 ⑨	橙7 ⑩	桃8 ⑪	桃8 ⑫
父	ロードカナロア㋮	ロードカナロア㋮	トーセンラー㊥	ロードカナロア㋮	トゥザグローリー㊥	ハービンジャー	ゴールドシップ	ルーラーシップ	ケープブランコ	キングカメハメハ	ディープインパクト	ヘニーヒューズ
馬名	㊕ドンナセレーノ	カナロアガール	セルジュ	シゲルオテンバ	ナムラドン	㊞アメジストヴェイグ	スウィートブルーム	スパークオブライフ	サイモンメガライズ	アルマドラード	ギルティブラック	アイスナイン
母	ヌーヴォレコルト㊥	サンデーローザ㋮	サトノローズヒップ㋮	ファビュラスセンス㋮	ビクトリアル㊥	ゲルヴェイグ㊥	コスモバルバラ㊥	スパークオンアイス㊥	テーオーヴィーナス㊥	ラドラーダ㊥	インナーレルム㋮	ロンギングシャネル㋮
毛色	鹿毛	鹿毛	鹿毛	鹿毛	鹿毛	黒鹿	鹿毛	黒鹿	鹿毛	黒鹿	青鹿	鹿毛
斤量	53 牝3	55 牝5	55 牡3	53 牝3	57 牡4	57 牡5	53 牝3	52 牝5	55 牡3	55 牡3	55 牡3	57 騸4
騎手	横山和	大野	横山武	三浦	福永	木幡巧	柴田大	▲永野	吉田隼	ルメール	鮫島駿	江田照
厩舎	安田翔	田村	中川	松山将	清水久	勢司	和田雄	小島茂	小林	藤沢和	安田隆	高橋文
賞金	400	400	400	400	400	140	400	400	400	400	0	400
総賞金	1154	3076	663	1201	1318	220	1891	1928	1441	750	270	806
馬主名	原禮子	広尾レース	多田賢司	森中蕃	奈村睦弘	成富直行	ラフィアン	西見徹也	澤田昭紀	キャロットF	サンデーR	石瀬浩三
牧場名	イギリス	清水牧場	千代田牧場	社台F	武田寛治	ノーザンF	ビッグレッドF	ノーザンF	ヤナガワ牧場	ノーザンF	ノーザンF	細川農場
佐藤直	△	△	△	○	注		▲		△	◎		
小野智	▲	△	注	○	△		◎			△	△	
久光	◎	△	△	○	▲		注			△	△	
西田	△	○	◎	△	注		▲		△	△		
中田	△	△	注	◎	△		初○	△	▲	△		
本紙武井	B注西	△	◎	▲	△西		B○		△西	△	西	
芝 1400/1600/1800/2000	阪1[illegible]53⑤ 阪1[illegible]60④ 小2[illegible]28③	ダ1569⑩ 東1371② 東1465② 中2002⑤	新1484④ 東2004⑦	東1353⑥ 中1486②	三2147⑤ 函2281① 京1476⑥ 阪2036⑧	佐ダ1306① 三2174⑨ 函1492⑦ 東2010⑩	東1467④ 東2011⑨	新1[illegible]28⑧ [illegible]13[illegible]② [illegible]⑤ [illegible]⑨	三2128⑦ 中1340⑤ 京1509④ 阪2020⑤	東138[illegible]① 中[illegible]⑥ [illegible]③	三2169① 新1340② 小1478⑧ 京2039⑤	ダ1375⑧ 中1360⑮ 中ダ1535④
上り最高	33.7⑤	33.3②	33.8⑦	33.8⑤	34.2⑥	34.3⑩	34.4⑥	33.5②	33.7①	34.4③	34.2②	34.3⑮
騎乗成績	1 0 2 1	0 0 1 0	初騎乗	1 1 0 2	初騎乗	0 0 0 1	1 2 1 3	初騎乗	初騎乗	1 0 1 2	0 0 0 1	0 0 0 1
クラス実績	0 0 0 1	0 3 1 9	0 0 0 3	0 1 0 2	0 1 0 5	0 0 0 3	0 2 0 2	0 1 0 12	0 0 0 2	0 0 0 0	0 0 0 0	0 0 0 10
当該条件	初コース	0 4 1 3	初コース	初コース	初コース	初コース	0 0 0 2	0 0 0 2	初コース	初コース	初コース	初コース
芝コース重の実績	○0010	○0000	○0002	○0000	○0002	○0000	◎1200	◎1000	○0102	○0000	○0000	○0000
母の父	ハーツクライ	サンデーサイレンス	タイキシャトル	グラスワンダー	ダンスインザダーク	ディープインパクト	ロージズインメイ	シンボリクリスエス	ディープインパクト	シンボリクリスエス	ガリレオ	ネオユニヴァース
兄弟馬	初仔	シークレットローザ	ララガニエ	ファビュラスギフト	ナムラマル	アンドヴァラナウト	マイネルブラウ…	初仔	ケデシュ	レイデオロ	イントリケイトリー	ロンギングパース
距離別勝利度数 芝二千の み	0 1 0 0	1 0 0 0	1 0 0 0	0 0 1 0	0 0 0 0	0 0 0 0	0 1 0 0	1 0 0 0	0 0 1 0	0 0 1 0	0 0 0 0	0 1 0 0
芝千七含む	0 0 0 0	0 5 1 0	0 0 0 0	0 1 0 0	0 1 0 0	0 0 0 0	1 1 0 0	0 1 1 0	1 0 0 0	0 0 0 0	0 0 1 0	0 0 0 0
芝千六のみ	2 0 1 0	1 1 0 0	0 0 0 0	0 0 0 0	0 0 0 0	0 0 0 0	0 1 0 0	0 1 0 0	1 0 0 0	1 0 0 0	0 0 0 0	0 0 0 0
短 千五まで	0 2 1 0	4 7 0 0	4 3 0 0	0 0 2 0	2 3 0 0	3 1 0 0	1 2 0 0	5 8 1 2	2 1 3 0	1 1 0 0	1 1 0 0	0 8 3 0
前走	2阪 5月1日 ⑪ 3歳 4 未勝 7ｦ15頭 外1460 54 武豊 M⑦⑥⑤ 410B 人気4 中位差詰 2身 358中345 コーディアル 1457 0.3	4東 10月31日 ⑦ 三才上 4 1勝 9ｦ12頭 2023 55 田辺 S⑦⑥⑬ 480 人気4 前塞る 3¼ 387中341 クロミナンス 2018 0.5	1東 2月20日 ⑦ フリージア 12 1勝 13ｦ14頭 2014 56 北村宏 S⑪⑪⑪ 490 人気14 後方まま 6½ 383外355 レインフロムヘ 2003 1.1	5東 11月22日 ⑥ 赤松 6 牝1勝 2ｦ10頭 1353 54 三浦 S⑦⑦⑦ 432 人気4 後方差詰 4¾ 372内348 アカイトリノム 1345 0.8	1新 4月25日 ⑥ 12 1勝 4ｦ14頭 外1499 57 勝浦 S⑥⑨⑨ 478 人気6 中位一杯 8¾ 371内345 ヤマニンマヒア 1484 1.5	佐賀 1月16日 ❺ 三才上 6 C1 7ｦ11頭 ダ1259 56 児島真 M⑦⑤④ 509 人気1 追上一杯 9½ 外402 モルトルパート 1240 1.9	3中 3月28日 ❷ ミモザ賞 2 牝1勝 8ｦ10頭 内2038 54 柴田大 H④③② 426 人気4 中位伸 2½ 363中365 スルーセブンシ 2034 0.4	1新 5月1日 7 四才上 8 1勝 7ｦ16頭 内1238 53 藤田菜 M⑪⑪⑪ 414 人気2 中位まま 5¼ 355外361 ネバーゴーンア 1229 0.9	2中 2月28日 ② 3歳 5 1勝 3ｦ7頭 外1340 56 三浦 S③⑤⑥ 494 人気4 後方差詰 3½ 361外346 ジュリオ 1334 0.6	5東 11月23日 ⑦ 2歳 3 未勝 16ｦ15頭 2019 55 ルメール M⑤⑦⑥ 502 人気1 好位伸 5¾ 376中344 サトノフォーチ 2009 1.0	3中京 12月13日 ④ 2歳 5 新馬 4ｦ11頭 2039 55 藤岡康 M①①① 436 人気1 引掛る 5身 362内373 ソウルラッシュ 2031 0.8	1新 4月11日 ② 四才上 8 1勝 2ｦ10頭 ダ1559 56 菅原明 M②⑦⑨ 502 人気4 ジリ下り 13¼ 364内400 メイショウシャ 1538 2.1
2走前	2新 5月22日 5 3歳 1 未勝 9ｦ16頭 外1501 54 横山和 M⑯①① 406B 人気3 3角先頭 1½ 371中362 レヴォリオ 1503 0.2	5東 11月21日 ⑤ 三才上 10 1勝 7ｦ18頭 1488 55 田辺 S⑰⑰⑰ 482 人気2 後直だけ 4½ 389中337 クールウォータ 1480 0.8	2中 3月21日 ❽ スプリング 9 GII 15ｦ15頭 内1529 56 菅原明 S⑨⑪⑩ 482 人気15 中位まま 5½ 385中367 ヴィクティファ 1520 0.9	1中 1月16日 ⑤ 菜の花賞 5 牝1勝 8ｦ12頭 外1363 54 三浦 S⑩⑪⑪ 434 人気7 後方追上 1½ 385外338 スライリー 1361 0.2	2新 5月9日 ② 四才上 2 1勝 11ｦ14頭 外1483 57 勝浦 H⑤⑤⑥ 478 人気7 好位伸 ¾身 356中370 ブラックデビル 1481 0.2	3東 6月27日 ⑧ 三才上 10 1勝 2ｦ13頭 2010 57 木幡巧 M⑪⑪⑩ 506 人気12 後方まま 10¼ 392内343 コスモスタック 1593 1.7	2東 5月2日 ④ スイートピー 4 牝L 7ｦ13頭 1467 54 柴田大 M⑥⑥⑥ 426 人気3 中位差詰 3¼ 361内350 タガノパッショ 1462 0.5	1札 6月20日 ④ 三才上 10 1勝 2ｦ14頭 1291 52 小林凌大 S①①① 414 人気9 逃一杯 4½ 356内356 ジャカランダレ 1283 0.8	2阪 4月17日 ❼ アーリントン 16 GIII 7ｦ18頭 外1362 56 斎藤 S⑫⑬⑬ 492 人気16 後方まま 12身 359中359 ホウオウアマゾ 1342 2.0	2中 3月6日 3 3歳 6 未勝 2ｦ16頭 内1506 56 ルメール M⑨⑨⑧ 514 人気1 鼻出血 6¼ 385外364 ファユエン 1496 1.0	1中京 1月11日 ④ 3歳 11 未勝 4ｦ16頭 2169 56 北村友 M⑫②② 436 人気6 1角膨れ 13¾ 350中378 マイプレシャス 2147 2.2	4新 9月5日 ⑧ 三才上 10 1勝 11ｦ15頭 ダ1546 57 大庭 S⑮⑭⑭ 508 人気7 後直だけ 15身 392内380 パワポケプリメ 1521 2.5
3走前	3阪 6月20日 2 三才上 5 1勝 8ｦ11頭 外1353 52 横山和 H⑪⑪⑪ 406B 人気6 後方差詰 5¾ 374中348 シャーレイポピ 1343 1.0	1新 4月11日 ② 四才上 10 牝1勝 3ｦ11頭 ダ1569 55 勝浦 S⑨⑧⑦ 468 人気3 中位バテ 14身 387外396 ユースフルラヴ 1546 2.3	2東 5月8日 ⑤ プリンシパル 7 L 4ｦ14頭 2004 56 江田照 S⑫⑫⑫ 478 人気12 後方差詰 6¾ 381内338 バジオウ 1593 1.1	2中 2月28日 ② デイジー 2 牝1勝 8ｦ10頭 内1486 54 三浦 S④③③ 432 人気4 好位伸 クビ 377中340 ルース 1486 0.0	2新 5月23日 6 4 1勝 4ｦ15頭 外1496 57 勝浦 M⑧⑨⑨ 480 人気7 中位粘る 3½ 371中359 ウィスパリンホ 1491 0.5	1函 7月25日 ⑧ 三才上 7 1勝 10ｦ11頭 1492 55 秋山稔 M⑩⑪⑨ 504 人気10 後方差詰 8½ 379内365 プレミアエンブ 1478 1.4	2東 5月22日 ⑨ カーネーション 5 牝1勝 2ｦ9頭 1492 54 柴田大 S②①① 430 人気2 逃一息 3¼ 371内344 メイサウザンア 1486 0.6	1函 8月1日 ⑩ 三才上 4 牝1勝 6ｦ10頭 1493 52 小林凌大 S⑦⑧⑧ 422 人気9 好位一息 2¼ 369内350 メイショウオニ 1489 0.4	3中京 5月8日 ① 京都新聞 7 GII 3ｦ11頭 2128 56 武豊 S⑩⑪⑨ 486 人気9 鼻出血 9身 372中366 レッドジェネシ 2112 1.6	3東 6月13日 ④ 3歳 1 未勝 5ｦ16頭 ダ1384 56 ルメール M③③② 514 人気2 好位抜出 1¼ 362内371 ロードレイライ 1386 0.2	3新 8月8日 ⑥ 3歳 2 未勝 2ｦ18頭 外1340 56 福永 S⑯⑮⑮ 456 人気7 直線一気 アタマ 368中342 ヘネラルカレー 1340 0.0	4中 9月20日 ⑤ 三才上 10 1勝 5ｦ16頭 ダ1569 56 木幡育 S⑮⑯⑯ 500 人気9 後方差詰 10¼ 409外386 アンクラウデッ 1552 1.7
4走前	3ヵ月半 放牧 乗込み4週間 仕上り○ 連対体重 406キロ 3ヵ月以上休 ①②③外 0 0 1 0	6ヵ月休 放牧 乗込み3週間 仕上り○ 連対体重 458～468 3ヵ月以上休 ①②③外 0 1 0 3	4中 9月18日 ❸ 三才上 5 1勝 4ｦ16頭 内2011 54 菅原明 H⑦⑧⑪ 484 人気3 中位差詰 4身 369中355 ナリノモンター 2005 0.6	7ヵ月余 骨折放牧 乗込み6週間 仕上り○ 連対体重 430～432 3ヵ月以上休 ①②③外 1 0 0 0	4ヵ月半 放牧 乗込み3週間 仕上り○ 連対体重 478～482 3ヵ月以上休 ①②③外 0 0 0 3	4中 9月25日 ⑥ 三才上 15 1勝 15ｦ15頭 内2021 57 菊沢 S⑬⑬⑭ 490 人気15 殿まま 8½ 394外350 レインカルナテ 2007 1.4	4ヵ月半 放牧 乗込み5週間 仕上り○ 連対体重 422～426 3ヵ月以上休 ①②③外 0 1 1 0	4中 9月19日 ④ 三才上 15 牝1勝 9ｦ15頭 内1494 53 藤田菜 S⑨⑨⑨ 424 人気12 外々回る 7身 386外350 ヤマニンデンフ 1481 1.3	5中京 9月20日 ⑤ 三才上 13 1勝 6ｦ15頭 1353 55 武豊 S⑫⑫⑪ 488 人気9 後直だけ 6¼ 365内354 ヒメノカリス 1342 1.1	4ヵ月休 放牧 乗込み3週間 仕上り○ 連対体重 514キロ 3ヵ月以上休 ①②③外 1 0 0 2	4小 8月29日 ⑥ 3歳 8 未勝 15ｦ15頭 1478 56 鮫島駿 S⑩⑨⑨ 448 人気3 外々回る 4¾ 374外354 エアミアーニ 1470 0.8	4中 9月26日 ⑦ 三才上 15 1勝 8ｦ15頭 外1360 57 江田照 S⑮⑬⑬ 496 人気14 出遅る 6½ 383中343 パルドルプレイ 1349 1.1

110 76　サン 57松岡

東京７R 枠番連勝

組	オッズ	組	オッズ	組	オッズ	組	オッズ
1-1	—	2-5	57.2	3-8	36.3	5-8	67.0
1-2	42.3	2-6	27.5	4-4	—	6-6	86.1
1-3	16.0	2-7	34.4	4-5	22.8	6-7	11.5
1-4	16.8	2-8	95.6	4-6	10.9	6-8	32.2
1-5	29.6	3-3	—	4-7	13.7	7-7	60.6
1-6	14.2	3-4	12.3	4-8	38.2	7-8	40.3
1-7	17.8	3-5	21.6	5-5	☆	8-8	☆
1-8	49.6	3-6	10.4	5-6	19.2		
2-2	—	3-7	13.0	5-7	24.0		
2-3	30.9						
2-4	32.6						

軸馬 3
単穴 1
連 2 7 4

１着①ドンナセレーノ　（５番人気）　馬連 2,120 円

２着⑩アルマドラード　（１番人気）　３連複 29,150 円

３着⑧スパークオブライフ（10 番人気）　３連単 153,670 円

6倍未満の頭数が8頭以上いたらOKです。11頭立てであれば半数は6として、6＋2で8頭以上いたらOKとなります。

ひとつ例を出してみましょう。2021年10月10日、東京7Rです。馬連ランクと複勝ランクは【図B】（P85下）のようになっていました。

12頭立てですから、半数は6で、それに2を加えた8頭いれば波乱レースに該当します。複勝6倍未満の頭数をチェックすると、9頭いました。すなわち、このレースは高配当馬券が飛び出す可能性のあるレースと判定されるのです。

レース結果は3着に10番人気の⑧番が3着になり、1着①番、2着⑩番で、3連複は2万9150円でした。⑧番は【項目40】で紹介した「複勝15倍の壁」の1頭であり、①番は「複勝6倍の壁」の前の1頭、①番は最終オッズでは単勝5番人気でした。

42 「正しい異常オッズ」と「間違った異常オッズ」その違いを理解せよ

競馬新聞で無印状態の馬の単勝がいきなり売れたりすると、その馬に何かしらの情報が入り、それが「異常オッズ」となって表れたと思い込むものです。「異常オッズ」と思い込んだファンはその馬から馬券を組み立て、場合によっては大きな金額を投資してしまうこともあります。

しかし、単勝馬券だけがいきなり売れたからといって、それは「異常オッズ」といえるのでしょうか。

てメインレースなどでは特に、単勝馬券が売れたとしても気にする必要がありません。なぜ気にする必要がないのでしょうか。

メインレースは一日のレースで一番目立っているレースです。競馬はテレビやラジオなどではもちろん、最近ではYouTubeなどでも色々な話題を取り上げて放送しています。放送中にタレントなどが放送の素材として、大きな馬券を購入するケースがあり、それが「異常オッズ」として表れる場合があるからです。

このような「異常オッズ」を「間違った異常オッズ」として私は気にしないようにしています。では注意しなければならない、馬券に絡む可能性がある「正しい異常オッズ」とはどのようなものでしょうか。

それは**単勝馬券と複勝馬券が一緒に売れている馬**です。

もしA馬が1着になるという、かなり精度の高い

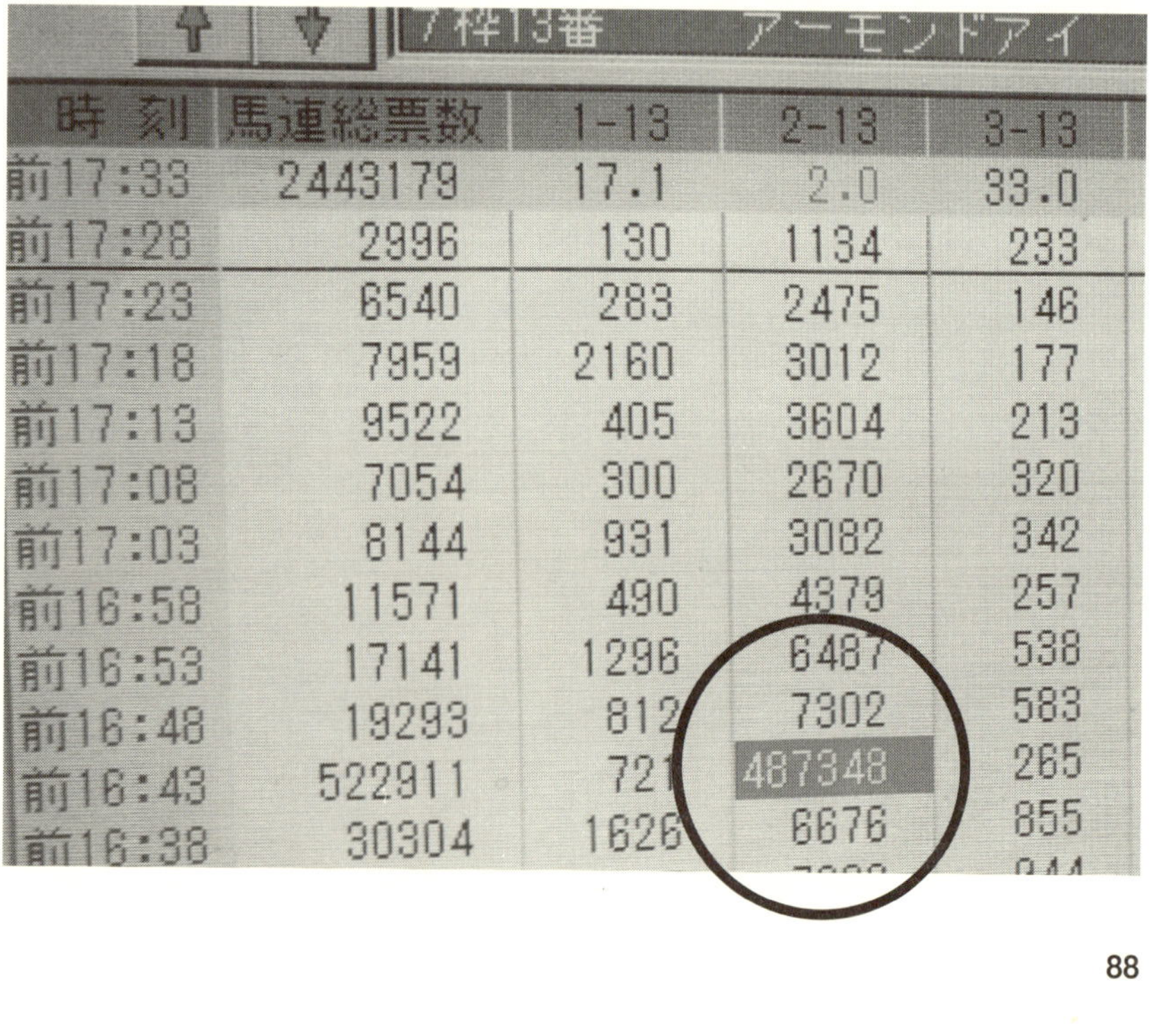

時刻	馬連総票数	1-13	2-13	3-13
前17:33	2443179	17.1	2.0	33.0
前17:28	2996	130	1134	233
前17:23	6540	283	2475	146
前17:18	7959	2160	3012	177
前17:13	9522	405	3604	213
前17:08	7054	300	2670	320
前17:03	8144	931	3082	342
前16:58	11571	490	4379	257
前16:53	17141	1296	6487	538
前16:48	19293	812	7302	583
前16:43	522911	721	487348	265
前16:38	30304	1626	6676	855

情報を入手できた場合、その人は確実に馬券をGETしたいと考えるでしょう。A馬は2、3着になることも考え万全を期します。万全を期す——それは複勝馬券の購入です。

つまり精度の高い馬への投票行動は、単勝オッズと複勝オッズが同時に売れるものです。単勝と複勝が同時に売れていないケースは「正しい異常オッズ」とは考えないことにしています。

ある組み合わせの馬連だけが急激に売れているケースも「間違った異常オッズ」の場合が多いので要注意です。2018年5月20日に行なわれたアーモンドアイが勝ったオークスですが、アーモンドアイとラッキーライラックの組み合わせの馬連（②－⑬）に、約4800万円の投票がありました（前日の16時43分頃＝P88の画像参照）。

どのような理由で誰か購入したかは不明ですが、この馬券は1、3着で不的中です。すなわち馬連②－⑬は「間違った異常オッズ」だったのです。

43 藤田菜七子騎手は9時半のオッズで単勝&複勝が売れる

2016年3月にデビューした藤田菜七子騎手。初騎乗でいきなり2着と健闘し、多くのファンを今でも魅了し続けている女性ジョッキーです。しかし彼女はオッズ馬券にとっては注意しなければならない存在です。

藤田菜七子騎手騎乗の馬は、9時半のオッズで人気になる傾向があります。

単勝1番人気の馬が①番、菜七子騎手が②番で出走していたとしましょう。すると馬連オッズ①－②が100倍を超えていたにも関わらず、菜々子騎手の②番の単勝が1～5番人気になったり、複勝が1～5番人気になったりします。

このように、菜七子騎手には人気が集まる傾向があります。馬連ランクが下位ランクにいるにも関わらず、単勝が売れているのです。複勝馬券も一緒に売れているため、オッズ馬券では穴馬候補に浮上させたいところですが、このようなケースでは、菜七子騎手が馬券に絡むことが少ないものです。

彼女は確かに勝利数も伸ばしている騎手ですが、オッズ馬券では、馬連で下位ランクから単勝&複勝ランクが上昇して（売れて）いても、あまり気にしないようにしています。

馬連ランクと比較して単勝や複勝ランクが5ランク以上上昇している馬のことを、オッズ馬券では「突入&移動馬」と呼び、穴馬候補をして浮上させるのがルールです。このルールをクリアした馬がいたら、藤田菜七子騎手が騎乗しているかどうかチェックすることを忘れないようにしましょう。

44 どうして馬券を外したのか、その理由を明確にしておく

競馬ファンは大きな配当を的中させたときの記憶は鮮明に覚えているものですが、外れたときの記憶はあまり残っていないものです。

忘れてしまってもしようがありません。【項目31】で紹介しました「エビングハウスの忘却曲線」のように、

人間の記憶は特別な印象が残っていない事象は、たやすく忘れてしまう傾向が高いのです。

都合のよい部分ばかり、すなわち競馬の世界でしたら大きな配当をGETしたときの記憶ばかり残し、大きく外れてしまったときの記憶を忘れてしまいます。この脳の性質は、実は馬券で儲けるためには注意しなければなりません。

馬券で負けたときのことが重要なのです。特に大きく負けたときは、何かしらの根拠をもって馬券を買っているはずです。根拠が大切なのです。「単勝オッズが1・5倍だった」とか「印のついていない馬が1番人気になっていた」……などです。その根拠で外れ馬券をつかんでしまう結果になったということは、その根拠は間違いだったということになります。

古い話ですが、私は秋の天皇賞で単勝馬券に1万円を投じたことがあります。投じた単勝馬券はシンボリルドルフです。シンボリルドルフの単勝馬券はいつも人気になっていました。しかし私が購入しようと思った、1985（昭和60）年秋の天皇賞、⑰ゼッケンのシンボリルドルフの単勝オッズは2・0倍だったからです。

シンボリルドルフの単勝が2倍なんて珍しいと思い買ってしまった——それが単勝1万円を買った根拠でした。しかしレース結果はゴール前、ギャロップダイナに差され、シンボリルドルフは2着に敗れました。この経験がもとになり、超1番人気になるような馬は常に超1番人気のオッズでないといけない、逆にいえば、超1番人気のオッズでないときは、その馬は負ける可能性があるということに気づいたのです。

馬券で負けたときの原因はノートに残しておくべきです。それを後になって読み起こすと、自分にとっての馬券購入に関する弱点が見えてきます。

45 難しいレースにこだわり過ぎるな、特にGⅠレースは難しい

学生時代を思い出してください。得意な科目や不得意な科目があったと思います。競馬の場合も、自分にとって得意なレースや不得意なレースがあるはずです。

しかし、多くの競馬ファンはどのレースが得意のレースであり、どのレースが不得意なレースであるかを理解しないまま馬券を買っているように感じます。

オッズ馬券では、GⅠは非常に判断が難しいレースであると考えています。すなわち偏差値の高いレースなのです。GⅠは多くの馬主や調教師、騎手たちが目標にしているレースです。それまでのローテーションやレース展開など、思いもよらない奇策でレースに臨んでくる騎手もおり、それを予測するのが非常に難しいからです。

また、GⅠレースは多くの競馬ファンが馬券を購入する傾向にあるため、オッズの動きも新聞の印に近いものになる傾向にあります。つまりオッズから穴馬のシグナルを読み取ることが難しいのも、GⅠレースが難しいという理由のひとつです。

GⅠは「儲けるレース」ではなく「見るレース」なのかもしれません。

その代わり**GⅠの反対競馬場の最終レースは波乱になる傾向**にあり、「儲けるレース」として注目して

います。先述したように、GIレースの開催場の競馬場にはリーディング上位の騎手が集まるため、反対競馬場は勝利数の少ない騎手が残り、波乱を演出する可能性が高いからです。

事実、GI開催の反対競馬場の最終レースでは、上位人気の馬が1〜3着を独占するようなレースはほとんどありません。

馬券を的中させることができればリターンを得ることができます。それがGIレースでも反対競馬場の最終レースでも同じです。ならば、得意としているレースを攻略したほうが、結果的に儲かるのではないでしょうか。

46 「狙って獲れる万馬券」と「偶然飛び出す万馬券」との違い

今は3連系馬券の発売により、毎日のように万馬券が登場しています。万馬券そのものが珍しいものではなくなってしまいました。枠連馬券が中心だった昭和時代の競馬では、万馬券が飛び出すと場内がどよめいたものです。

しかし万馬券が毎日のように飛び出すといっても、やはり万馬券は万馬券です。的中させるのは難しいものです。

その万馬券ですが、私は2つのパターンがあると思っています。「狙って獲れる万馬券」と「狙って獲れない万馬券」です。

人気馬の突然の失速や競走中止などによって引き起こされる万馬券や、予測もつかないような馬が飛び込み万馬券になったケースは無視するようにしています。すべての万馬券をGETしようとするなんて、もともと無理があるからです。

では、どんなレースが狙って獲れる万馬券でしょうか。これまた2つに大きく分けられます。

1つ目は、「競馬予報」によって、穴候補レースとなったレースです。ルールに従って穴馬をあぶり出し、その穴馬が馬券に絡み万馬券になったレースです。

2つ目は、「競馬予報」から1番人気が消える1番人気であるとわかり、1番人気が予測通りに消えて万馬券になるレースです。

どちらのパターンもキーポイントとなっているのは「競馬予報」です。すなわちレースの性格を的確に判断できるかどうかが、高配当馬券を射止めることへの分かれ道なのです。

万馬券になる可能性の高いレースで万馬券を買い続ける、これが回収率をアップさせる術《すべ》なのです。

47 大穴馬は馬連ランク9位以下、50～90倍に潜んでいる

9時半の「競馬予報」から穴馬が馬券に絡む可能性の高い、「大穴型レース」と判断されたレースでは、人気薄の馬が馬券に絡む可能性が高いものです。では高配当馬券を演出する穴馬はどこに潜んでいるのでしょうか。

それは単勝1番人気から馬連オッズを人気順に並び替え、馬連ランク9位以下、その馬連オッズは50～90倍の間に潜んでいるケースが多いものです。もし90倍以上の馬連オッズの場合は、P55で紹介したような、単勝ランクや複勝ランクが上昇している馬が怪しい穴馬候補となります。

ひとつ例を出してみましょう。2021年1月23日、中山12Rです（【図C参照】）。9時半のオッズでは馬連1番人気は⑦－⑩で11・8倍、単勝30倍未満の頭数は12頭で、穴レースの条件はクリアしています。

穴馬は馬連ランク9位以下、50～90倍に潜んでいる可能性が高いため、馬連9位以下をチェックするとこの条件に合っているのは、⑨番、①番、⑥番の3頭です。馬連12位以下では⑯番が馬連15位から複勝10位へと5ランク上昇していますが、馬連オッズが213倍では馬券に絡む可能性が低いものです。

⑨番、①番、⑥番の3頭を比較すると、⑨番は17・1倍、複勝4・1倍、①番は単勝17・1倍、複勝5・4倍とバランスよく売れていますが、⑥番は単勝14・6倍、複勝8・0倍と、複勝が売れていません。ここは穴馬候補を⑨番、①番と決定しました。レース結果は馬連ランク2位の⑦番が1着、2着には穴馬候補の⑨番、3着は馬連ランク7位の②番で馬連⑦－⑨で6670円、3連複②⑦⑨で2万6710円馬券のGETです。

【図C】2021年1月23日中山12Rの馬連・単勝・複勝ランク（9時半段階）

	1位	2位	3位	4位	5位	6位	7位	8位	9位	10位	11位	12位	13位	14位	15位	16位
馬連ランク	10	7	13	4	12	14	2	11	9	1	6	8	15	3	16	5
オッズ		11.8							65.0	65.9	88.3	127			213	

単勝ランク	10	12	14	7	13	4	6	1	9	11	2	16	8	15	3	5
オッズ							14.6	17.1	17.1			29.5				

複勝ランク	10	4	13	7	12	9	14	11	1	16	2	8	6	15	3	5
オッズ						4.1			5.4				8.0			

●2021年1月23日中山12R（4歳以上1勝クラス、芝2200m）

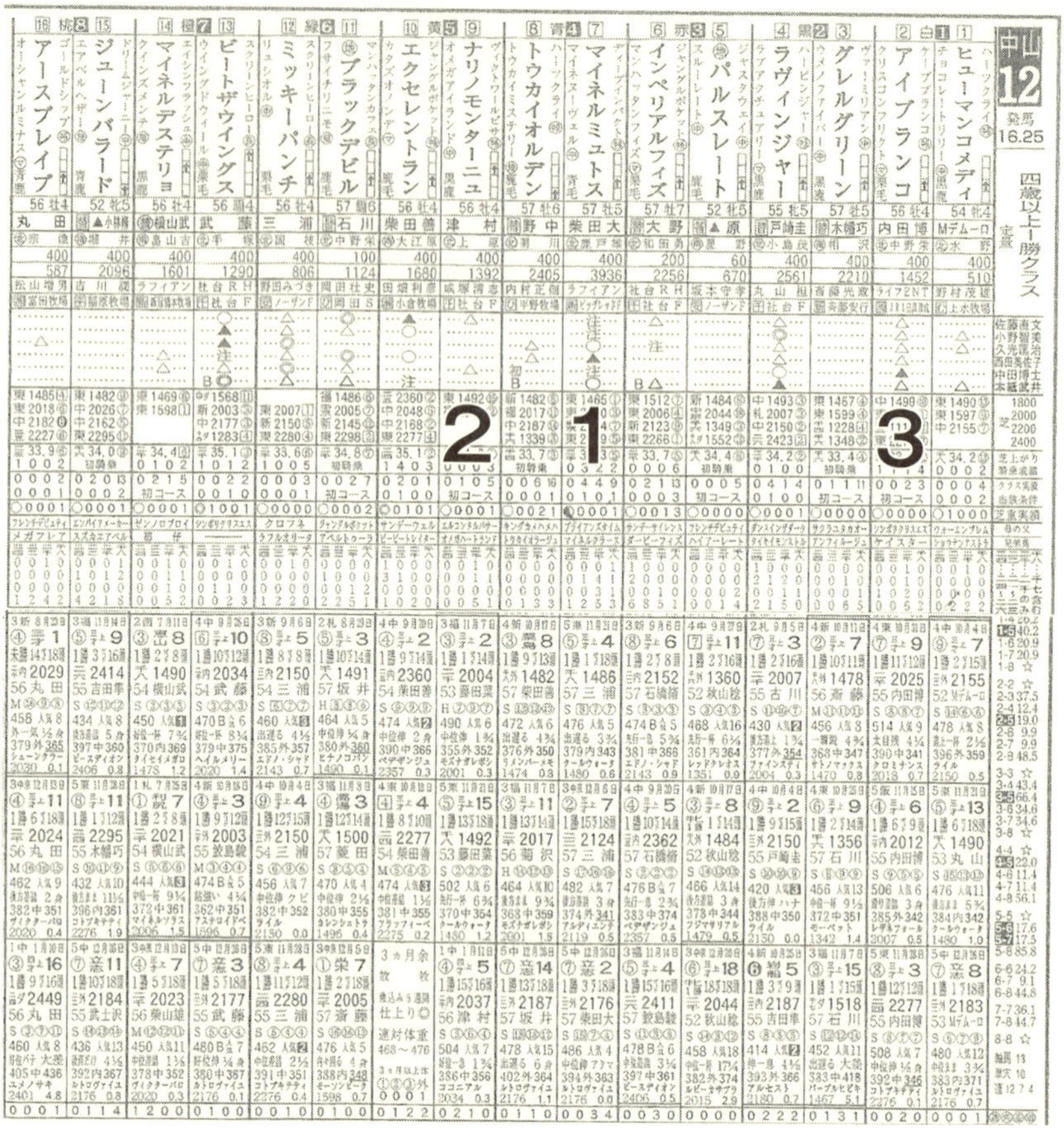

1着⑦マイネルミュトス　（4番人気）

2着⑨ナリノモンターニュ（8番人気）※穴馬候補

3着②アイブランコ　（7番人気）

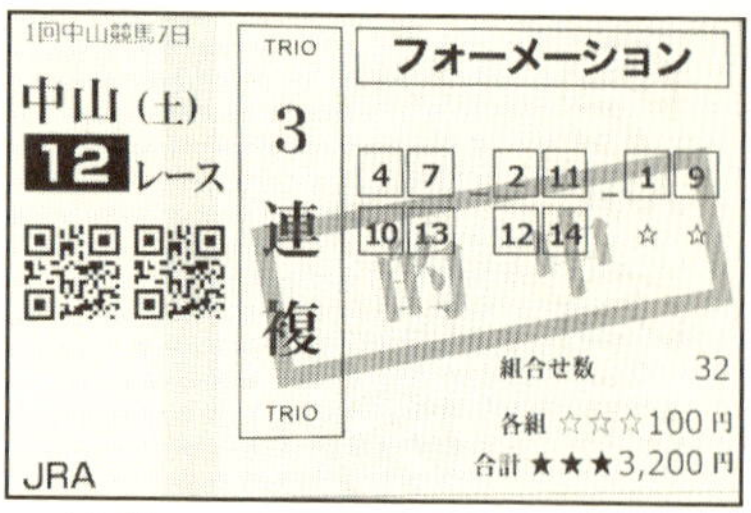

3連複26,710円

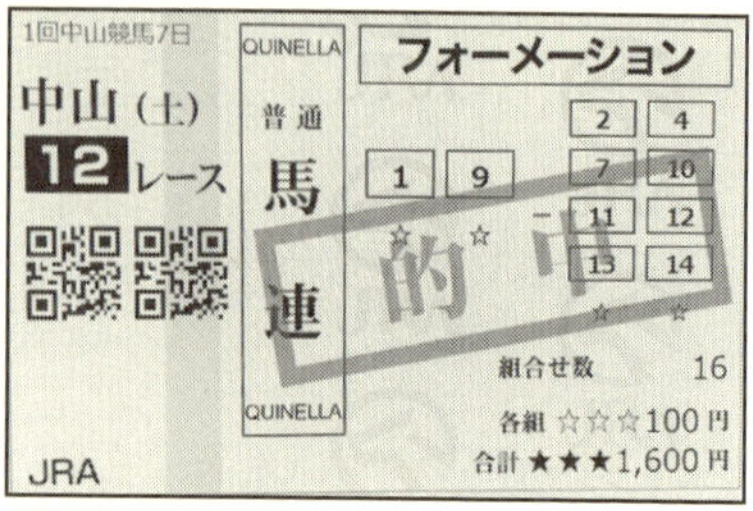

馬連6,670円

48 中穴は馬連ランク5～8位に潜んでいる！

オッズ馬券では9時半のオッズから「中穴型レース」は馬連1番人気が4倍以上、9倍未満のレースとしています。

また馬連1番人気が9倍以上でも、単勝30倍未満の頭数が10頭未満のレースも「中穴型レース」としています。

中穴馬を浮上させるためには4つの要素を使用します。日刊コンピ指数と、馬連ランク、単勝ランク、複勝ランクです。

先述しているように、馬連ランクとは、【項目47】で紹介した要領と同じで、単勝1番人気から馬連オッズを人気順に並び替えたもの、単勝ランク、複勝ランクは単勝や複勝を人気順に並び替えたランクをいいます。

中穴型レースは大きく分けてA型・B型・C型の3つの型に分けることができます（P98の図版参照）。

まずはA型です。【A型】は、日刊コンピ指数5～8位にランクされている馬番、馬連、単勝、複勝ランク5～8位に入っている馬番を記入します。太い線で囲まれたゾーン、5～8位にすべてランクされている馬が中穴となるパターンです。

続いてB型です。【B型】は、A型と同じようにコンピ指数、馬連、単勝ランクの5～8位にすべてランクされている馬を調べます。そしてすべてランクされている馬が、【項目40】でも少しふれた「複勝6

【A型】

		5位	6位	7位	8位	
コンピ	…	○				…
馬　連	…		○			…
単　勝	…				○	…
複　勝	…			○		…

【B型】

		5位	6位	7位	8位		
コンピ	…	○				…	
馬　連	…		○			…	
単　勝	…			○		…	
複　勝	…					○	…

【C型】

		5位	6位	7位	8位	…	10位以下
コンピ	…						○
馬　連	…	○				…	…
単　勝	…		○			…	…
複　勝	…	○				…	…

倍の壁」の前の1頭になっているパターンです。「複勝6倍の壁」の前の2頭がコンピ指数、馬連、単勝ランクでどこにランクされているかを調べても同じ馬が見つかります。

もうひとつのパターンが【C型】です。こちらは、コンピ指数10位以下にランクされていた馬番が馬連や単勝ランク5〜8位にランクされ、複勝ランクが9位以下になっていない馬です。複勝ランクが1〜4位だったとしても問題ありません。

49 超1番人気が飛ぶと2、3番人気が1着になる！

超1番人気が1着にならないとジャッジされたとき、どのような馬券を組み立てればいいでしょうか。多くの場合は2、3番人気が1着になる傾向が高いと覚えておいてください。2番人気が1着でも、超1番人気が2着以下になるわけですから、3連単馬券などは簡単に万馬券になります。

古いレースで申し訳ありませんが、GⅠレースでわかりやすい例なので紹介します。2018年12月16日、阪神競馬場で行なわれた、朝日杯フューチュリティSです。超1番人気は②番のグランアレグリアで、最終オッズは単勝1・5倍、複勝1・1倍でした。

3連複の人気順のオッズをチェックすると、1番人気は②⑥⑪で6・6倍、2番人気は②⑥⑭で7・0倍、3番人気が②⑤⑥で12・1倍……と1番人気の②番絡みの組み合わせが人気になっています。

しかし7番人気は⑥⑪⑭で31・0倍となっており（オッズはいずれも最終オッズ）、7番人気で②番が絡んでいない組み合わせが人気になっています。これは【項目38】で紹介した通り、明らかに1番人気が危険な1番人気になっていることを示しています。

このレース、2番人気は⑥番のアドマイヤマーズだったため、⑥番の1着流しの3連単連単馬券を購入しました。レース結果は3連複の人気順のオッズが、②番は危険な1番人気であると教えてくれた通り3着になり、1着は2番人気の⑥番でした。

3連単馬券、4万5180円馬券をしっかりと的中させることができたのです。

●2018年12月16日阪神11Ｒ朝日杯ＦＳ（３歳ＧⅠ、芝1600m）

阪神11R　第70回　朝日杯フューチュリティステークス（GⅠ）　発馬15.40　芝1600m

馬番	馬名	斤量・性齢	騎手
1	クリノガウディー	55 牡2	藤岡佑
2	グランアレグリア	54 牝2	ルメール
3	アスターペガサス	55 牡2	福永
4	ドゴール	55 牡2	津村
5	マイネルサーパス	55 牡2	丹内
6	アドマイヤマーズ	55 牡2	Mデムーロ
7	ソルトイブキ	55 牡2	四位
8	ディープダイバー	55 牡2	川田
9	イッツクール	55 牡2	松田
10	ヒラソール	55 牡2	岩田康
11	ケイデンスコール	55 牡2	Cデムーロ
12	コパノマーティン	55 牡2	坂井
13	ニホンピロヘンソン	55 牡2	浜中
14	ファンタジスト	55 牡2	武豊
15	エメラルファイト	55 牡2	ビュイック

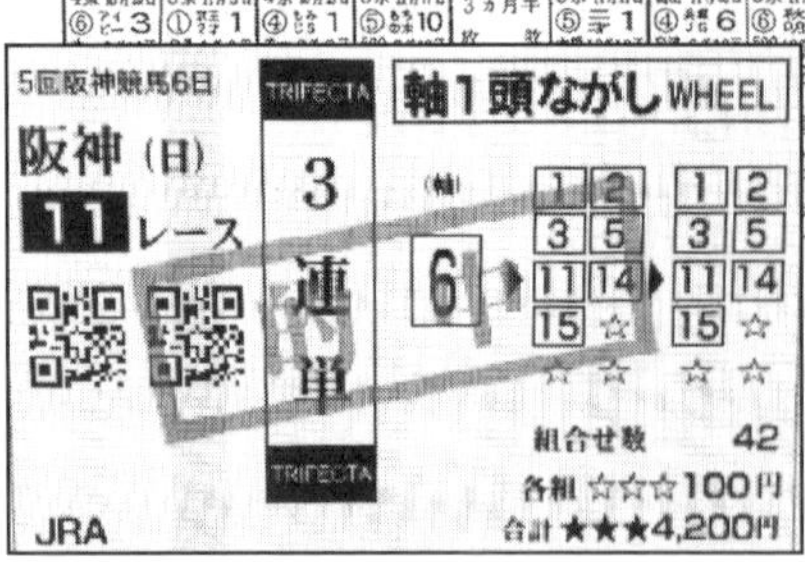

３連単45,180円

１着⑥アドマイヤマーズ（２番人気）

２着①クリノガウディー（９番人気）

３着②グランアレグリア（１番人気）

※危険な人気馬　単勝 1.5 倍

50 馬連と単勝のランクを比較すると見えてくるケースと結果

9時半のオッズから穴候補レースを浮上させ、穴馬をあぶり出していくわけですが、穴馬が馬券に絡む可能性が高いかどうかチェックする方法を、【項目12】で簡単に紹介しました。

単勝1番人気の馬から馬連オッズを人気順に並び替えた馬連ランクと、単勝オッズを人気順に並び替えた単勝ランクを比較する方法です。オッズ馬券のひとつのコツは、馬連ランクと単勝ランクを比較することです。さらにレースの性格を詳しく調べるときにはコンピ指数を使います。

次のページの【図C】と【図D】を見てください。馬連ランクと単勝ランクだけを取り出し、さらにコンピ指数を加え、同じ馬番同士を線で結んだ表です。

【図C】はコンピ指数のランク順と馬連ランク、単勝ランクとの間の移動が、ほとんどないことがわかります。

一方、【図D】はどうでしょうか。コンピ指数7位の⑦番が馬連ランク3位に移動、馬連ランク2位の②番が単勝ランクでは5位に移動、馬連ランク5位の③番が単勝ランク2位に移動と、数え切れないほどのランク間の移動があることがわかります。

馬連馬券と単勝馬券は購入する層が異なることは【項目4】ですでに紹介した通りです。私はコンピ指数は競馬専門紙の印をもとに作成されていると考えています。ランク間の移動がほとんどないということは、コンピ指数の考え方、馬連馬券を購入した人の考え方、単勝馬券を購入した人の考え方がほぼ一致していることになります。

このようなケースでは下位ランク、すなわち穴馬は馬券に絡みにくい傾向になります。

反対に、コンピ指数の考え方、馬連馬券を購入した人の考え方、単勝馬券を購入した人の考え方が異なるケースは下位ランクの馬、人気薄の馬が馬券に絡むことが期待できることになります。

51 単勝だけ売れている馬には注意せよ！

競馬新聞にほとんど印がついていない馬が1番人気になっているケースがあります。このようなオッズを見ると、すぐに「情報がこの馬に入っている」と思い込み、その馬から馬券を買ってしまいたくなるものです。

この話は【項目42】でもふれましたが、「間違った異常オッズ」がそれにあたります。

確かに馬連は売れていない馬が単勝馬券が売れ、結果的に馬券に絡むケースがありますが、どうしてその馬は1番人気になっている

【図C】

コンピ指数	1	2	3	4	5	6	7	8	9	10	11	12	13	14	15	16
馬連ランク	1	2	3	4	5	6	7	9	8	10	11	12	13	14	15	16
単勝ランク	1	2	3	4	6	5	7	8	9	10	11	12	13	14	15	16

【図D】

コンピ指数	1	2	3	4	5	6	7	8	9	10	11	12	13	14	15	16
馬連ランク	1	2	7	6	3	4	5	8	9	10	14	13	11	12	16	15
単勝ランク	1	3	7	6	2	4	8	5	10	9	12	11	13	14	15	16

のか調べる必要があります。

まずは馬名をチェックします。「キンタマーニ」や「チェリーコウマン」というような珍しい馬名は記念に単勝馬券を購入するファンがおり、単勝馬券だけ売れることがあります。また騎手もチェックしなければなりません。【項目43】で紹介したように、藤田菜々子騎手は9時半のオッズで人気になる傾向もあります。

騎手の場合は、あと1勝で1000勝というように、区切りのいい勝利数直前のレースでも売れることもあります。

また、突然単勝オッズだけ急激に売れたケースも、馬券では気にする必要はありません。タレントや有名人などがテレビやYouTube企画などで、まとめて購入したケースが考えられるからです。

もちろん、競馬ファンの間で有名な「ミラクルおじさん」のように、2003（平成15）年の宝塚記念、ヒシミラクルの単勝に約1200万円を投じ約2億円を払い戻したという伝説がありますが、それは希有な例であると考えています。

ちなみに「キンタマーニ」はインドネシアの地名です。「チェリーコウマン」の場合、チェリーはさくらんぼ、コウマンは馬主の「有限会社　弘馬（こうまん）」からきています。けっして下品な馬名ではありません。

52 本命サイドレースの典型的なオッズの形を知っておこう

本命馬券で決着するレースは、馬連オッズと単勝オッズを調べるだけで簡単にわかります。【図E】をご覧ください。これは2021年10月10日、東京11R毎日王冠の9時半のオッズで作成したものです。

馬連1番人気は①－⑦で4・1倍、単勝1番人気は①番ですから、①番絡みの馬連オッズを人気順に並び替えます。すると馬連2位と3位の間には9・8÷4・1で2・39倍の乖離差があることがわかります。

乖離差1・8倍以上の箇所は「オッズの壁」となるのがルールですから、ここに「オッズの壁」があることがわかります。

同様に馬連ランク4位と5位の間にも19・5÷10・7で1・82で、ここも「オッズの壁」があります。

単勝オッズのほうも同じようにチェックすると、単勝2位と3位、4位と5位の間にも「オッズの壁」があります。

このように「オッズの壁」が馬連4位以内で、揃って2カ所出現すると、本命サイドの決着になる可能性が非常に高いのです。

レース結果は①番と⑦番が直線で抜け出し、2頭が並んでゴール板を通過しました。

【図E】2021年10月10日東京11R毎日王冠の馬連ランク・オッズ（9時半段階）

	1位	2位	3位	4位	5位	…
馬連ランク	1	7	5	12	10	…
馬連オッズ		4.1	9.8	10.7	19.5	…
単勝ランク	1	7	5	12	10	…
単勝オッズ	2.8	3.3	8.0	8.1	14.7	…

（2位と3位の間に↑壁、4位と5位の間に↑壁）

●2021年10月10日東京11R毎日王冠（GⅡ、芝1800m）

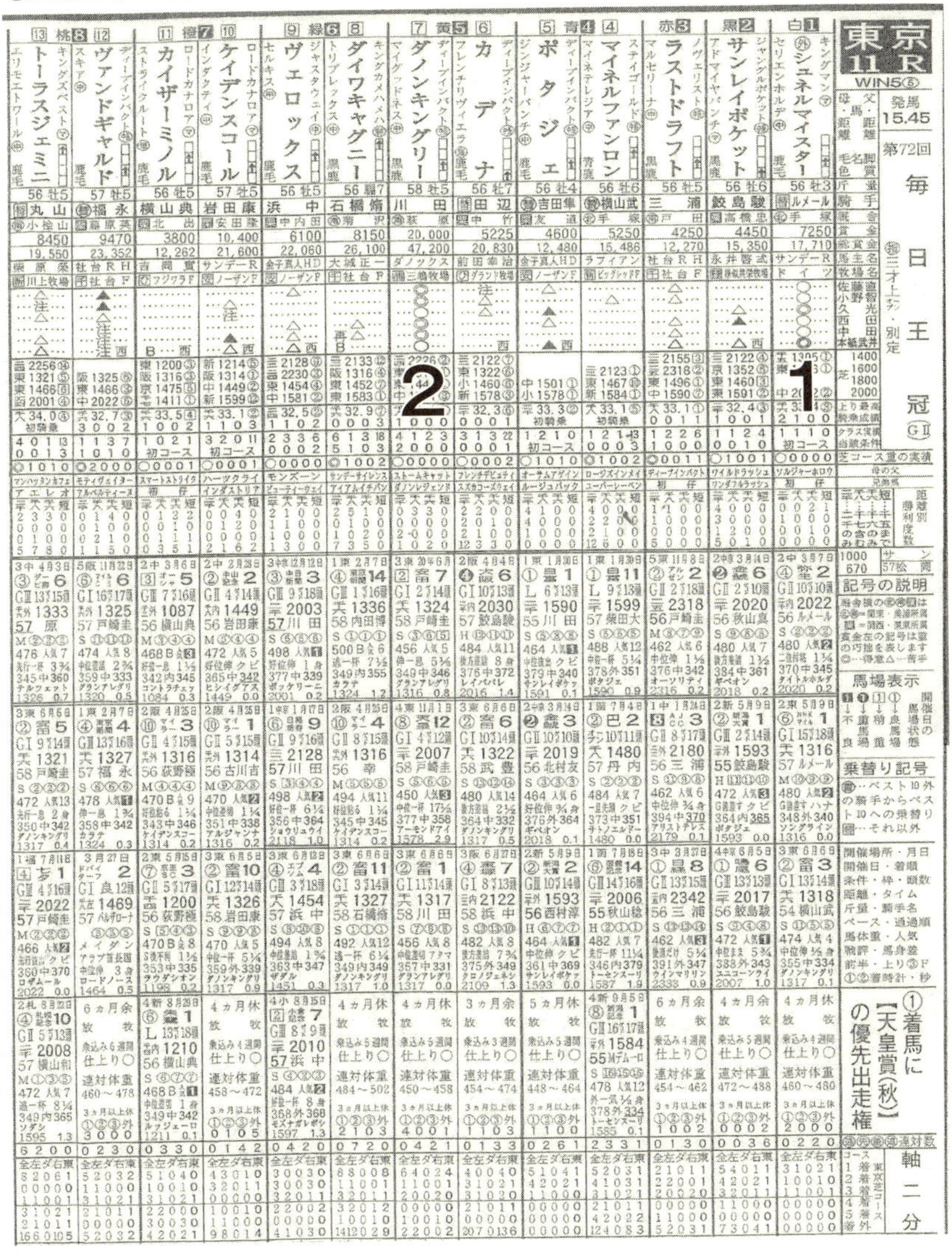

馬番	馬名	斤量・性齢	騎手
1	シュネルマイスター	56牡3	ルメール
2	サンレイポケット	56牡6	鮫島駿
3	ラストドラフト	56牡5	三浦
4	マイネルファンロン	56牡6	横山武
5	ポタジェ	56牡4	吉田隼
6	カデナ	56牡7	田辺
7	ダノンキングリー	58牡5	川田
8	ダイワキャグニー	56騸7	石橋脩
9	ヴェロックス	56牡5	浜中
10	ケイデンスコール	57牡5	岩田康
11	カイザーミノル	56牡5	横山典
12	ヴァンドギャルド	57牡5	福永
13	トーラスジェミニ	56牡5	丸山

1着①シュネルマイスター（1番人気）　馬連350円

2着⑦ダノンキングリー　（2番人気）　3連複910円

3着⑤ポタジェ　　　　　（4番人気）　3連単2,820円

3着も9時半のオッズで馬連3位、単勝3位の⑤番です。

このレースのような形になったら、**上位ランク4頭中心の競馬になる**可能性が非常に高いので、万馬券を狙っている人にとっては出番のないレースとなります。

穴党はどんなレースでも高配当を狙いがちですが、【図E】のような本命サイドレースの典型的なオッズの形になったら穴馬券は避け、本命馬券を買うか、買わずに見るレースとして割り切りましょう。

第4章

投資学

資金を最大限に活用する重点項目

53 万馬券を常に狙い撃ちする買い方が馬券勝利者となる

高配当馬券を的中させたいのに、なかなか的中させることができない人がいます。どうして的中させることができないのでしょうか。

多くの人は高配当馬券を買っていないのです。たとえば高配当馬券を狙い撃ちしようと検討し、1頭の穴馬にたどりついたとしましょう。ワイドや馬連、3連系の馬券を組み立てるとなると、その馬から相手馬を探さなければなりません。高配当馬券を狙うのであれば、相手馬も上位ランク以外の馬を狙わなければなりません。特に波乱になると判定が出たレースでは上位人気をあえて無視することも必要になります。

ひとつ例を出してみましょう。２０２１年5月22日、東京12Rです。

穴馬として私は⑨番を浮上させ、⑨番からのワイド馬券を組み立てることにしました。単勝オッズを人気順に並び替えると【図A】のようになっていました（9時半のオッズ）。このような単勝オッズの形を見ると上位人気の⑪番、⑧番、①番を相手に選んでしまいたくなります。

複勝オッズもチェックしてみます。このレースは13頭立ての少頭数レースです。【項目41】で紹介しましたように、チェックする項目は複勝6倍未満の馬が何頭いるかになります。

【図A】2021年５月22日東京12Ｒの単勝・複勝ランクとオッズ（９時半段階）

単勝ランク	11	8	1	6	12	3	4	2	10	7	9	13	5
単勝オッズ	2.6	3.1	6.4	14.0	15.1	21.1	22.0	22.3	32.0	32.6	33.9	41.9	97.3

ヒモ➡

複勝ランク	8	11	1	6	12	7	3	2	9	4	13	10	5
複勝オッズ	1.8	2.0	2.5	2.7	4.7	4.8	5.0	5.5	5.7	6.5	7.3	7.5	16.7

※複勝６倍未満が９頭→波乱判定

⬆軸

●2021年５月22日東京12Ｒ（４歳以上２勝クラス、ダ1600m）

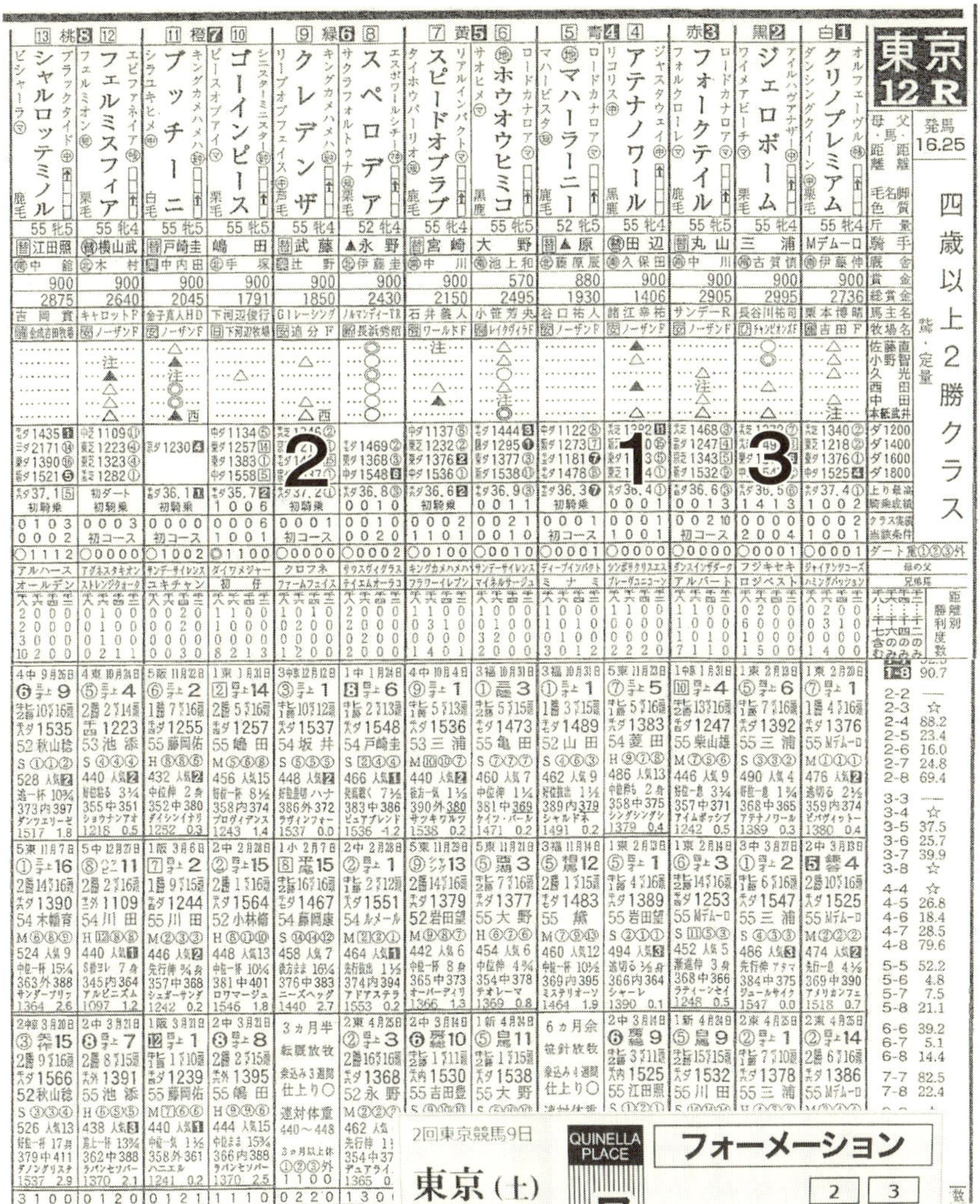

馬番	枠	馬名	父	母	毛色	斤量・性齢	騎手	厩舎	賞金	総賞金	馬主名	牧場名
1	白1	クリノプレミアム	オルフェーヴル	ダンシングクイーン	栗毛	55 牝4	Mデムーロ	伊藤伸	900	2736	栗本博晴	吉田F
2	黒2	ジェロボーム	アイルハヴアナザー	ワイメアビーチ	栗毛	55 牝4	三浦	古賀慎	900	2995	長谷川祐司	チャンピオンズF
3	赤3	フォークテイル	ロードカナロア	フォルクローレ	鹿毛	55 牝5	丸山	中川	900	2905	サンデーR	ノーザンF
4	青4	アテナノワール	ジャスタウェイ	リコリス	黒鹿	55 牝4	田辺	久保田	900	1406	諸江幸祐	ノーザンF
5	青4	マハーラーニー	ロードカナロア	マハービスタ	鹿毛	52 牝5	▲原	藤原辰	880	1930	谷口祐人	ノーザンF
6	黄5	ホウオウヒミコ	ロードカナロア	サオヒメ	黒鹿	55 牝5	大野	池上和	570	2495	小笹芳央	レイクヴィラF
7	黄5	スピードオブラブ	リアルインパクト	タイホウパーリオ	鹿毛	55 牝4	宮崎	中川	900	2150	石井義人	ワールドF
8	緑6	スペロデア	エスポワールシチー	サクラフォルトゥナ	栗毛	52 牝4	▲永野	伊藤圭	900	2430	ノルマンディーTR	長浜秀昭
9	緑6	クレデンザ	キングカメハメハ	リーブオブフェイス	芦毛	55 牝4	武藤	辻野	900	1850	G1レーシング	追分F
10	橙7	ゴーインピース	シニスターミニスター	ピースオブアイ	栗毛	55 牝5	嶋田	手塚	900	1791	下河辺俊行	下河辺牧場
11	橙7	ブッチーニ	キングカメハメハ	シラユキヒメ	白毛	55 牝5	戸崎圭	中内田	900	2045	金子真人HD	ノーザンF
12	桃8	フェルミスフィア	エピファネイア	フェルミオン	栗毛	55 牝4	横山武	木村	900	2640	キャロットF	ノーザンF
13	桃8	シャルロッテミノル	ブラックタイド	ビシャーラ	鹿毛	55 牝5	江田照	中舘	900	2875	吉岡實	金成吉田牧場

１着④アテナノワール

（８番人気）

２着⑨クレデンザ

（10番人気）※穴馬候補

３着②ジェロボーム

（５番人気）

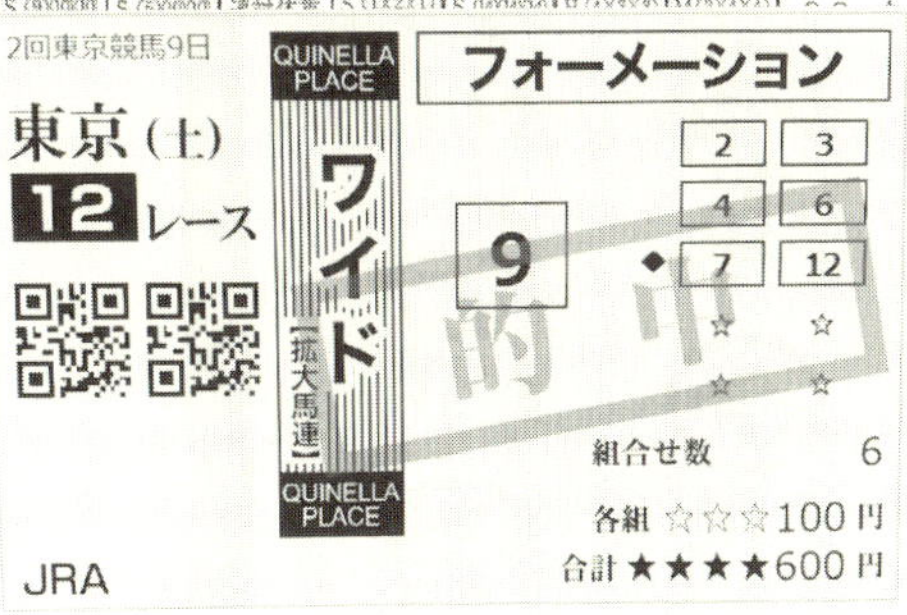

ワイド④－⑨7,760円、②－⑨6,360円

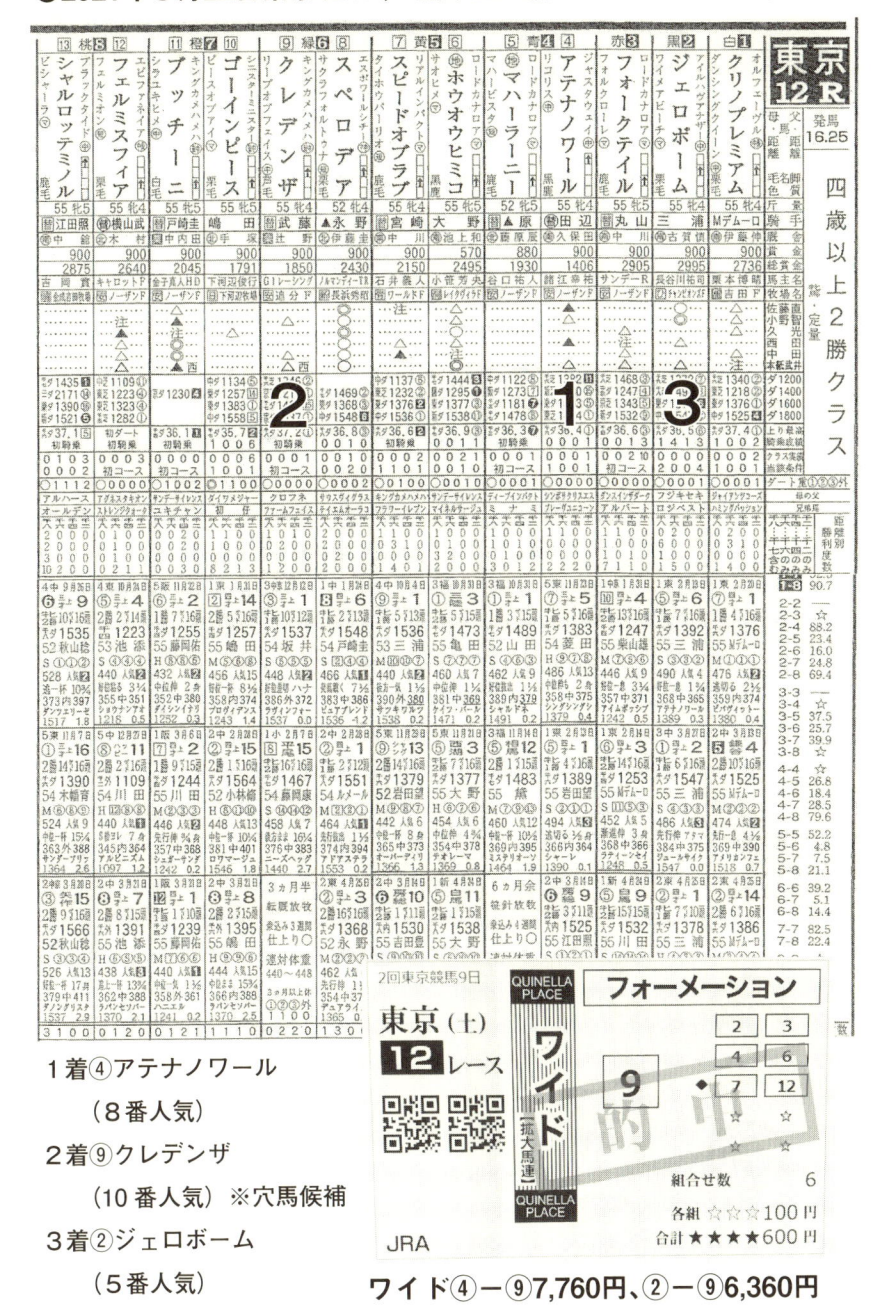

その頭数が、出走頭数の半数に2を加えた数より多くいたらクリアです。13頭立てでしたら半数が7ですから7＋2で複勝6倍未満の頭数が9頭以上いたらＯＫです。このレースは9頭いるので、波乱になる可能性がありという判定になります。

波乱になる可能性が高いレースなので、上位人気は軽視しなければなりません。そこで私は⑨番からのワイド馬券は単勝4位以下の馬に流すことにしました（⑩番は複勝12位でカットしましたが、もちろん相手馬として購入してもＯＫです）。

レース結果は1着に7番人気の④番、2着は狙った穴馬の⑨番、3着は8番人気の②番で、ワイド④－⑨7760円、②－⑨6360円の的中です。3連複②④⑨は11万2800円の10万馬券となっています。

もし、このレースを上位人気の3頭に相手馬を絞ったらどうでしょうか。せっかく穴馬⑨番を見つけ出すことに成功しても馬券は外れになってしまいます。

54 自分の馬券購入パターンを確立させよ！

回収率が100％を超えることができない、いわゆる馬券で負けてしまっている人の多くは、馬券の購入パターンが一定でないと思われます。つまり、馬券の種類をバラバラと買う傾向にあるのです。

あるレースで単勝や馬連馬券を購入したかと思えば、次のレースでは3連単や3連複馬券といった具合です。このように、レースごとに色々な種類の馬券を買うということは、自分の馬券のスタイルを確立していないことになります。

馬券で勝ち組になっている、回収率100%を超えている人の馬券購入法を見ていると、自分のスタイルに合った、馬券の組み立て方を知っています。

たとえば①番が狙い馬とし、相手が②番、③番、④番、⑤番という予想を立てたとしましょう。レース結果は1着①番、2着②番、3着③番で決まったものとします。

Aさんは①番の単勝、②番から⑤番の4点複勝を購入したとします。一方、Bさんは①番からの馬連流しで②③④⑤番への4点の馬券を購入したとするとどうでしょうか？　人気にもよりますが、Bさんのほうがリターンは多くなるはずです。同じ予想であっても、馬券の買い方次第ではリターンが大きく変わってしまうのです。

馬券上手な人たちは、自分で立てた予想に対し、どうすれば最大限のリターン得ることができるのか、一番効率のよい資金の使い方を考えて馬券を購入しています。

自分がレースに投じる予算に合わせて、どのように購入すれば効率よく、より多くの払戻金を受け取ることが可能なのか、常に意識することは重要なのです。

55 週に使える馬券投資金額を把握する

企業は人件費や設備投資費、資材費など年間いくらかかるか、あらかじめ計算しています。すなわち経営者は年間の予算を立て会社を運営しています。

一般家庭においても同じことがいえます。月にどれくらいの収入があるか、また「住居費」「食費」「光熱費」「通信費」「交際費」など、いくらかかるか出費額を把握し、出費を抑えたり貯蓄をしたりしています。

もし、やみくもにお金を遣ってしまったらどういうことになるでしょうか。お金が足りなくなり借金をすることになります。それが続くと最終的に家計は破綻します。これが会社なら倒産することになります。

これと同じことが馬券の世界でもいえるのです。

馬券であまりいい成績を残していない競馬ファンの多くは、自分でどの程度の金額を馬券代で使うことができるのかを把握していません。給料日直後に大金を投じてしまったり、ＧＩレースのような大きなレースになると通常以上の金額を賭けてしまったりと、そのときの気分で馬券を買っています。会社でたとえるなら年間予算を立てていないことになります。

年間でいくら馬券代として使えるか、ある程度の予算を把握することは大切なのです。

年間が難しかったら月間、日ごとでもいいでしょう。目安でもいいのです。どのくらいの金額が馬券代として使うことができるのか、自分のフトコロ具合を把握しておくことは、馬券で勝ち組に回るためには大切なことなのです。

また、自分がどれくらいのリターンを期待しているか、**目標金額を立てる**ことも必要です。

企業はあらかじめ設定した予算に基づき、年間の営業益などを計算し会社を運営しています。馬券の世界でも勝ち組に入りたいのであれば、自分自身はいくら馬券代として使うことができるのか、そしてどれくらいのリターンを得ることを目標にしているのか、明確に設定しておくことが大切なのです。

56 オッズ馬券では穴馬から3連複18点買いが基本

競馬の予想は、血統を重視する人や、調教タイムを重視する人、パドックや返し馬など見てから馬券を購入する人など様々です。馬券の予想方法は十人十色でも問題ありません。しかし自分の予想から決断を下した馬から馬券を購入する際には、ひとつのルールを決めておくことは重要です。

自分の見い出した馬からの購入パターンをあらかじめ決めていれば、あとはそのルールに従って馬券を購入するだけです。これがルール化されていないと、予想した馬の単勝馬券を買ったり、その馬からの3連単馬券を買ったりと、毎回そのときの気分でバラバラ、ダラダラと馬券購入してしまうものです。

自分の馬券スタイルを確立していない人は、ときとして無茶買いをすることにもなります。特にメインや最終レースなどには要注意です。投資する金額を多くしてしまうことにもなります。

私は大穴型判定の出たレースを中心に馬券を購入しています。第7章で穴馬の見つけ方は詳しく説明しますので、ここでは穴馬からの馬券購入パターンを紹介しておきましょう。

まずは馬連ランクを調べます。ここで使用するオッズは当日朝10時半のオッズです。私は**穴馬を見つけ出すオッズは9時半、相手馬を決定するオッズは10時半**としています。

馬連ランクとは、単勝1番人気から馬連オッズを並び変えたものが基本となります。

２０２１年８月７日、新潟10R高田城特別の穴馬には、⑩番と⑥番が浮上しました（詳しい穴馬の決め方は【項目96参照】）。

10時半の馬連ランクは13・2・1・9・8・12・14・5・10・6…となっていました。

３連複のフォーメーションは、**馬連ランク1位から4位をAグループ、5位から8位をBグループとします。Aグループ＝Bグループ＝穴馬が基本フォーメーション**となります。この場合は、「⑬・②・①・⑨」（Aグループ）＝「⑧・⑫・⑭・⑤」（Bグループ）＝⑩・⑥（穴馬）の32点です。

さらに追加馬券も注意しなければなりません。**馬連2位＝3位＝穴馬と馬連5位＝馬連6位＝穴馬**の組み合わせです。すなわち、このレースなら②（2位）＝①（3位）＝⑩・⑥（穴馬）と、⑧（5位）＝⑫（6位）＝⑩・⑥（穴馬）です。特に5位＝6位＝穴馬の組み合わせは高配当になることがあります。

このレースのレース結果は⑧→⑫→⑩で決まり、馬連5位、馬連6位、穴馬の組み合わせで、3連複は4万2470円でした。

POINT

10時半の馬連ランクで相手分け

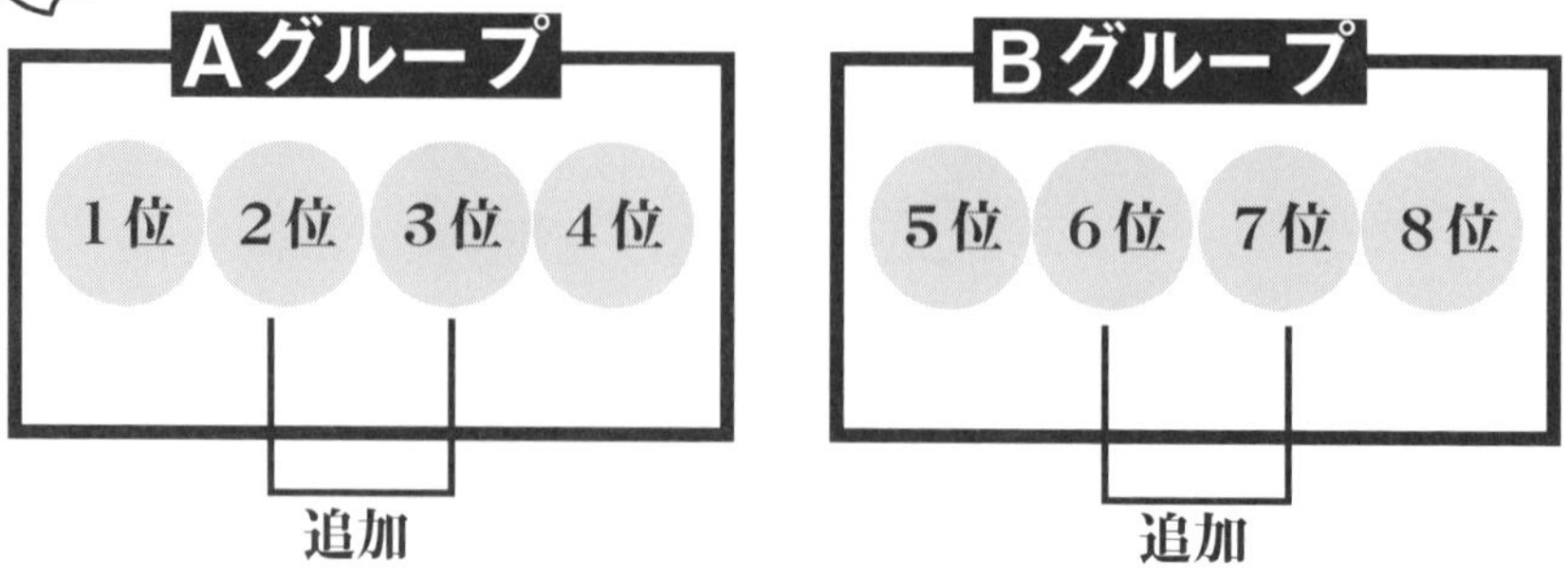

●2021年８月７日新潟10Ｒ高田城特別（３歳以上２勝クラス、ダ1200m）

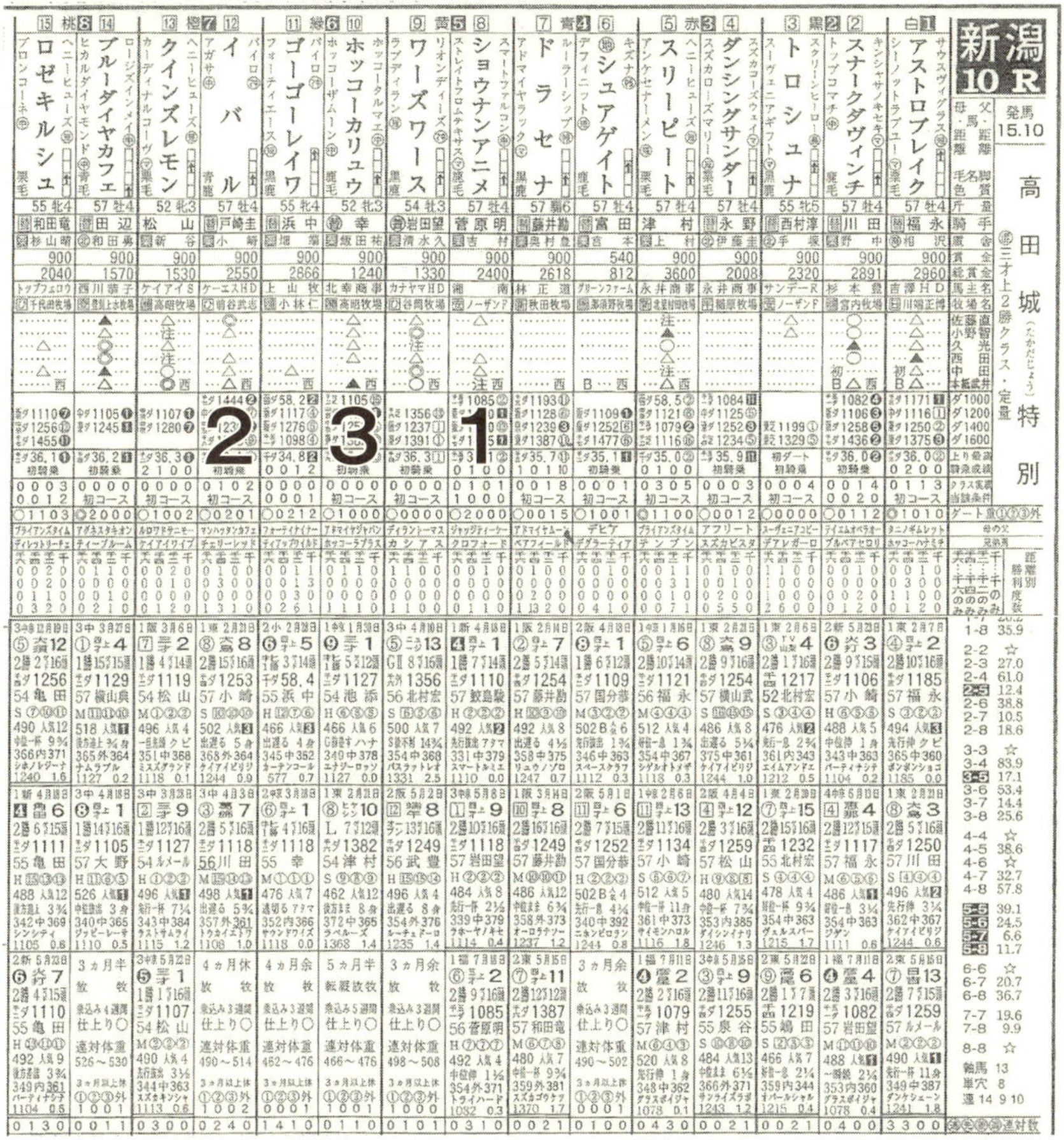

1着⑧ショウナンアニメ　（５番人気）

※馬連ランク５位

2着⑫イバル　（６番人気）

※馬連ランク６位

3着⑩ホッコーカリュウ　（７番人気）

※穴馬候補

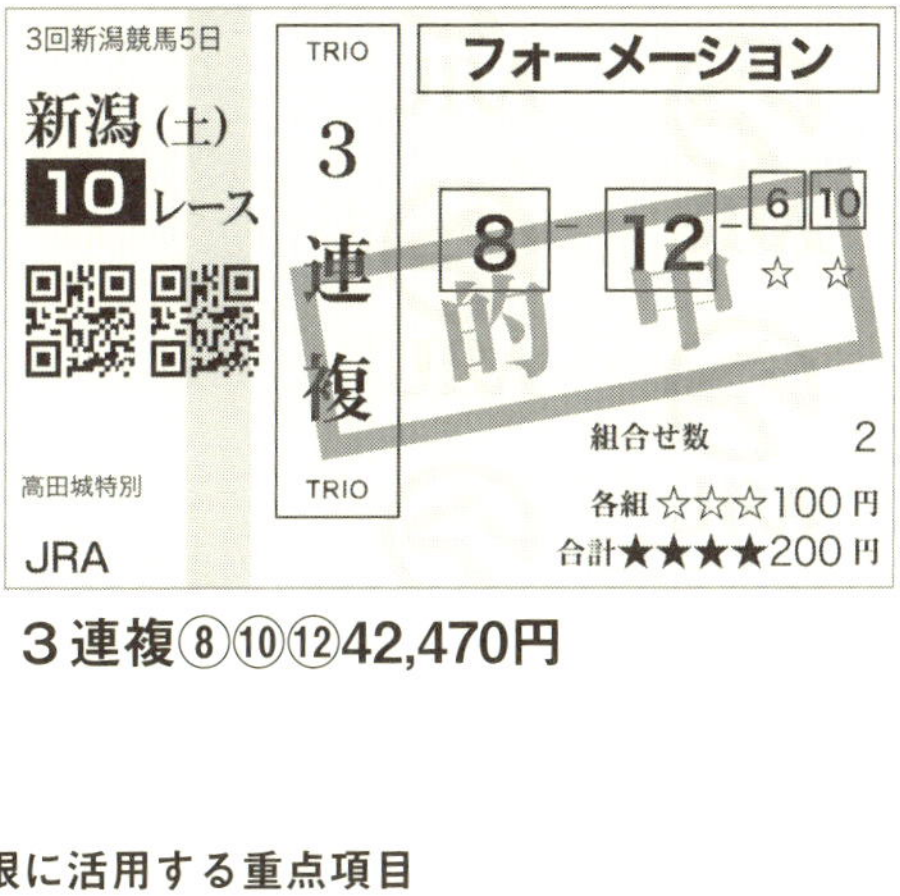

３連複⑧⑩⑫42,470円

57 同じ予想なのに回収率に差が出るのは買い方に問題がある

【項目54】で自分の馬券購入パターンを確立しておかないと、回収率に大きな差がついてしまうことを申し上げました。馬券は同じ資金を投じ、予想が的中しているにも関わらず、買い方次第で払い戻し金額が変化するものです。

つまり、馬券は買い方次第でリターンが大きく変わってしまうのです。いくら完璧な予想をしても、買い方を失敗したら儲けるどころか、下手をすると損をしてしまうこともあります。

予想した穴馬を確実に的中させたいのであれば、複勝やワイド馬券を中心に購入していけば的中率はアップすると思います。複勝馬券でしたら、穴馬が3着までにくれば100％的中です。しかし配当は必ずしも満足のいく金額ではないでしょう。

馬券を買っているほとんどが回収率100％超え、すなわち儲けたいと思っているはずです。目先の的中率を求めていても、最終的には儲けたいのです。

しかし的中することだけをまずは目指してしまうがために、購入した馬券の中に、投資金額を下回る組み合わせの馬券を買ってしまっている人も少なくありません。

わかりやすい例を出してみましょう。

投資金額が1000円です。単勝馬券を①番、②番をそれぞれ500円ずつ購入します。①番のオッズは1・4倍、②番は2・4倍。②番が1着すれば200円のプラスになりますが、①番が1着なら的中してもマイナスです。①番の馬券を買う意味がどこにあるのでしょうか。

しかも、このケースでは最大２００円のプラスしかありません。かなり効率が悪い買い方といえます。

つまりこのレースは見送るか、下位ランクに馬券が絡む可能性がある馬を見つける以外、馬券で勝つ方法はないのです。

58 少頭数レースでの馬券攻略をもう一度

大穴レース候補の基本は、14頭立て以上のレースが対象となります。しかし13頭立て以下のレースだからといって、すべて見送りというわけではありません。【項目41】でもふれましたが、少頭数レースは宝の山となる場合が多いのです。

少頭数レースは面白くないという先入観は捨てましょう。特にメインレースが少頭数レースになったケースでは、高配当馬券になっている場合が多いものです。

もう一度、少頭数レースで波乱になる条件を確認してみましょう。

「9時半のオッズで複勝6倍未満の頭数が出走頭数の半数＋2以上である」

です。13頭立てのレースでしたら9頭（半数7頭＋2）、12頭立てのレースでしたら8頭（同6＋2）、11頭立てのレースでしたら8頭（同6＋2）、10頭立てのレースでしたら7頭以上（同5＋2）、複勝6倍未満の馬がいるレースが波乱になる可能性の高い少頭数レースということになります。

このような判定の出たレースは馬連ランクをチェックし、無条件に最低ランクから4頭が要注意になります。

【項目41】で紹介した少頭数レースの例をもう一度思い出してください。馬連ランクは7・4・10・3・1・5・2・11・9・8・12・6でした。下位ランクの4頭とは「9・8・12・6」のことです。この4頭の中に高配当馬券を演出する馬が潜んでいるのです。

「9時半のオッズで複勝6倍未満の頭数が出走頭数の半数+2以上である」

これを知っておくだけで、少頭数で高配当馬券をGETする第一歩を踏み出すことができるのです。

59 「2着までの穴馬」と「3着までの穴馬」

9時半のオッズから「競馬予報」をクリアしたレースのみを検証し、ルールに従って穴馬を見つけ出しても、相手馬をうまく選択することができなければ、馬券で的中したことにはなりません。

私が実践しているオッズ馬券のルールから浮上した穴馬は、3着までに入る可能性の高い人気薄馬です。

浮上した穴馬が3着まで入り複勝馬券を買っていれば、確実に的中馬券にありつくことが可能です。

買い方次第では回収率100%を超えるかもしれませんが、もっと確実に高配当馬券を狙いたいところです。過去の統計データから、穴馬が見事3着まで絡んだときには、どのような組み合わせになっているかを分析しました。

それが【項目56】で紹介した10時半のオッズから調べた馬連ランクであり、基本フォーメーションなのです。

ここでは浮上した穴馬には2つのパターンがあることを紹介しておきましょう。2つのパターンとは、**「浮上した穴馬が2着まで絡む可能性があるパターン」か「3着まで絡む絡む可能性があるパターン」か**という2つのパターンです。

それは浮上した穴馬の馬連オッズで判断します。**馬連オッズが80倍未満でしたら穴馬からは馬連、80倍以上でしたらワイド馬券**となります。

【項目47】をもう一度ご覧ください。このレースの穴馬として浮上した⑨番と①番の馬連オッズはそれぞれ65・0倍と65・9倍でした。80倍未満ですから、穴馬⑨番と①番は馬連馬券に絡む可能性があると判断し、上位ランク8頭への馬連を購入したのです（P96の馬券参照）。

60 馬連ランク9位の馬には注意をする必要がある

ここでは、私が連続して大きな馬券を獲り逃がした例をもとに、今後の馬券で注意しなければならない点を紹介しておきましょう。

まずは2021年9月12日、中京12Rです。【図B】をご覧ください。これは単勝1番人気の⑮番から馬連オッズを人気順に並び替えたものです。

第7章で穴馬の選定方法は詳しく公開するので、ここでは説明を割愛しますが、私は穴馬として⑥番と⑬番を浮上させました。

【項目56】のルールのように、穴馬候補の⑥番と⑬番から3連複のフォーメーションを組み立てました。1着は上位人気の⑩番、穴馬候補の⑥番は3着になったのですが、2着には馬連9位の⑱番が来てしまったのです。

つまり、基本フォーメーションでは9位は入っていないため3連複⑥⑩⑱、7万4850円を獲り逃がしてしまいました。しかし⑱番をよく調べてみると、「複勝6倍の壁」の前の1頭にランクされていたのです。「複勝6倍の前」の2頭は穴馬候補して注意しなければならないのがルールです（【項目40】参照）。

私は念のため、穴馬から下位ランクへのワイド馬券を買っていたため、ワイド⑥－⑱の8620円は的中しましたが、もう少し気配りができれば、7万円馬券もGETできたのです。

同じようなことが次の週も起きてしまいました。

2021年9月19日、中山12Rです。こちらは【図C】をご覧ください。

このレースも、単勝1番人気の①番から馬連オッズを人気順に並び替えました。

【図B】2021年9月12日中京12Rの馬連・複勝ランクとオッズ（9時半段階）

馬連ランク	15	1	10	12	14	17	16	3	18	13	6	8	7	11	2	4	9	5
馬連オッズ										53.7	60.1							

穴

複勝ランク	15	1	6	10	12	16	13	3	14	18	17	7	8	11	2	9	4	5
複勝オッズ			3.4				4.3		4.8	5.6	6.7							

⬆複勝6倍の壁

【図C】2021年9月19日中山12Rの馬連ランクとオッズ（9時半段階）

馬連ランク	1	13	15	7	4	5	10	6	3	9	8	2	11	14	12
馬連オッズ									50.2	91.3					

⬆オッズの壁

●2021年９月12日中京12Ｒ（３歳以上１勝クラス、芝1400m）

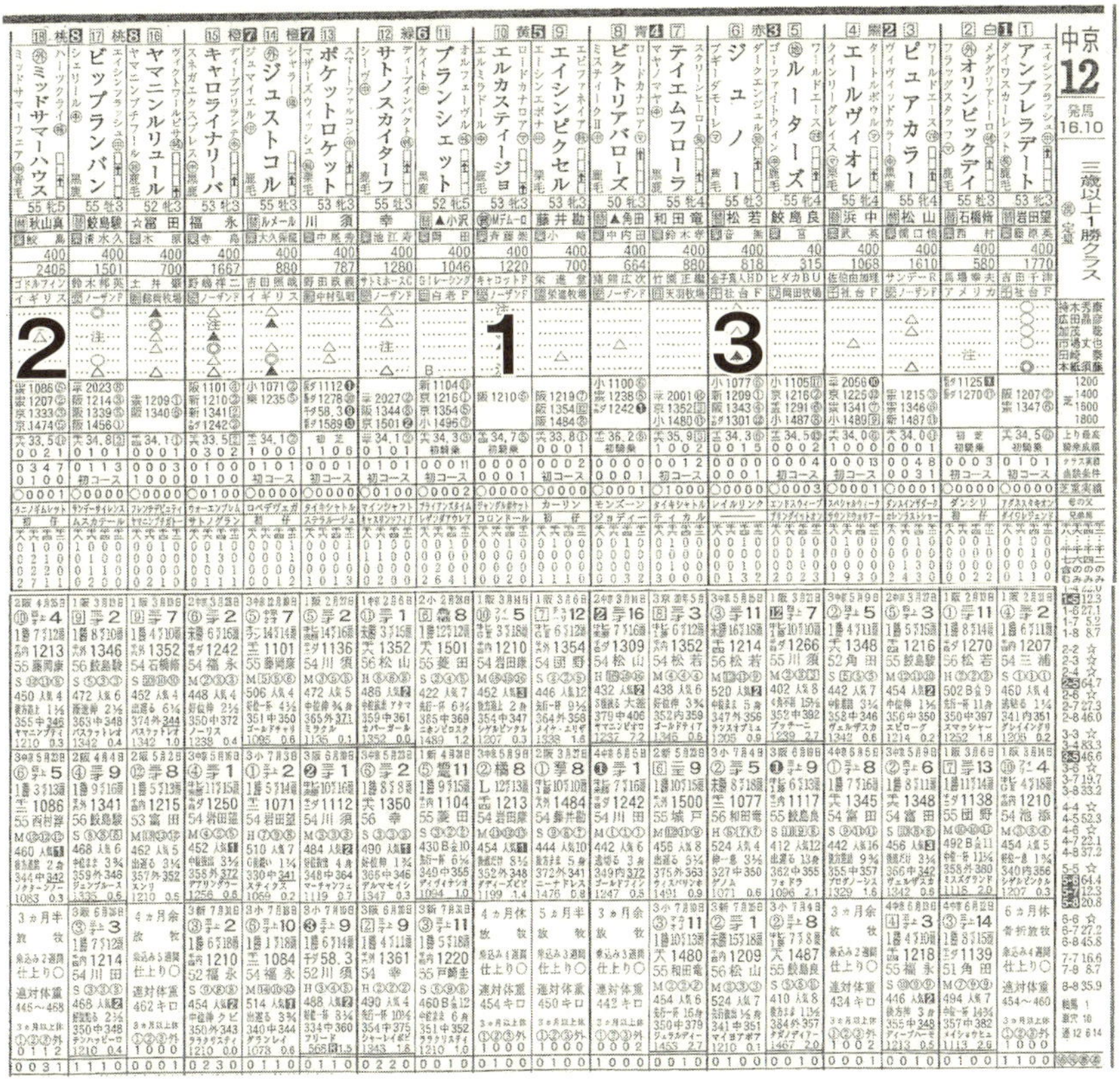

１着⑩エルカスティージョ　（３番人気）

２着⑱ミッドサマーハウス　（13 番人気）

※馬連ランク９位

３着⑥ジュノー　（８番人気）

※穴馬候補

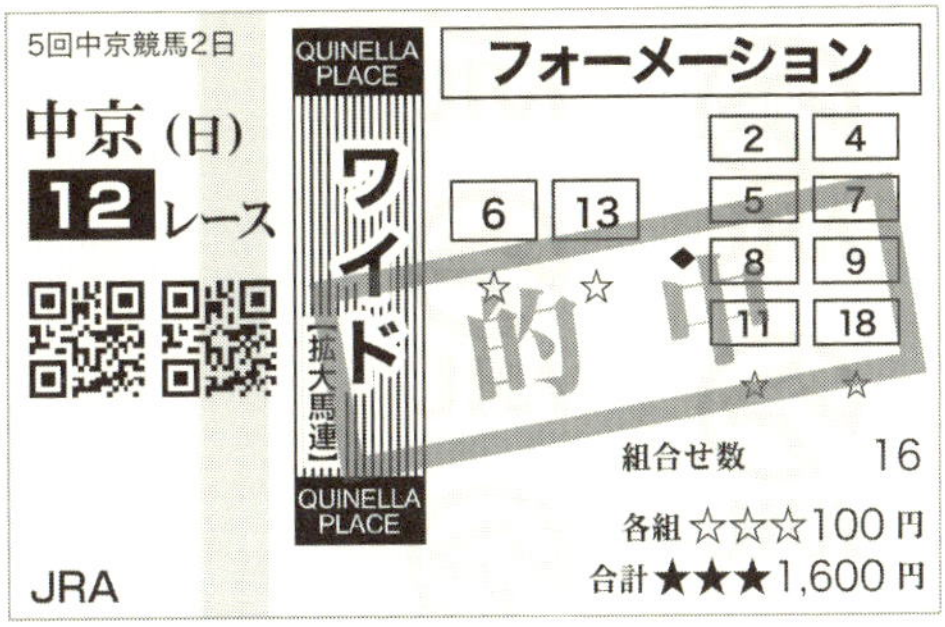

ワイド⑥－⑱8,620円

●2021年９月19日中山12Ｒ（３歳以上１勝クラス、芝1200m）

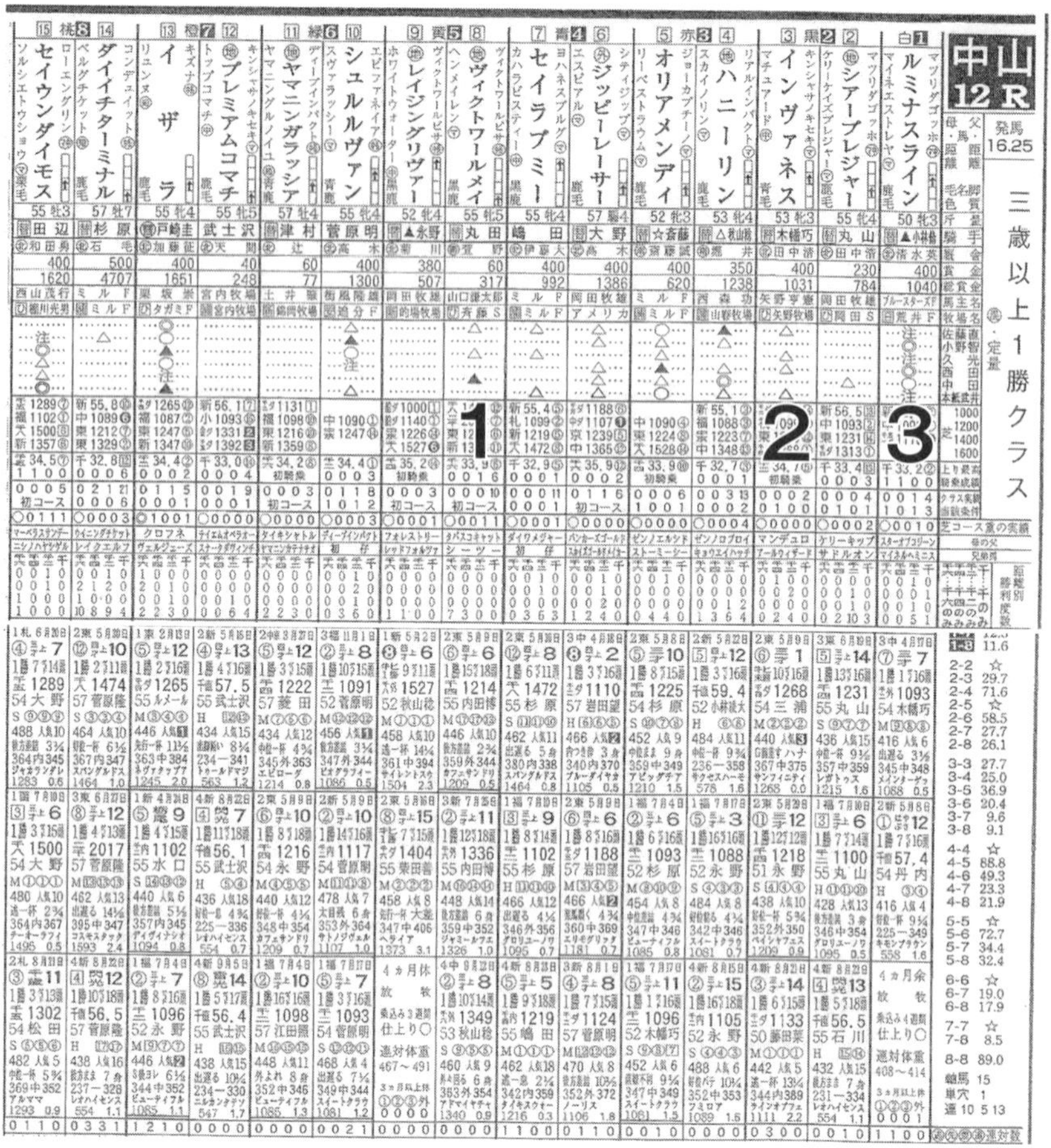

馬番	枠	父	馬名	母	毛色	斤量・性齢	騎手	厩舎	賞金	総賞金	馬主名	牧場名
1	白1	マツリダゴッホ	ルミナスライン	マイネエストレヤ	鹿毛	50 牝3	▲小林脩	清水英	400	1040	ブルースターズF	荒井F
2	黒2	マツリダゴッホ	シアープレジャー	ケリーケイズプレジャー	鹿毛	55 牝4	丸山	田中清	230	784	岡田牧雄	岡田S
3	黒2	キンシャサノキセキ	インヴァネス	マチュアード	青毛	53 牝3	木幡巧	田中清	400	1031	矢野亨憲	矢野牧場
4	赤3	リアルインパクト	ハニーリン	スカイノリン	鹿毛	53 牝4	△秋山稔	蛯井	350	1238	西森功	山野牧場
5	赤3	ジョーカプチーノ	オリアメンディ	リーベストラウム	鹿毛	52 牝3	☆斎藤	斎藤誠	400	620	ミルF	ミルF
6	青4	シティジップ	ジッピーレーサー	エスピアル	鹿毛	57 騸4	大野	高木	400	1386	岡田牧雄	アメリカ
7	青4	ヨハネスブルグ	セイラブミー	カハラビスティー	黒鹿	55 牝4	嶋田	伊藤大	400	992	ミルF	ミルF
8	黄5	ヴィクトワールピサ	ヴィクトワールメイ	ヘンメイレン	黒鹿	55 牝5	丸田	萱野	60	317	山口謙太郎	斉藤S
9	黄5	ヴィクトワールピサ	レイジングリヴァー	ホワイトウォーター	黒鹿	52 牝4	▲永野	新川	380	507	岡田牧雄	的場牧場
10	緑6	エピファネイア	シュルルヴァン	スヴァラッシー	青鹿	55 牝4	菅原明	高木	400	1300	街風隆雄	追分F
11	緑6	ディープインパクト	ヤマニンガラッシア	ヤマニングルノイユ	青鹿	57 牡4	津村	辻	60	77	土井肇	錦岡牧場
12	橙7	キンシャサノキセキ	プレミアムコマチ	トップコマチ	鹿毛	55 牝5	武士沢	天間	40	248	宮内牧場	宮内牧場
13	橙7	キズナ	イザラ	リュンヌ	鹿毛	55 牝4	戸崎圭	加藤征	400	1651	栗坂崇	タガミF
14	桃8	コンデュイット	ダイイチターミナル	ベルグチケット	鹿毛	57 牡7	杉原	石毛	500	4707	ミルF	ミルF
15	桃8	ローエングリン	セイウンダイモス	ソルシエトウショウ	栗毛	55 牡3	田辺	和田勇	400	1620	西山茂行	稲川光男

中山12R　発馬16.25　三歳以上１勝クラス　定量

１着⑧ヴィクトワールメイ　（10番人気）

※穴馬候補

２着③インヴァネス　（９番人気）

※馬連ランク９位

３着①ルミナスライン　（２番人気）

ワイド③－⑧6,100円

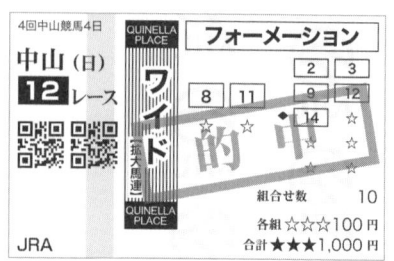

このレースでは、私は穴馬として⑧番と⑪番を浮上させました。ここも同じように3連複の基本フォーメーション馬券を購入しましたが、レース結果は⑧→③→①と入ってしまい、狙った穴馬⑧番はなんと1着で馬券に絡んだのですが、2着に入った③番の組み合わせがありません。

その③番はまたしても馬連9位の馬だったのです。【図C】でわかる通り、馬連9位には乖離差1・82倍の「オッズの壁」があります。③番はその前の1頭でした。

このレースも念のため穴馬から下位ランクへワイド馬券を買っていたため、ワイド③－⑧は的中しましたが、3連複①③⑧5万850円馬券は逃してしまいました。

馬連ランク9位の馬が馬連ランク8位の馬より単勝や複勝が売れていたり、馬連8位と9位のオッズが僅差だった場合も、穴馬の相手馬として馬連ランク9位は追加で購入する必要があります。

ここで紹介した2つのレースは、9時半のオッズから、馬連9倍以上、単勝30倍未満の頭数10頭以上という条件はクリアしています。

61 資金をゼロにしないためにワイド馬券を活用する

資金をゼロにしないためには**「対極馬券」**を意識したほうがいいと申し上げたいです。

「対極馬券」とはいったいどんな馬券でしょうか。

ある1頭の穴馬、A馬を見つけ出したとしましょう。3連複馬券を買おうとした場合。【項目56】で紹介した基本フォーメーション馬券をA馬から組み立てます。

A馬が3着まで入り、残りの2頭が基本フォーメーションの中に入っていれば3連複馬券の的中となります。しかしA馬が3着までに入ったからといっても、相手馬を全通り購入していない限り、100%的中というわけにはいきません。

そこでワイド馬券の登場となるのです。

複勝が最終オッズで10倍もつくような穴馬からの流し馬券ならば、3番人気や4番人気といった上位の馬が絡んだだけでも軽く4～5千円の配当がつくケースも多いものです。つまり3連複馬券の「対極馬券」がワイド馬券なのです。

ワイド馬券をうまく2点とも的中させることに成功できれば、合わせて1万円以上の配当も珍しくありません。

ワイド馬券をまず購入、そこから3連複馬券を組み立てるスタイルなら、3連複馬券が的中すれば自動的にワイド馬券も的中することになり、3連複馬券を外してしまっても、ワイド馬券で補填できます。

投資資金をすべて失うような買い方をせず、次につなげるような購入スタイルは、長期的に見ると回収率をアップさせることになります。資金に余裕のある方は、狙った穴馬から下位ランクへ流す馬券も面白いでしょう。

【項目60】で紹介したレースでは、穴馬を見つけ出すことには成功しましたが、馬連ランク9位がきてしまい、3連複馬券は外すことになってしまいました。それでも、掲載したワイド馬券で下位ランクへ流していたため、資金が完全にゼロになることを防ぐことができました。

62 単勝1点買いは3連単270点買いと同じだ!

単勝、複勝、枠連馬券のみで競馬が行なわれていた時代では、単勝は1〜2点、枠連は3〜4点程度購入しているファンが多かったものです。

たとえば枠連馬券を1点で的中させると気持ちがいいものです。しかしいくら枠連馬券とはいえ、連続して1点で馬券を的中させることは難しいものです。

現在は3連系馬券が主流の時代です。1点買いで3連単馬券を的中させるのは、なかなかできるものではありません。

ここでひとつ比較をしてみたいと思います。18頭立ての競馬で考えてみましょう。

単勝馬券を1点買いするということは、18分の1、1÷18で0・055……すなわち全体の5・5%分の馬券を購入したことになります。2点買いでしたら約11%です。

枠連馬券を3点購入したケースは36分の3、3÷36で0・083……こちらは8・3%分の馬券を購入したことになります。

さて、現在人気の3連単馬券はどうでしょうか。3連単馬券は18頭立てのケースでは4896通りの組み合わせがあります。枠連3点買いの8・3%と同じ割合でしたら3連単では406通り、単勝1点買いの5・5％では269通りとなります。

枠連3点買いをしている人は、自分の買っている点数が多いと感じている人はいないと思います。しかし3連単馬券を269通りも買うと「買いすぎ！」という声が聞こえてきます。現実的に3連単馬券を毎回269通りも買っている人はあまりいないと思います。

しかし3連系の馬券で、多点数買いは間違った判断でしょうか。

しっかりとした根拠もなく色々な馬券に手を出し点数が増えてしまう買い方は、絶対にやめるべきだと思います。しかし穴レースの判定をクリアし、その判定から浮上した穴馬から馬券を組み立てる場合、多点数買いはけっして無茶な買い方ではないと思っています。

穴馬から馬券を組み立てる基本フォーメーションは【項目56】に示しています。しかし、これだけでは完全ではありません。ですから【項目61】で紹介しました「対極馬券」も大切になってくるのです。

63 自分自身の的中率を知っておくこと

あなたはいつもどんな式別の馬券を中心に買っていますか？　馬連ですか？　3連複馬券ですか？

このような質問を投げかけられたときにハッキリと答えられるように、自分の馬券スタイルと決めておくことは大切なことです。

そしてもうひとつ大切なことがあります。それは自分自身の馬券が、どの程度の割合で的中しているか、すなわち的中率を知っておくことです。

馬連を中心に馬券を買っている人がいたとしましょう。この人はいつも1レースで馬連5点を購入しています。5回に1回程度の頻度で的中、すなわち的中率が20％だとします。

5レース分の馬券を購入すると1回的中する割合です。5レースでは5点×5レースで延べ25点分の馬券を購入したことになります。回収率100％を超えるためには、的中したときの配当が25倍以上でないと超えることができません。

この人が購入している馬連馬券が25倍未満の馬券ばかりだと、的中率20％ではけっして馬券で儲けることができません。もし10倍ばかりの馬券を狙っていたとしたら、3レースに1回は的中、すなわち的中率33％でないと儲からない計算になります。

自分自信の得意としている馬券の的中率を把握し、その買い方では最終的に馬券で儲けることができるかどうかをあらかじめ計算しておかないと、的中したときには儲かった気持ちになりますが、トータルの回収率は100％を下回ることになってしまいます。

1レースに1万円を賭け続け、100回に1回の的中率でも、的中したときの回収率が100倍を超えていれば馬券では勝ち組に入ったことになります。的中数が問題ではありません。**的中率と的中したときの回収率とのバランスが大切**なのです。

私が実践しているオッズ馬券での穴型レースの的中率は4レースに1回、25％程度です。1レースあたりの投資金額は5～7000円程度です。平均すれば1レースあたり3～4万円以上のリターンを得ているので、回収率は100%を超える計算になります。

私はパチンコをしたときのパターンも調べたことがあります。パチンコで勝ったときは初期投資がどれくらいなのかを調べてみたのです。

すると勝利したときの90%程度が、初期投資が5000円以内であることがわかりました。5000円を超えて勝利したときは10%程度しかないのです。このデータからパチンコで勝つためには5000円以上投資してはいけないということがわかったのです。

馬券の世界でも同じことがいえるのではないでしょうか。

得意のパターンで馬券を買ったときの的中率、追加で購入した馬券の的中率や午前中の馬券を購入したときの的中率など、自分自身の購入パターンと的中率を知っておくことは、イコール馬券で勝ち組に入ることにつながります。

64 3連複と3連単の期待値を理解する重要性

現在は3連系の馬券、3連複と3連単馬券のシェアが全体の6割以上を占めています。昭和の枠連主流の時代から考えると隔世の感があります。3連複と3連単馬券についての特性を知っておかないと、回収率で大きな差が出ることがあるので、ここでこの2つの馬券について検証してみたいと思います。

3連複馬券で①②③の組み合わせを購入した場合を考えてみましょう。この組み合わせに該当する3連単の馬券の組み合わせは、①→②→③、①→③→②、②→①→③、②→③→①、③→①→②、③→②→①の6通りです。

ここで3連複馬券で①②③の組み合わせを600円購入したケースと、3連単馬券で①→②→③、①→③→②、②→①→③、②→③→①、③→①→②、③→②→①をそれぞれ100円ずつ6通り購入したとしましょう。

馬の人気を考えない場合、期待値を単純計算すると3連複馬券の配当の6倍が3連単馬券の配当にならなければなりません（控除率の差は無視するものとします）。

3連単馬券の配当の多くは、3連複の配当の6倍より少ないものです。3連単馬券の配当が3連複馬券の配当の6倍より多いケースは、3頭の組み合わせの中で、人気薄の馬が上位1、2着を独占したケースくらいです。

しかし、私が本書のテーマにしている大穴型レースの穴馬は9番人気以降の馬です。9番人気以降の馬が1着になることはあまりありません。ほとんどのレースで、狙った穴馬が馬券に絡んだケースは2、3着です。

つまり3連系の馬券では、まずは3連複馬券を中心に考えたほうがいいということなのです。それは【項目38】で紹介した宝塚記念で再確認させられました。

3連単馬券の配当は52万8510円でしたが、3連複の配当は15万7770円だったのです。15万7770円の6倍は94万6620円にも関わらず、実際の配当は52万8510円と3連複の配当の約3・4倍しかありませんでした。

65 人気馬が入っているボックス馬券には要注意！

馬券の種類で「ボックス馬券」というものがあります。「ボックス馬券」は選択した馬番に注意が必要です。人気薄馬ばかり選択していれば問題ありませんが、人気馬が2頭入っていた場合は要注意です。しっかりとしたルールもなく、ボックス馬券を購入するのはあまりお勧めできないと考えています。

1、2、3、5、8、10番人気の6頭ボックスの馬連や3連複馬券を購入したとしましょう。5、8、10番人気が馬券に絡めばいいのですが、1、2、3番人気が1、2着もしくは1、2、3着したらどうでしょう。

多くの場合、馬連や3連複の配当は投資金額を超えないケースが多いのものです。もちろん人気馬同士の組み合わせは追加で別に購入するという戦略があれば問題ありませんが、何も考えず、人気馬が複数入っているボックス馬券を買い続けていると、長期的に見ると回収率が悪化することになってしまうのです。

配当が投資金額を下回る馬券を**「ガミ馬券」**と呼びます。資金を少しでも回収するという意図で、常に「ボックス馬券」を購入するのが自分の購入パターンとして確立している場合以外は、「ガミ馬券」は無駄な馬券であると考えています。

私がオッズ馬券を本格的に研究した頃は、まだ3連系の馬券は発売されていませんでした。馬連馬券が中心の時代でした。今のように万馬券を狙っていましたが、本命馬券をしっかり的中させる馬券も研究していました。

馬連万馬券を狙うレースでは、目標が高配当馬券のため、少額でも大きな回収率が見込めます。しかし本命馬券で、大穴レースと同じようなリターンを期待するには、それなりの金額の投資が必要となってきます。1回馬券を外すとそのダメージは大きなものです。

ですから投資金額の7割程度が戻ってくる、主力馬券以外の押さえ馬券を購入していました。このケースにはしっかりとした戦略があるので「ガミ馬券」でないと今でも考えています。

66 馬選びに迷ったときは配当の高い馬を選択せよ！

オッズは人間心理に大きな影響を与える数値です。単勝オッズが2倍を切るような超1番人気のオッズを見ると、超1番人気が馬群に沈んでいく姿を何度も経験しても、今度は大丈夫と思い込んでしまうものです。

しかし【項目37】や【項目38】のようなチェックをすると、超1番人気の数値に騙されることはありません。消える1番人気、危険な1番人気の判別をすることができるからです。

2021年10月17日、阪神競馬場で行なわれた秋華賞、1番人気は④番のソダシで単勝1・9倍、複勝1・3倍でした（最終オッズ）。しかしレースはご存知の通り、10着と大きく負ける結果です。

その兆候は3連複の人気順のオッズにあったのです。【項目38】で紹介したように、3連複の人気順のオッズをチェックすると、3連複の組み合わせで④番が絡んでいない、⑨⑫⑭が41倍と売れていたのです（結果的にこの3頭が1～3着）。つまりこれは④番が危険な1番人気であることを示していました。

人間はオッズによって心理が動いてしまうものです。しかしルールに基づいて判定すれば、心理に影響されることなく危険な1番人気から馬券を購入することを防ぐことができます。

では単勝15倍のオッズと30倍のオッズの馬、どちらかを選択しなければならない場合はどうでしょうか。もちろん、資金に余裕があれば両馬ともに穴馬として浮上させればいいのですが、ここではどちらか1頭に絞り込まなければならないと仮定します。

多くの人は、先ほどの超1番人気をすぐに信用してしまうのと同じように、単勝15倍の馬を選択する傾向にあります。それは単勝15倍のほうが30倍の馬より強いという判断を脳が勝手にしてしまうからです。

しかし私は選択に迷ったら、高配当になる可能性の高い馬を選ぶようにしています。迷っているということは、単勝15倍の馬も30倍の馬も馬券に絡む可能性は同じです。ならば、配当が高いほうを選択したほうがいいのではないでしょうか。

「迷ったら人気薄のほうの馬を選ぶ」……これをひとつのルールとしておくことは、長期的に見れば回収率が上がることにつながると考えています。

第5章

統計学

数字に踊らされないための重点項目

67 多くの馬券術は統計学が基本となっている

統計学は私たちの生活を豊かにするために、長い歴史を経て進化してきました。古代ローマ帝国の初代皇帝、アウグストゥス（紀元前63～紀元後14年）が兵士の数を管理するために人口調査や税を課すために調査をしたのが、統計学のルーツだといわれています。その後、社会にとって統計学は必要であるとされ発展を遂げてきました。

歴史上、特筆すべき人物としてナイチンゲールが挙げられるでしょう。彼女は白衣の天使で有名であると同時に、実は統計学者でもあったのです。

ナイチンゲールはクリミア戦争で戦死者の数は病院での環境によるものが多いということをグラフで示し、その後、病院での環境を改善することにより、戦死者の数を減らすことに成功しました。

彼女が統計学で初めて使用したのが、今では当たり前になっていますが、視覚的に理解しやすいグラフの考案です。彼女が作った円グラフの一種、「鶏のとさかのグラフ」は有名です。

18世紀になると、統計学は日常生活と密接な関係になっていきます。各国の人口の動きや経済動向の予測など、色々な分野で活用されるようになったのです。

馬券の世界でも、統計学の考え方は多くの競馬ファンの間で使われるようになりました。競馬ファンは様々なファクターを活用しながら馬券を検討しているわけですが、多くの検討方法は統計学が基本となっていると考えています。

競馬新聞の馬柱に書いてある着順や人気などは数字です。また出走馬の持ちタイムや前走の上がり3Fのタイムも数字です。これらの数字はすべて正しいものでウソ偽りはありません。Aという競馬新聞ではある馬の前走着順が4着で、Bという競馬新聞ではその馬が3着ということはないのです。

このように同じデータを使っているにも関わらず、的中率の差や回収率の差が出てくるのはどうしてでしょうか。それはデータの扱い方に差があるからだと考えています。

競馬新聞のデータは**「正しい数字でデータである」「データの扱い方は人それぞれ違う」**という2つの顔をもっていると考えています。

「正しい数字でデータである」とは、統計学でいえば「標本」を指しています。そして「データの扱い方は人それぞれ違う」は「標本」をどのように分析するかを指しています。

データから的中馬券を導き出すには、そのデータのもつ本質を見極め、そして統計学の考え方に基づく正しい分析をしなければなりません。

統計学の基本を知ることは、回収率を上げるためには大切な要素なのです。

68 統計学の3つの顔を知っておこう

統計学は大きく分けて3つに分類することができます。

1つ目が**「記述統計」**、2つ目が**「推測統計」**、3つ目が**「ベイズ統計」**です。これらの3つの統計学の考え方は、日常生活にも知らず知らずのうちに入っています。

30人のクラスで算数のテストをし、その平均点を調べることにしましょう。30人程度でしたら、すべてのデータを調べ平均点を割り出すことが可能です。このようにすべてのデータを調べて分析する方法を、統計学では「記述統計」といいます。

テストの点数がわかれば、全体の平均点はもちろん、男女別の平均点や点数別の分布も調べることができます。グラフを作成し、点数の分布が視覚的にわかるように表現することも可能です。

この算数のテストが同時に全国で実施されたとしましょう。全国ともなれば同学年の小学生は１００万人を超えます。１００万を超えるデータをひとつひとつ調べて、たとえば平均点など調べるには、どれだけ手間と時間がかかるかわかりません。つまり、対象となるデータが多すぎると「記述統計」では限界があるのです。

そこで、すべてのデータから標本を選び出し、そのデータを分析する方法により、全体の姿を見極めることを「推測統計」といいます。

先ほどの算数のテストなら、約１００万件の標本の中からデータを抽出し、それを分析し平均点などを調べていくのです。

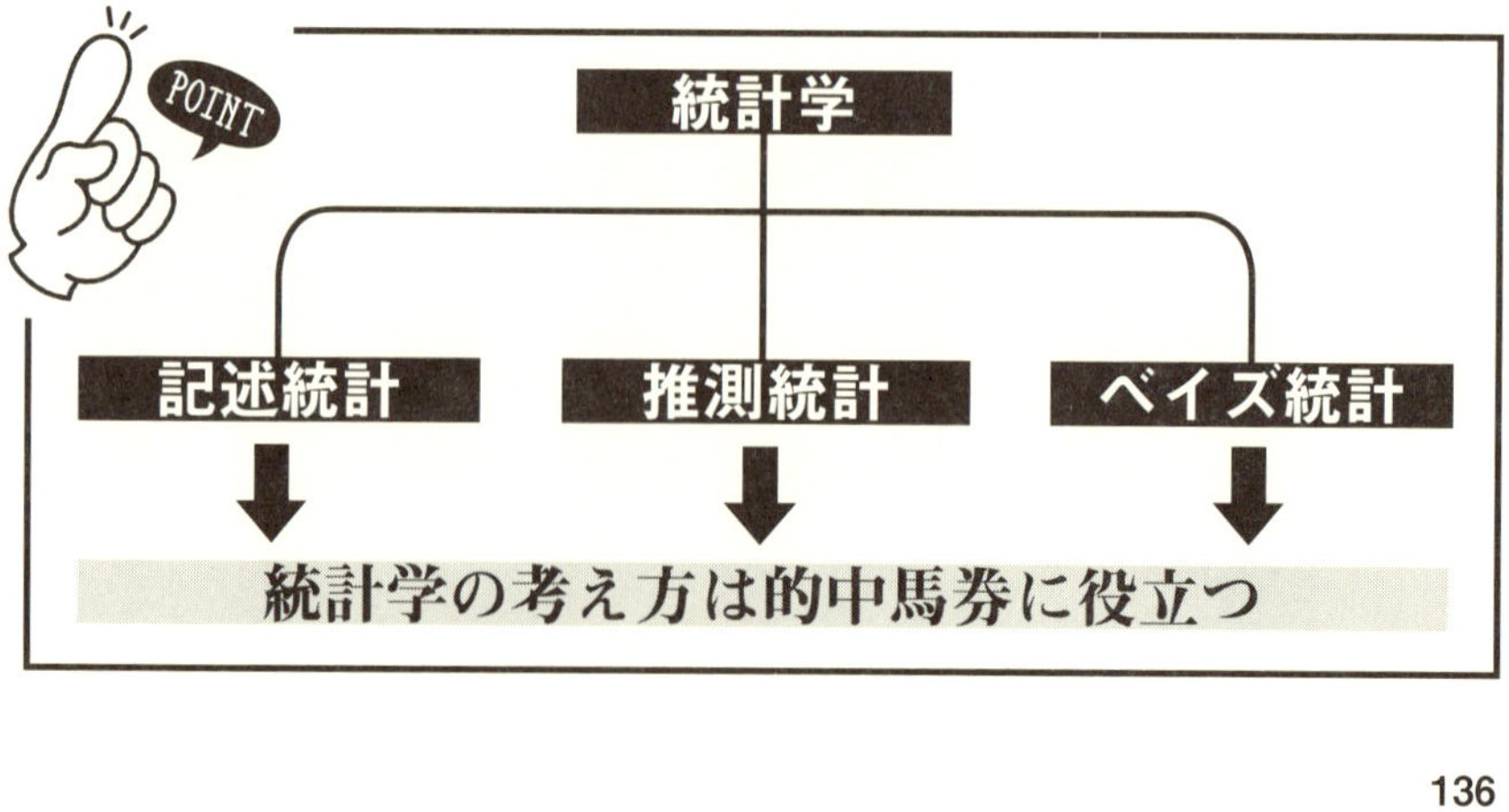

ここで注意したい点があります。この「推測統計」では、選び出したデータがいい加減なものであっては元も子もありません。

競馬場で「あなたは馬券を買ったことがありますか?」という調査をしたとしましょう。その結果は「国民が馬券を買ったことがある比率」として正しいデータになるでしょうか。競馬場で調査したのですから、馬券を買ったことがある比率はかなり高いはずですが、母集団はあくまで国民です。

国民全体の馬券購入の経験率を調査するのであれば、その調査対象に偏りがあってはいけません。つまり母集団から標本を選び出すときには、データの偏りがあってはいけないのです。

「ベイズ統計」とはイギリスの数学者、トーマス・ベイズ(1702~1761年)が考案した理論です。

統計学とは母集団があり標本があります。母集団や標本から抽出したデータをもとに全体像を見い出そうというのが基本的な考え方です。しかし「ベイズ統計」では、母集団から抽出した標本からのデータを細かく分析することなく、目的の姿を導き出していく考え方をしています。

さらに目的の姿を導き出すうえでは、新しいデータが上書きされると、さらに新しいデータとして生まれ変わり進化し続けていきます。将棋や囲碁の世界でAI(人工知能)がプロに勝ったというニュースを見ますが、このAIの世界は「ベイズ統計」の考え方を応用したものなのです。

馬券を検討する際、「記述統計」「推測統計」「ベイズ統計」という統計学の3つの考え方を理解しておくと、間違った分析をしないで的中馬券に近づくことができるのです。

69 記述統計はどのように馬券検討に活用できるか

Aという馬の前5走の平均馬体重を調べることにしましょう。5走程度でしたら、手作業で簡単に計算することができるでしょう。しかしAのデビューしてからの平均体重や、出走馬のそれぞれの馬の平均馬体重を計算するのはどうでしょうか。

その程度ならばなんとか時間をかければ手作業で計算できますが、JRAに登録している全馬の平均馬体重となったらどうでしょうか。ここまでくると簡単に計算することは難しいものです。

しかし、その数値がわかったからといって、果たして馬券の参考になるのでしょうか。

馬券の世界には役に立つデータと意味のないデータが混在しています。馬体重は前走との比較をするのであれば馬券検討の目安になりますが、他の出走馬の馬体重を比較しても意味がありません。

【項目74】でもふれますが、ある重賞レースの過去10年の平均配当が馬連1500円というデータが「記述統計」からわかったとしましょう。その1500円という数値は馬連の平均配当という数値だけであり、数値としては参考にはなるものの、馬券の検討としては有力な情報になりません。

競馬新聞の馬柱に書かれている情報のほとんどは「記述統計」を基本としたデータです。出走馬別にコース別の成績や、レース展開における傾向などがわかります。しかしそのデータがあるからといって、レース予想の決定的な決め手になるわけではありません。

このように「記述統計」は、すべての「標本」を調査した現状の全体像を見るには適していますが、未来の現象を予測する統計学ではありません。

競馬の予想は未来の現象を予測することです。となれば、「記述統計」の考え方はそれほど参考にならないともいえます。

つまり「記述統計」から見い出されたデータは、予想をするためのひとつのツールに過ぎないのです。

70 推測統計はどのように馬券検討に活用できるか

統計学は日常生活に密着しています。「天気予報」や「テレビの視聴率」「選挙速報」などは統計学を活用して数値を算出しています。

特に「天気予報」は私たちの生活に密接な関係があります。「天気予報」は、過去の同じ天気図において雨がどの程度の割合で降っているか、その割合をパーセンテージ（％）にして発表しています。

たとえば降水確率が10％とは、過去10回のデータの中で1回は雨が降っていることを示しています。10％という数値からは、直感的に雨は降らないように感じてしまいますが、統計学的に見ると10回に1回は雨が降っているのだから、雨が降っても不思議ではないのです。

ちなみに、降水確率０％でも雨が降るのはどうしてでしょうか。

確率０％なのだから、本来雨が降るのはおかしいはずです。天気予報では以前、降水確率５％という数値がありました。しかし今では、過去のデータから５％未満のデータはすべて「降水確率０％」と表示されるようになり、実は０％でも降水確率５％の場合があるので雨が降ったりするのです。

このように過去のデータをもとにしながら、未来の天気の予測をするのが「天気予報」なのです。「天気予報」のような分析方法は、統計学の「推測統計」の考え方を応用したものです。

わざわざ「天気予報」の話を持ち出したのは、馬券の予想も天気予報の「推測統計」の考え方をうまく活用すればレース結果を予測することが可能になるからです。

私のオッズ馬券では、万馬券になった過去のデータだけを全レース結果から抽出し、それをサンプルデータとして検証をしました。つまり、全レースという「母集団」からサンプルデータという「標本」を選び出したのです。

そして【項目８】で紹介したような「オッズの壁」から浮上した穴馬候補などから馬券を購入すると、的中馬券をＧＥＴすることができるということに気づいたのです。

さらに検証を続けた結果、第７章で詳しく紹介しますが、「オッズの壁」以外にも「複勝６倍の壁」「突入＆移動馬」のルールをクリアしている馬が高配当馬券を演出していることがわかりました。

推測統計  **未来と予測**

↓

正しい情報を分析することは、高配当馬券をＧＥＴすることにつながります

統計学上で、ひとつ注意をしなければならない点があります。それは偏ったサンプルデータ（標本）からの分析と少ないサンプルデータ（標本）からの分析です。

ある開催の中山最終レースの結果が、すべて1枠が絡んでいたとしましょう。この結果から「中山最終レースは1枠が馬券になる」という結論を出してよいでしょうか。

答えはNOです。1開催の最終レースは開催によっての多少の増減はありますが8レース程度です。サンプルデータが8レース程度で攻略法の結論づけをするのは早計です。

【項目19】でも申し上げましたが、人間は直前の情報に左右される傾向があります。今回は中山最終レースの例を出しましたが、意外と多くの人たちが、**サンプル数の少ないデータに振り回される傾向**にあります。

統計学では、中途半端な標本の数では正しい全体像が見えてきません。馬券の世界でも同じです。数少ない「サンプル＝標本」では、的中馬券につながる未来像を予測することが難しいものです。

万馬券を的中させようと考えたとき、過去、馬連万馬券になったレースは正しいサンプル（標本）です。しかしいくら正しい「標本」とはいえ、標本数が少なければ当然偏った分析結果が生まれてしまうものなのです。

「オッズの壁」「複勝6倍の壁」「突入&移動馬」といった穴馬を見つけ出すルールは、過去の多くのサンプルデータから分析し、長い年月の検証をもとに生まれたルールです。

もちろん、9時半のオッズから穴レースを見つけ出す「競馬予報」の基本データも、数え切れないほどのデータから生まれました。

71 ベイズ統計はどのように馬券検討に活用できるか

「失敗は成功のもと」とはよくいったものです。人間は一度失敗をすると、次は失敗をしないためにはどうすればいいかと考えます。何事も過去の過ちを反省しない人はけっして進歩することはないでしょう。

統計学の「ベイズ統計」とは、どのような考え方の統計学なのでしょうか。

パソコンのメールソフトでは、自動的に迷惑メールを振り分けることができます。その技術は「ベイズ統計」の考え方を応用したものなのです。

過去のメールから「迷惑メール」と判断されたメールで共通する文言を選び出し、それに該当するメールが受信されると自動的に「迷惑メール」のフォルダに振り分けていきます。

しかし100%、迷惑メールを振り分けられるかといえば、そうでもありません。当然何通かは振り分けをかいくぐってしまいます。かいくぐった迷惑メールをさらに分析し、文言などの特徴を追加し、100%に近い迷惑メールの分類ができるように進化していくのです。

ネットショップで「オススメ商品」としてメールが届くのも、「ベイズ統計」の考え方を応用したものです。「男性のLサイズ」ばかりの商品を購入していた人には、けっしてレディスの商品はオススメしません。この顧客にレディスの商品を勧めても、購買につながる可能性が低いからです。

しかし突然、この人が「子ども服」を買い求めるようになったらどうでしょうか。今までの「男性のLサイズ」というデータベースに「子ども服」というデータが上乗せされ、「子ども服」もオススメ商品として案内されるようになっていきます。

馬券の世界でも「ベイズ統計」の考え方を意識すると、的中率が驚くほど上がるものです。

再三述べていますが、多くの競馬ファンは馬券を的中させたときのことは記憶に残っていますが、惜しいところで馬券を外してしまったときの記憶は残らないものです。

馬券の世界では、外れ馬券をつかんでしまったときは、失敗したときなのです。どうして失敗したのかを分析しておかないと、また同じような失敗を繰り返し、馬券を外してしまいます。

私はオッズ馬券で万馬券に絡む可能性が高いにも関わらず、穴馬候補が馬券に絡まなかったときにはどうしてなのか、常に考えるようにしています。その原因がわかれば、同じ失敗を繰り返さないからです。

単勝オッズが2倍を切るような馬が、馬群に沈んだときにはどのようなオッズだったのか、それも繰り返し分析した結果、【項目37】や【項目38】で紹介した1番人気が消えるパターンが見えてきたのです。

馬券を外してしまったとき、反省をしない人はけっして勝ち組に入ることができないと【項目25】で申し上げたのは、この「ベイズ統計」の考え方があったからなのです。

72 オッズ馬券はベイズ統計を応用したもの

「統計学はみそ汁の味見である」という有名な話があります。統計学の特徴を知るうえでわかりやすい例え話なので、ここで紹介しておきましょう。

多くの場合、みそ汁は鍋で作ります。みそ汁全体の味がどうなっているか調べるときにはどうするでしょうか。スプーン1杯でみそ汁をすくい、その味によって濃いか薄いか判断するものです。

統計学では、鍋に入っているみそ汁全体は「母集団」にあたります。スプーン1杯でみそ汁をすくうのですから、スプーン1杯のみそ汁が「標本」となります。

スプーン1杯程度の味見でも、鍋全体のみそ汁の味が濃いか薄いかを判断することは可能です。馬券の世界に、みそ汁の味見をたとえてみると、「なべに入ったみそ汁＝レース結果」「スプーン1杯のみそ汁＝過去のデータ」ということがいえます。

みそ汁がまだ溶け切っていない箇所をすくったスプーン1杯は、当然濃いと判断されます。しかしそれはイコールみそ汁全体が濃いことになるでしょうか。

答えはNOです。みそ汁が完全に溶けている箇所を調べなければ、鍋全体のみそ汁の味は調べることができません。

つまり、偏ったデータや役に立たないデータから結論を出してしまうと、間違った判断になることになります。間違った判断とはイコール、外れ馬券を買ってしまうことです。

しかし逆にいえば、しっかりとみそが溶けている箇所を調べることができれば、みそ汁の味を正しく判断することができます。

私が「競馬予報」が重要だと申し上げているのは、みそが完全に溶けている箇所をスプーンですくうことができるからです。万馬券以外のレースの傾向を検証しても意味がありません。

私の実践しているオッズ馬券は、統計学の考え方をもとにして完成しました。「記述統計」にもとづくサンプルデータを集め、「推測統計」の考え方を応用し未来を予測。そして修正する部分があれば「ベイズ統計」の考え方同様に新しいデータを加え、分析データをより正確なものとして確立しています。

馬券の世界では100%的中馬券を導き出すデータはないと考えています。「オッズの壁」を見つけ出したときにも、乖離差は最初1・5倍としていました。しかしより精度の高いデータにするために、乖離差1・8倍という数値に変更し、現在に至っています。

穴馬を見つけ出すためにひとつのルールを決定するまでには、最低でも2～3年分のデータを分析しています。そしてそのルールが未来の競馬に通用するかどうかを、実際のレースにおいて検証して決定してきました。

今まで何冊か著書を上辞してまいりましたが、今でも根底に流れているルールが色あせることなく通用し続けているのは、多くのサンプルデータをもとに検証した結果から見い出されたルールだからなのです。

第7章ではその中でも特に大切な、オッズによる高配当馬券をGETするための攻略法を紹介してあります。すべてが統計学の考え方を基本とした攻略法です。

73 券種別の期待値を理解することの大切さ

3連系の馬券の登場で、今では万馬券は毎日のように何度も飛び出すようになりました。100円が簡単に10万円を超える払い戻しになることも珍しくありません。一攫千金を求めるファンが多いせいもあり、3連系の馬券がすべての馬券の式別の中で人気になっています。

大きな配当が期待できるからとはいえ、しっかりとした根拠なくして、適当に馬を選んでいては、3連系の馬券を的中させることは難しいものです。

現在JRAで発売されている馬券を比較すると、いかに3連系の馬券を的中させるのが難しいかがわかります。

18頭立ての場合を考えてみましょう。

単勝・複勝は18通りです。枠連は8枠制ですからゾロ目も含めて36通りです。馬連が153通り、馬単は306通りです。

それに対し3連複は816通り、3連単はなんと4896通りにもなります。

3連単馬券は無投票、すなわち100円も売れていない馬券が存在しています。総売上が少ないレースや早い時間帯のオッズなら納得できますが、日本ダービーのようなお祭りの日にも無投票のレースが存在しているのです。

2021年5月30日、日本ダービーが行なわれた当日も、東京競馬の1Rから5Rまで、無投票の組み合わせの3連単馬券が存在しています。

無投票の組み合わせで決着すれば、それは特払い制度で投資金額の7割は戻ってきます。もし1票の組み合わせが的中目になれば、数千万を超える配当にもなります。

ダービーデーの5月30日の5Rでは、3連単馬券の売り上げは2億928万1500円でした。このレースでは無投票の組み合わせはもちろん、1票しか売れていない組み合わせも2通り存在しており、この組み合わせが的中目になると約1億5000万円にもなるのです。

このように3連系の馬券は的中すると億を手にする可能性もある、爆発力満点の馬券ですが、その一方で馬券の組み合わせも多く存在し、一筋縄ではいかない馬券であることも理解しておく必要があるのです。

【項目64】でもふれましたが、私は3連系の馬券では3連複馬券を狙うほうが効率がよいと考えています。

それは3連複馬券と3連単馬券との控除率の違いがある点も理由のひとつです。3連複馬券の控除率は25%（払戻率75%）、3連単馬券の控除率は27・5%（払戻率72・5%）で、その

◆JRAで発売されている馬券の払戻率

単勝	複勝	枠連	馬連	ワイド	馬単	3連複	3連単	WIN 5
80%	80%	77.5%	77.5%	77.5%	75%	75%	72.5%	70%

差は０・25％あります。こうなると、１０００円に対する払戻金に該当する金額は３連複７５０円、３連単は７２５円と25円の開きがあります。

この差をどう捉えるかですが、高配当馬券にもなると、この差はバカになりません。

オッズ馬券は、「競馬予報」から穴レースを選び出し、さらにルールに基づいて穴馬を浮上させることにより、このように一筋縄ではいかない３連系の的中馬券を効率よく釣り上げることができる優れた攻略法なのです。

74 過去10年のレース結果はアテにはならない

競馬情報番組や新聞雑誌などで、過去10年間のレース結果からデータを出しているものをよく見かけます。このデータは統計学的に、どの程度信用できるデータなのでしょうか。

これを検証する前に、ひとつ極端な例を出してみましょう。

Aという馬の成績を調べてみると前走が1着、２走前が1着、３走前が1着となっていました。つまり3連勝中のA馬が今回も、1着になる可能性が高いという結論を出すのは正しいでしょうか。

確かにAが3連勝の勢いで4連勝をする可能性がゼロではありません。しかしたった3つのレースの成績だけで「今回も1着になる」という結論を出すのは間違いではないでしょうか。

さすがに多くの競馬ファンはこのような検討方法はしていないと思います。ここでわざと極端な例を出したのは、**統計データが少ないと正確な結論、すなわち的中馬券にたどり着かない**ということを申し上げたかったからです。

この場合のデータは「3つのレースの前走の着順」だけです。これだけでは正確な結論を導く出すことはできません。1着でも、そのレースは未勝利戦なのか、特別競走なのか、さらには相手関係や馬場状態などが入っていません。「1着」という着順の数字しかわかっていないのです。1着になった理由こそが、馬券検討には必要なデータとなるのです。

さて「過去10年間のデータ」です。このデータも「前走の着順」と同じように、馬券検討をするうえではデータが不十分であると考えています。

「前走は○○レースをステップレースとして走った馬が8割連対している」「条件戦から挑戦した馬の連対はない」「牝馬は一度も勝ってはいない」などというようなデータを「過去10年間のデータ」からひもといて、さもこの条件にあてはまらない馬は馬券になることはないという結論を決めつけてしまうのは、非常に危険な検討方法なのです。

「過去10年間のデータ」は参考程度のデータとして活用するには問題ありません。しかし馬券に絡む馬を見つけ出す最終結論としては適当ではありません。統計学的な見地からいえばサンプルデータがあまりに少ないからです。

75 同日に何勝もする騎手のデータは参考になる

【項目74】では、過去10年程度のレース結果のデータは統計的にはあまり参考にならないという個人的な考え方を示しましたが、一日の騎乗で何勝もしているジョッキーの場合はどうでしょうか。

過去10年のレース結果より少ないサンプルデータのように感じますが、私はこの場合に限っては統計データから、乗れてる騎手、すなわち馬券に絡む可能性のある騎手として注意する必要があると考えています。

理由は単純です。

勝利し続けている騎手というのは、その日の馬場状態や心理的な状態など、過去のデータでは計り知れないような情報を身体で会得しているため、いつも以上に好成績を残しているからです。お目当てのレースまでに、何度も馬券に絡んでいたジョッキーがいたとしたら、その騎手が乗る馬には注意しなければなりません。

もし、そのレースを別な馬から馬券を組み立てようとする際には、相手馬として1頭入れておくとよいでしょう。

統計学の考え方では、直近の数少ないデータはあまり気にする必要はありませんが、好調騎手の場合だけは逆らう必要はないと考えています。好調騎手が人気のない馬に乗っているとき、自分の狙った馬からの相手馬に選択することにより、高配当馬券をＧＥＴできることもあります。

ここで注意しなければならない点があります。一日に何度も馬券に絡んだからといって、翌日も追いかけてはいけません。その日限りと考えたほうがいいでしょう。馬場状態や騎手自身の心理状態や感覚も、翌日になれば変化する可能性があるからです。

騎手のコース別の得手不得手などは、たった一日だけのデータで結論を出せるものではありません。多くのサンプルデータをもとにして分析しないと、その傾向がつかめないものです。しかし**好調騎手だけは、数少ないデータでも特別信用していいデータ**であると考えています。

76 オッズの数値には、すでに様々なデータが含まれている！

データは、あればいいというわけではありません。膨大なデータがあっても、使いこなせなければ何の役にも立たないのです。

私が実践しているオッズ馬券では、絶対に曲げることのできないルールがあります。それは「競馬予報」でレースの性格を見極めることなくレースの検討は絶対にしないということです。

いきなりどの馬が勝つか、穴馬になるとしたらどの馬かなどという検討方法はしません。レースは波乱になると判断されれば穴馬を見つける、レースは本命サイドになると思えば上位ランクの馬に注目するといった具合です。

第7章で詳しく説明しますが、「競馬予報」で「大穴型レース」と判定が下されたときには3つのデータを調べることにしています。

「オッズの壁」「突入&移動馬」「複勝6倍の壁」の3つです。この3つのデータをクリアしている馬がいるかどうかをチェックしています。

そこで浮上した穴馬がいれば、あとは【項目56】で紹介した、10時半のデータから機械的に3連複のフォーメーションなどを組み立てていくだけです。

オッズ馬券においては、持ちタイムも前走の成績、血統などはまったく関係ありません。オッズというデータは、競馬ファンが検討に検討を重ねた結果、自らのお金を投じて買った馬券の結果だからです。

その中にはすでに持ちタイムや前走の成績、血統のデータは入っています。オッズというデータを使うのであれば、すでに取り込み済みのデータをわざわざ追加で調べる必要はないと考えています。

オッズで馬券を検討していない頃の私の馬券の検討方法は、当然、持ちタイムや前走の成績などのデータを使

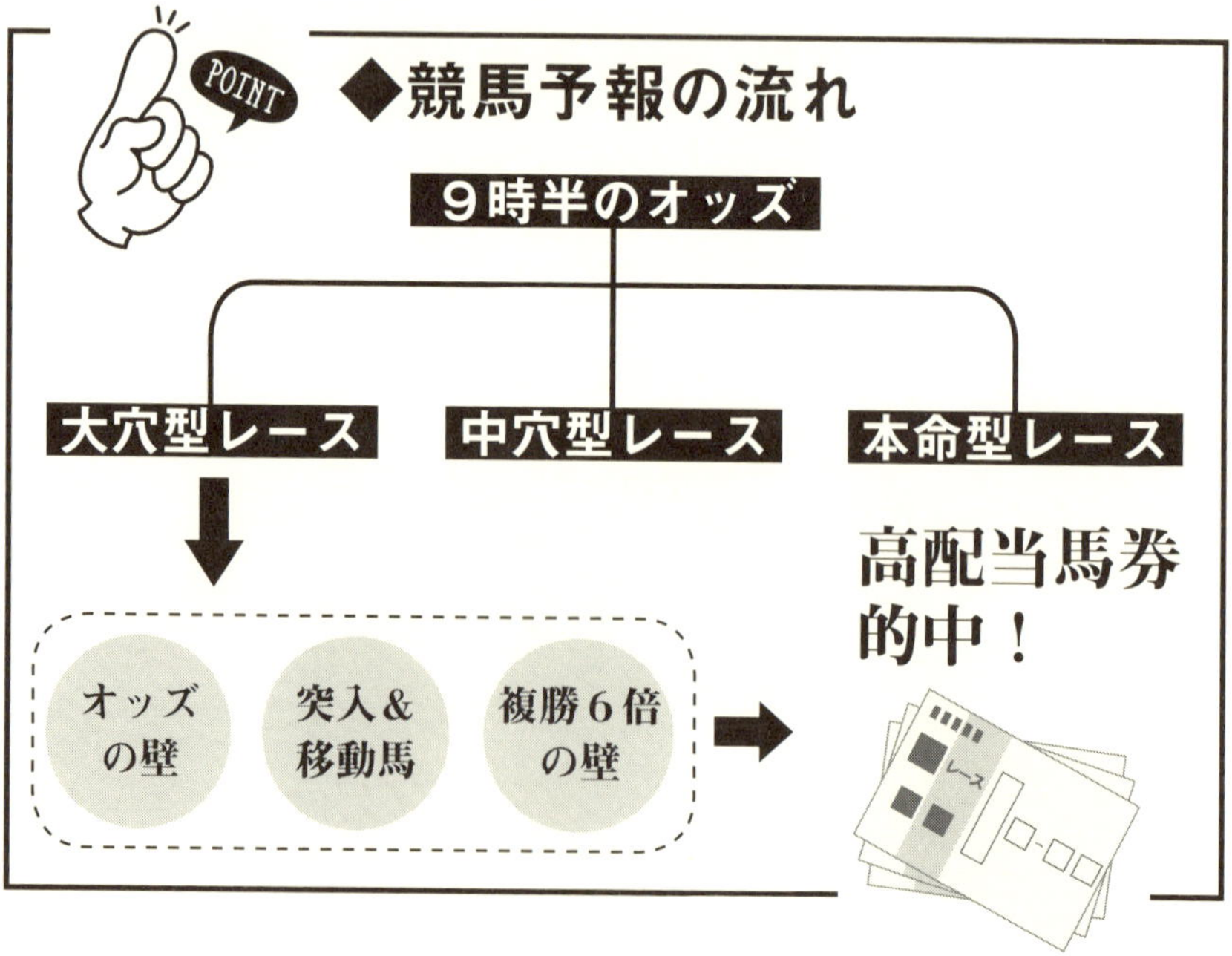

っていました。しかしオッズをデータとして使うようになってからは必要なくなったのです。

77 大万馬券になったレースは統計学上では「外《はず》れ値《ち》」

2021年3月14日のWIN5では5億5444万6060円という約5・5億円の配当が出ました。これはJRAの馬券では最高配当です。

3連単馬券での最高配当は2012年8月4日、新潟5Rで飛び出した2983万2950円です。すると100円が5・5億円になった、100円が約3千万円になったというようなニュースが報道されることになります。

馬連馬券が発売されまだ間もない頃、1992年7月12日の福島5Rでは、馬連24万円馬券が飛び出しました。翌日のスポーツ報知の1面では「1000円が3分間で240万円に化けた」という見出しが躍っていたものです。その後の3連単馬券の登場で、今では24万円馬券といってもあまり驚かれませんが、当時としては非常に衝撃的な配当であったことを今でもハッキリ覚えています。

馬券は性質上、的中している票数が少ないから高額配当になるのです。WIN5最高配当の5・5億円馬券の的中者はたったひとりです。3連単の3000万円馬券の的中者もひとりです（このレースは2、3着が同着となり、もうひとつの的中目は2票で、配当は1491万6520円）。

福島競馬で飛び出した馬連24万円の1062票ならまだ自分にもチャンスがありそうですが、1票しか売れていない馬券を狙い続けるのはあまり効率的ではありません。もし2票的中者がいたら、5・5億円馬券は2・75億円に、3000万円馬券は1500万円というように、大きく変化してしまいます。

WIN5で億を超える配当や、3連単馬券で1000万円を超えるような高額配当を目にすると、いつかは自分も的中できるのではないか……という心理が働いて冷静な判断ができなくなり、やみくもに人気薄の馬ばかり選んで馬券を組み立ててしまうことになってしまいます。

統計学において「**外れ値**（はずれち）」という言葉があります。これはある統計において、著しく他のデータより数値が異なる値のことを指します。

馬券の世界において、億を超えるWIN5や3連単1000万円馬券は、この「外れ値」であると考えることが重要なのではないでしょうか。大きな配当を意識するがために、レースそのものの本質を見抜けなくなってしまうからです。

つまり自分のデータでは手が届かないような超高額配当金が飛び出したレースは、統計学の「外れ値」であると私は考え、レース結果の内容は無視するようにしています。

2019年のダービーでは単勝12番人気のロジャーバローズが勝ちました。この12番人気が1着というデータを重視し、これからのダービーの検証データの項目のひとつに「単勝10番人気以降の馬も注意」と入れるのは得策でしょうか。

単勝12番人気というのは単なる人気です。本質を見抜くのであれば、単勝12番人気というデータではなく、どうしてその馬が勝利したのか、そのローテーションなどを重視すべきだと思います。

●2019年５月26日東京11Ｒ日本ダービー（３歳ＧⅠ、芝2400m）

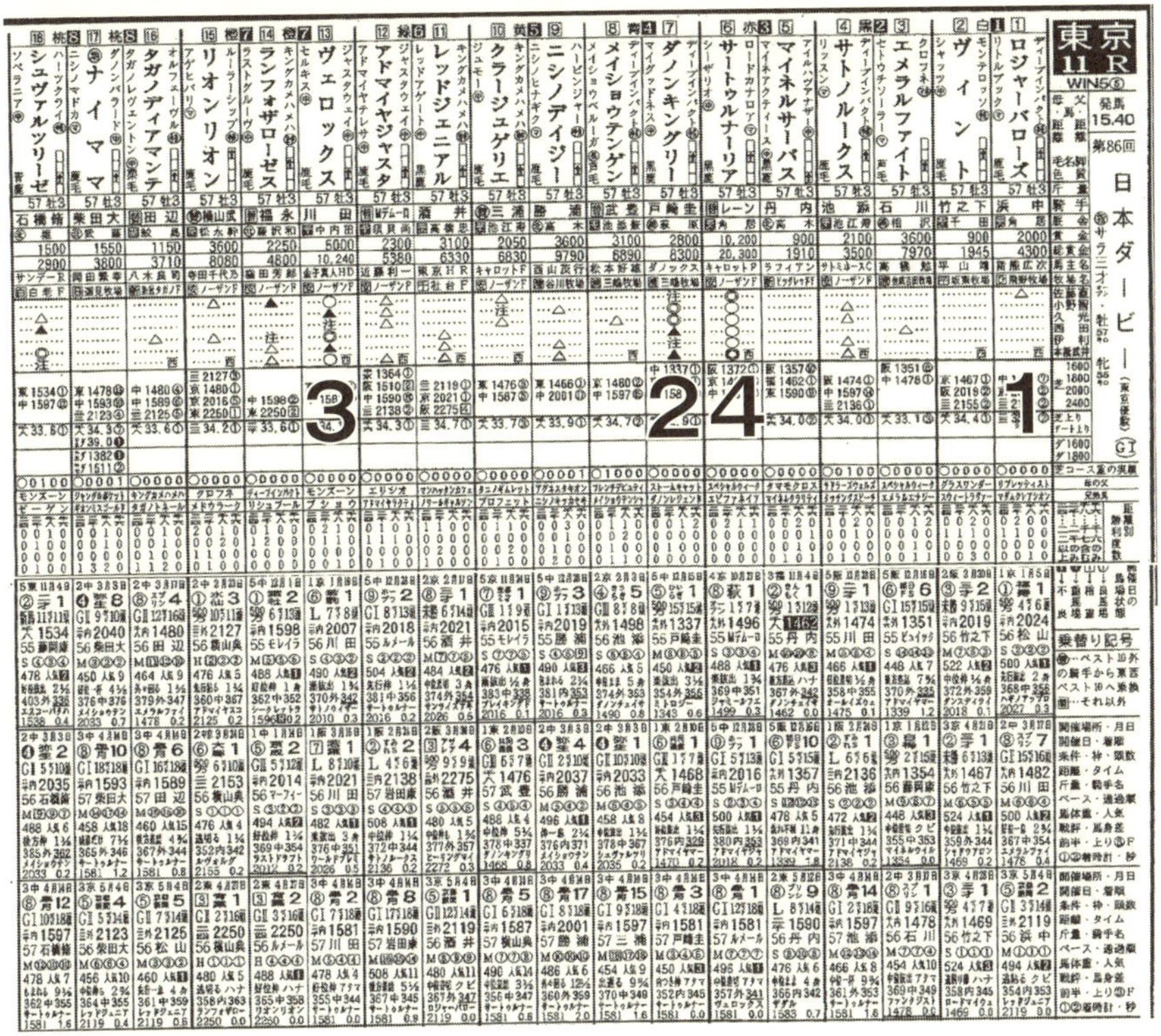

１着①ロジャーバローズ　（12番人気）

２着⑦ダノンキングリー　（３番人気）

３着⑬ヴェロックス　（２番人気）

・・・・・・・・・・・・・・・・・・・

４着⑥サートゥルナーリア（１番人気1.6倍）※危険な人気馬

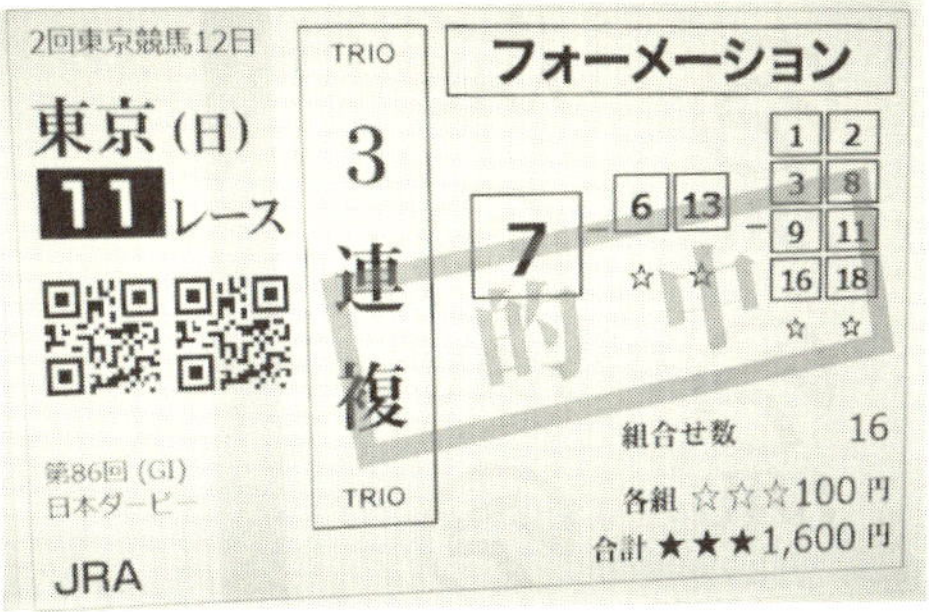

３連複①⑦⑬12,050円

つまり12番人気という数値は「外れ値」であると考えており、今後のダービーを検証するデータの中ではそれほど重要ではないと思っています。

私はこのレースは3番人気のダノンキングリーを軸馬とし、下位ランクへ流し、3連複1万2050円を的中させました。ダノンキングリーを軸にした理由は、【項目49】で紹介したように、超1番人気のサートゥルナーリアが危険な1番人気と判断されたからです（3連複の人気順のオッズでサートゥルナーリア以外の組み合わせのオッズが55倍……【項目38参照】）。

78 データの少ない新馬戦は難しいレース

【項目74】では、統計学の考え方からすれば、過去10年のレース結果はデータのサンプル数が少なく、レースの傾向をつかむうえでの参考にはなるが、オッズ馬券のデータとしては不十分であると申し上げました。

同様な考え方で、**オッズ馬券では新馬戦は購入しない**ことにしています。新馬戦とは血統や直前の調教程度しか検討材料がありません。材料の少ないデータをもとに馬券が購入されているのです。すなわち新馬戦のオッズには、検討までに至るデータがあまり含まれていないのです。

さらに、新馬戦は馬主や関係者の応援を込めた馬券も含まれる傾向にあります。〝応援馬券〟と呼ばれるものです。応援馬券のような不確定要素が含まれているのが、新馬戦のオッズなのです。

新馬戦はこれからクラシックレースを賑わすような馬がいると思えば、残念ながら1勝も挙げることもできずに引退をしてしまう馬が一緒に走るレースです。こんな玉石混交の不確定要素が多く含まれたレースでは何が起きるかわかりません。

オッズにより穴型レースの判定を下されても、もともとのデータに不確定要素が含まれているのですから、全面的に信用するわけにはいきません。つまり、新馬戦はオッズ馬券では「見るレース」なのです。同じような考え方で、障害レースもオッズ馬券では「見るレース」として馬券は買いません。障害レースはレース展開において「落馬」が伴うからです。つまりレースそのものに不確定要素が含まれているからです。

オッズ馬券では過去のデータから穴型レースとして判定され、**浮上した穴馬が馬券に絡む傾向が高いのは「1勝クラス」「2勝クラス」**であると思っています。

競馬の必勝法のルーツは文豪・菊池寛といわれています

現在では様々な競馬必勝法が存在していますが、競馬必勝法っていつ頃から存在していたのでしょうか。現存しているデータをひも解いてみると、文豪・菊池寛であったという記録があります。

菊池寛は馬主でも有名です。彼は日本で初めて「血統」「馬格」「成績」を予想の検討材料に採用したといいます。時代はまだ東京競馬場が完成していない、昭和初期頃の話ですから驚きです。今では競馬新聞から検討するオーソドックスな予想方法ですが、当時として画期的な手法に映ったのかもしれません。

1954（昭和29）年に日本中央競馬会が発足したのを契機に、競馬の世界は多くの人々に注目を浴びる存在になりました。戦後、予想の世界で大きな影響を与えたのは、なんといっても「競馬の神様」と呼ばれた、大川慶次郎氏の存在でしょう。今までの予想の概念に「展開」という要素を初めて取り入れたのです。

その後、パドックや返し馬など、競馬場での馬の調子も馬券検討に浸透するようになり、出目理論や世相馬券などの登場となったのです。オッズを使った馬券術が登場するのも昭和末期の頃の話です。

投資の世界では有名なバフェットの名言の中に「大衆が熱狂しているときには冷静に、パニックになったときには大胆に行動をせよ」というものがあります。「人の行く裏に道あり花の山」という相場の名言に通じるものです。

馬券は、人が注目しない馬に投票し的中させると配当が高くなるようになっています。これは、どの馬券術にも共通してることではないでしょうか。

第6章

経済学

競馬の姿を見つめ直す重点項目

79 単勝2倍未満の馬が出走するレースはパス！

単勝オッズが2倍未満の馬が出走しているレースは基本的に見送り、というスタンスをとるのが賢明です。基本的と申し上げたのは、単勝2倍未満の馬が馬券に絡む可能性があるかを検証した結果、馬券に絡むと判断されたレースを差しています。

単勝オッズが2倍未満ということは、間違いなく馬券はその馬から売れています。その馬が馬券に絡めば配当は低くなります。反対に、その馬が馬券に絡むことなく馬群に沈むと、馬券の配当は高くなります。

私は単勝2倍未満の馬が出走するレースでは、【項目37】や【項目38】のルールに該当しない限りは、そのレースは見送ることにしています。

レースは何が起こるかわかりません。単勝2倍を切る馬がレースに出走し、【項目37】や【項目38】のルールに該当せず、馬券に絡む可能性の高い馬と判定されても、レース展開やスタートの出遅れ、競走中止や落馬など何が起こるかわからないのが競馬です。

たとえ単勝2倍未満の馬が馬券に絡んでも、大穴型レースのような高配当馬券は、下位ランクの馬が馬券に絡まない限り期待できません。

つまり、**単勝2倍未満の馬から馬券を組み立てたのでは効率が悪い**ということになります。長期的に回収率を上げようと考えたときには、効率の悪いレースには手を出さないようにするのが賢明です。

単勝2倍未満の馬を2、3着に固定する3連単や単勝2倍未満の馬を馬券対象から外さない限り、馬券で儲けることが難しいものです。

わざわざ単勝2倍未満の馬が出走するレースに手を出さなくても、高配当馬券を狙えるレースは他にあります。危険な1番人気と判断されない限り、単勝2倍未満の馬が出走しているレースは見送るのが正しい判断だと考えています。

80 WIN5は〝WIN4〟になるときにチャレンジせよ！

WIN5とはご存知の通り、JRAが指定した5つのレースの単勝馬券をすべて的中させる馬券です。10番人気以降の人気薄の馬がたった1レースに1着するだけでも、軽く100万円を超えるような高配当を狙えるという、穴党にとってはうれしい馬券ですが、各レースの予想点数を絞りこまないと、全体の購入点数がものすごく多くなってしまうという弱点があります。

WIN5の購入点数は、どうしたら絞ることができるでしょうか。

それはWIN5を〝WIN4〟か〝WIN3〟にしてしまえばいいのです。

オッズ馬券には「競馬予報」という強力な武器があります。「競馬予報」は大穴型レースを見つけたり、単勝オッズが2倍を切るような1番人気の信頼度を測ることができます。それを逆手に取ればいいのです。

【項目37】や【項目38】のルールから該当しない、信頼できる人気馬がWIN5に出走していたらどうでしょうか。すなわちコンピ指数1位のポイントが90か88の馬が単勝1・5倍、複勝1・2倍、また3連複の人気順でも80倍台まですべてその馬が絡んでいたら、１着になる可能性があることになります。このような馬がいるときだけ、ＷＩＮ５に挑戦すればいいのです。

信頼できる１番人気が出走していたレースがあれば、残り４つのレースを検討すればＯＫです。すなわちＷＩＮ５はＷＩＮ４になるわけです。もし信頼できる馬が２頭、すなわち２レースに渡って存在していたとすると、ＷＩＮ５はＷＩＮ３になる計算です。

またＷＩＮ５は高額配当が飛び出しているイメージがありますが、２０２１年１月５日から10月24日まで45回実施され、１０００万円を超えている回は14回で、３回に２回は１０００万円未満の配当です。１００万円台以下に限れば17回と約37％、つまり５回に２回程度はそれほど高い配当で決着していません。

ひとつの指針ですが、私はＷＩＮ５を購入するときには、**購入した馬の人気の合計が12～18程度**になるようにしています。このような買い方をすることにより、５回に２回程度出現する１００万円台以下のＷＩＮ５を狙い撃ちするのです。

購入点数ですが、３×３×２×２×１の36点か２×２×２×３×１の24点をひとつの目安にしています。

下記の的中結果は、１×２×３×２×２の24点で38万４５８０円馬券を

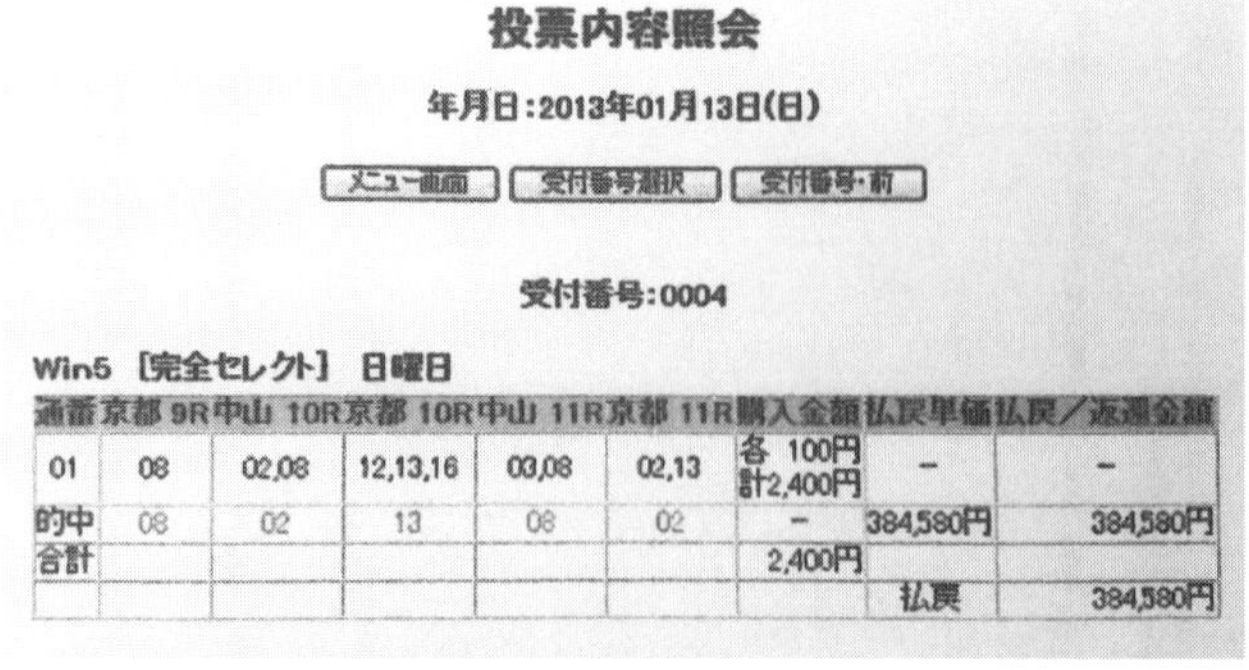

投票内容照会

年月日：2013年01月13日(日)

メニュー画面　受付番号選択　受付番号・前

受付番号：0004

Win5 ［完全セレクト］ 日曜日

通番	京都 9R	中山 10R	京都 10R	中山 11R	京都 11R	購入金額	払戻単価	払戻／返還金額
01	08	02,08	12,13,16	03,08	02,13	各 100円 計2,400円	－	－
的中	08	02	13	08	02	－	384,580円	384,580円
合計						2,400円		
							払戻	384,580円

仕留めたものです。最後の京都11Rの②番が10番人気以外は、京都9R＝⑧番（1番人気）、中山10R＝②番（2番人気）、京都10R＝⑬番（1番人気）、中山11R＝⑧番（1番人気）での決着です。合計の人気は1＋2＋1＋1＋10で15人気でした。

81 本命馬券ばかりを狙い続けると回収率は上がらない

人気馬イコール強い馬ではありませんが、データを見ると人気の高い馬のほうが勝率が高いのは事実です。人気馬ばかり買い続ければ、確かに的中率は上がるかもしれません。しかし回収率はどうでしょうか。100％を超えることは難しいものです。

「馬券で儲ける極意は、複勝1・1倍から1・2倍の馬券に100万円をかければOK。簡単に10万円から20万円儲けることができる」などといっている人がいましたが、本命馬券に多額の金額を賭けるのはリスクが高いものです。

単勝オッズ1・5倍程度の馬が3着までに絡む確率は高いものの、競馬に絶対はありません。いとも簡単に馬群に沈んでしまうシーンを何度も見たことがあります。

100万円もの大金を失ったらどうでしょうか？　複勝1・1倍の馬券でしたら10回連続で的中させなければなりません。それでもまだ回収率は100％そこそこです。

ほとんどのレースでは、1～3着は1～3番人気の馬で決着していません。しかし、ほとんどの人は1

〜3番人気から馬券を組み立てます。これでは的中率は上がるものの、回収率は上がらないものだと思っています。

馬券で勝ち組、すなわち回収率100％を超えるには、穴馬券をしっかりと狙い撃ちしなければならないと考えています。高配当馬券だけを常に狙っていなければ、馬券で勝利するのは難しいのです。

しかし、高配当馬券は適当に買っていたらGETできるものではありません。ですから「競馬予報」が重要になってくるのです。何度も申し上げてきましたが、波乱になる可能性が低いレースには手を出さないことです。

9時半のオッズから波乱になる可能性のあるレースだけを検証し、判定をクリアしたレースのみの馬券を買い続ければ、必ず回収率は上がるはずです。

「高配当になるレースで高配当馬券を買う」……こんな単純なことを繰り返すだけでいいのです。それには「9時半のオッズ」と「競馬予報」が重要なのです。

82 一番売れている券種は3連系の馬券であるという事実！

ＪＲＡでは現在、単勝、複勝、枠連、ワイド、馬連、馬単、3連複、3連単の8種類の馬券を発売しています（他にＷＩＮ5）。その中で一番支持されている券種は3連複と3連単、すなわち3連系の馬券であると申し上げました。

２０２１年の日本ダービーの売り上げを見てみましょう。総売り上げは約２５０億円です。その中で３連複は約55億円、３連単は約94億円と、約１５０億円もの馬券、約６割が３連系の馬券なのです。

馬券で回収率をアップさせるのは、【項目81】でも申し上げた通り、いかに高配当馬券を的中させることができるかです。

的中率と回収率は比例しません。低配当馬券を連続的中させていれば、確かに的中率はアップします。ただし大きな金額を賭け、失敗するとその投資金額を回収するには時間がかかります。しかし高配当馬券を狙い続けていれば、たとえ的中率が10～20％程度でも回収率をアップさせることが可能です。

私がオッズ馬券の研究を本格的に始めた１９９７（平成９）年は、まだ３連系の馬券は発売されてなく馬連で万馬券を狙っていましたが、３連系馬券の登場で馬券の買い方はガラリと変化しました。

馬連の時代では2着まで入る可能性のある馬を探さなければなりません。しかし３連系の馬券なら、３着までに入る可能性のある馬でＯＫになったのです。しかも上位ランクの馬をうまく組み合わせることができれば、高額配当を次々とＧＥＴすることができます。

特に注目したのが３連複馬券でした。オッズ馬券ではしっかりとしたルールから３着までに絡む可能性の高い穴馬を見つけ出すことができます。

３連単馬券が登場した当時は穴馬を2、3着にし、１００万円馬券を平気で狙う方策を考えたものですが、１レースにかかる点数が膨大になってしまいます。つまり３連単馬券を買い続けるにはかなりの点数と投資金が必要になってしまうのです。しかも３連単の配当は、人気薄の馬が1着しない限り、３連複の配当の6倍を超えていません。

このような理由から、1着馬を狙い撃ちできないレース以外は、3連複馬券を中心に馬券を組み立てるようになったのです。

83 3連単馬券は1着が固定できた場合のみ効果が出る!

私が実践しているオッズ馬券では、基本は3連複馬券となりますが、単勝2倍を切るような馬が危険な1番人気であると判断されたときは、3連単馬券で攻めることがあります。【項目37】や【項目38】のようなチェックから危険と判断される以外にも、超1番人気馬のオッズの流れに注目しています。

しっかりとした超1番人気、すなわち1着になる可能性の高い人気馬のオッズは左のAパターンのように、時間の経過とともに、単勝や複勝がゆっくりと売れていくものです。

しかし、BやCパターンのように**売れたり売れなかったりする時間帯がある馬は、危険なシグナルが灯っているケースが多い**ものです。特にGIレースのような大きなレースで、BやCパターンのような動きをしている馬には要注意です。

2017年の宝塚記念でのキタサンブラックがBパターンのような動きをしており、最終オッズで単勝1.4倍、複勝1.1倍にも関わらず、9着と馬群に沈んでしまいました。1着から3着は3番人気→5番人気→2番人気にも関わらず、3連単⑪→②→⑧は7万420円の高配当です（馬柱・馬券はP168）。

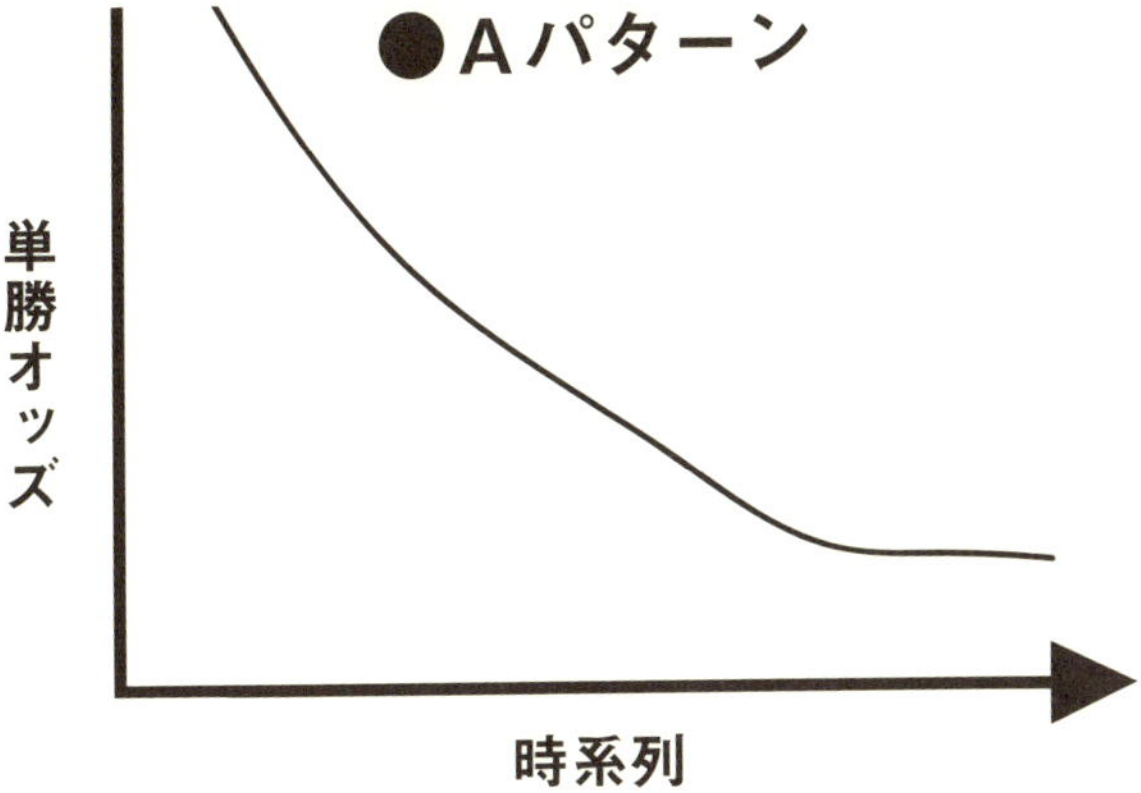

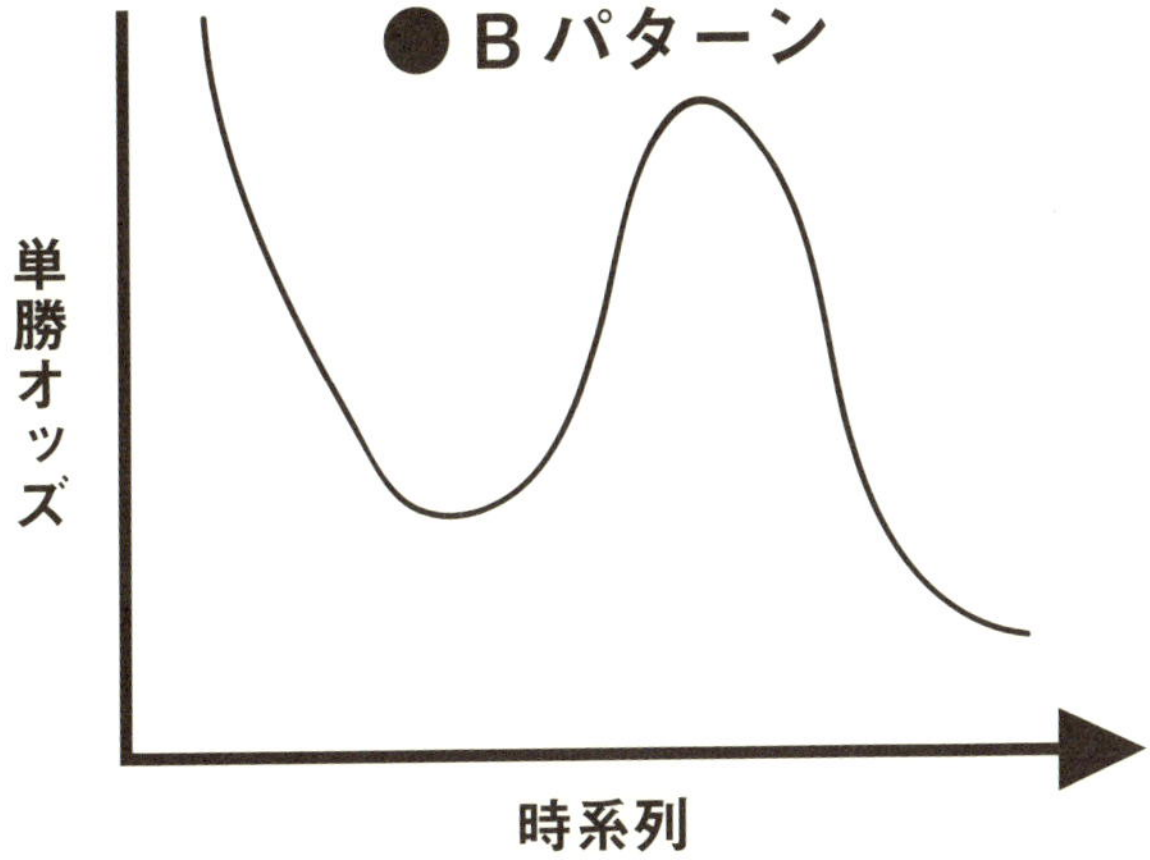

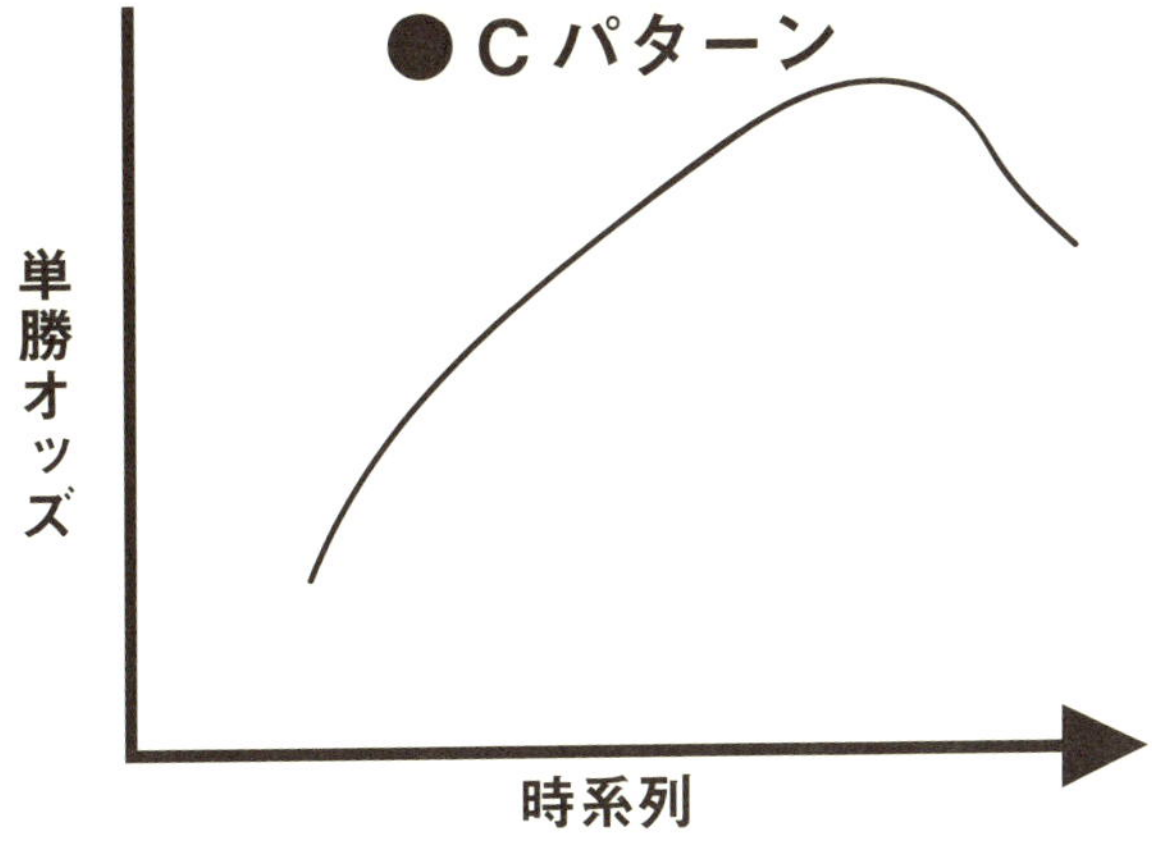

２０２１年の日本ダービーも超１番人気の①エフフォーリアは、単勝や複勝オッズがＢパターンのよう動きをしており、馬連ランク３位の⑩シャフリヤールに白羽の矢を立て、⑩番を１着に固定した馬券を組み立てました。レース結果はエフフォーリアはハナ差でシャフリヤールにかわされ２着。３着に⑪ステラヴェローチェが入り、３連単⑩→①→⑪は５万８９８０円という結果でした（馬柱・馬券はＰ１６９）。

もうひとつハッキリとした例を出してみましょう。２０１９年のオークスです。

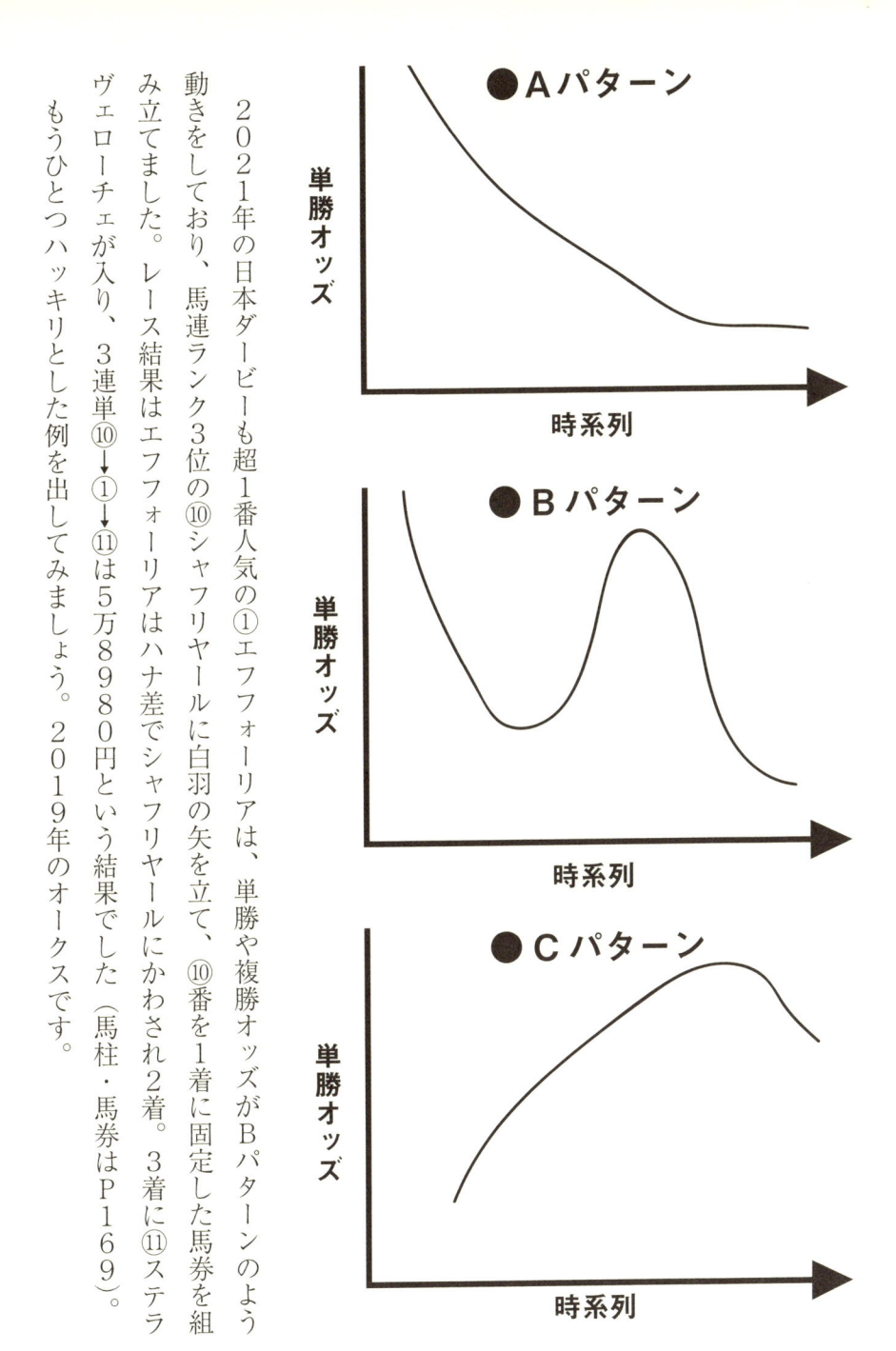

●2017年６月25日阪神11Ｒ宝塚記念（ＧⅠ、芝2200m）

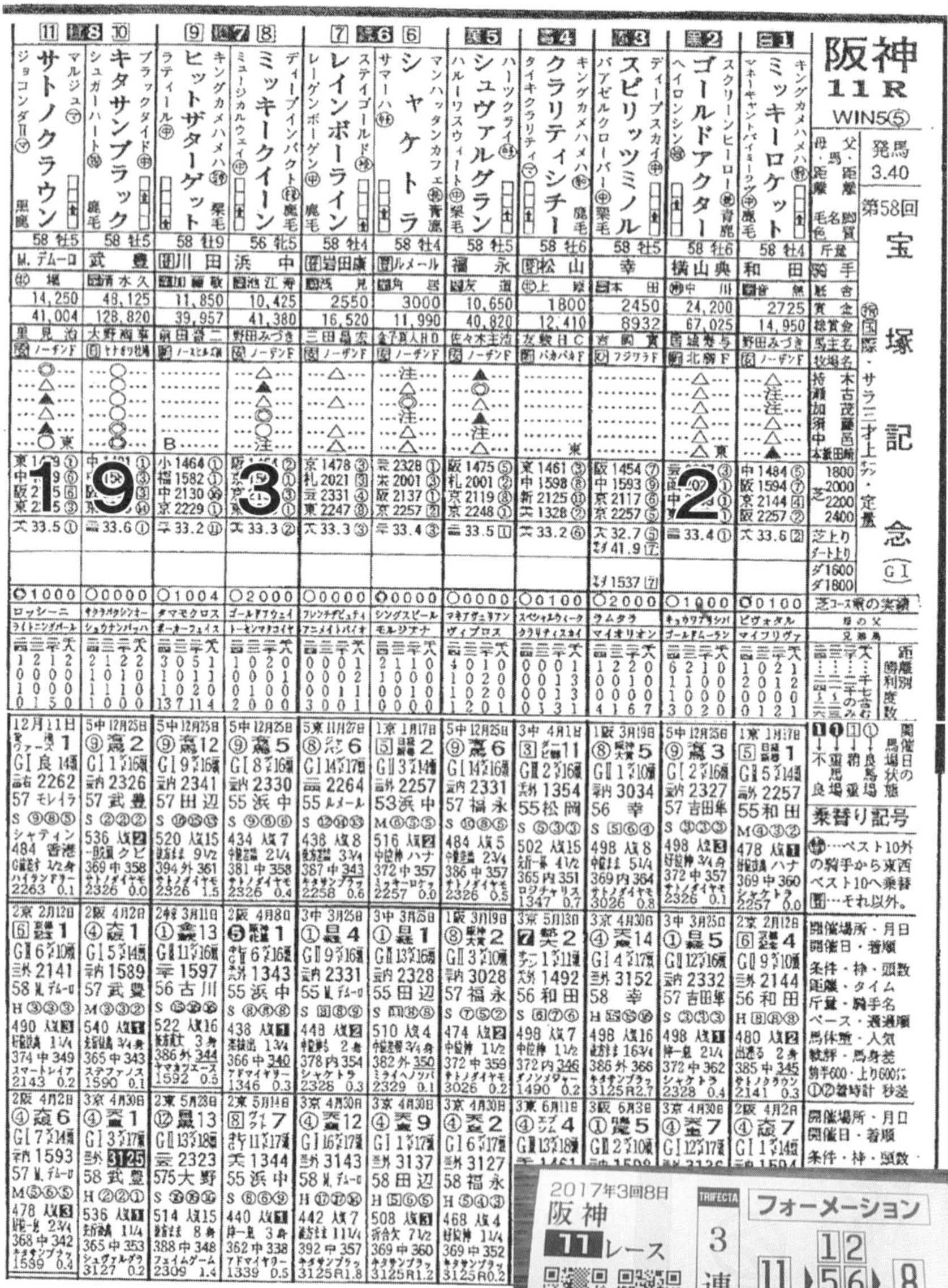

阪神 11Ｒ WIN5⑤ 発馬 3.40 第58回 宝塚記念（GⅠ） 国際・サラ三才上・オープン・定量

馬番	馬名	父	母	性齢	斤量	騎手
1	ミッキーロケット	キングカメハメハ	マネーキャントバイミーラヴ	牡4	58	和田
2	ゴールドアクター	スクリーンヒーロー	ヘイロンシン	牡6	58	横山典
3	スピリッツミノル	ディープスカイ	バアゼルクローバー	牡5	58	幸
4	クラリティシチー	キングカメハメハ	タイキクラリティ	牡6	58	松山
5	シュヴァルグラン	ハーツクライ	ハルーワスウィート	牡5	58	福永
6	シャケトラ	マンハッタンカフェ	サマーハ	牡4	58	ルメール
7	レインボーライン	ステイゴールド	レーゲンボーゲン	牡4	58	岩田康
8	ミッキークイーン	ディープインパクト	ミュージカルウェイ	牝5	56	浜中
9	ヒットザターゲット	キングカメハメハ	ラティール	牡9	58	川田
10	キタサンブラック	ブラックタイド	シュガーハート	牡5	58	武豊
11	サトノクラウン	マルジュ	ジョコンダII	牡5	58	M.デムーロ

1着⑪サトノクラウン　（３番人気）

2着②ゴールドアクター　（５番人気）

3着⑧ミッキークイーン　（４番人気）

・・・・・・・・・・・・・・・・

9着⑩キタサンブラック　（１番人気）

※危険な超１番人気馬＝単勝 1.4 倍

３連単70,420円

●2021年５月30日東京11Ｒ日本ダービー（３歳ＧⅠ、芝2400m）

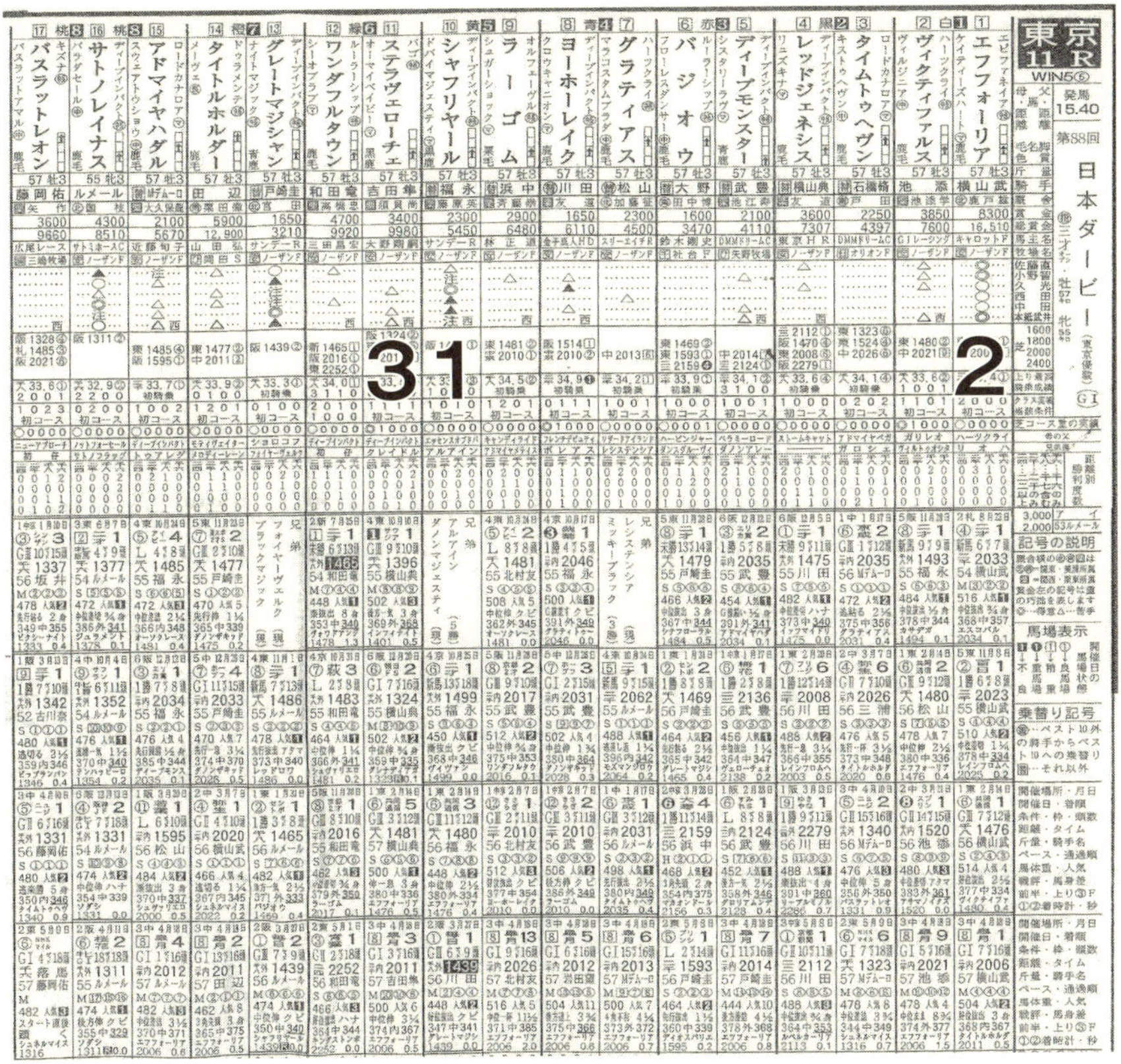

１着⑩シャフリヤール　　　（４番人気）

２着①エフフォーリア　　　（１番人気）

※危険な超１番人気馬＝単勝 1.7 倍

３着⑪ステラヴェローチェ（９番人気）

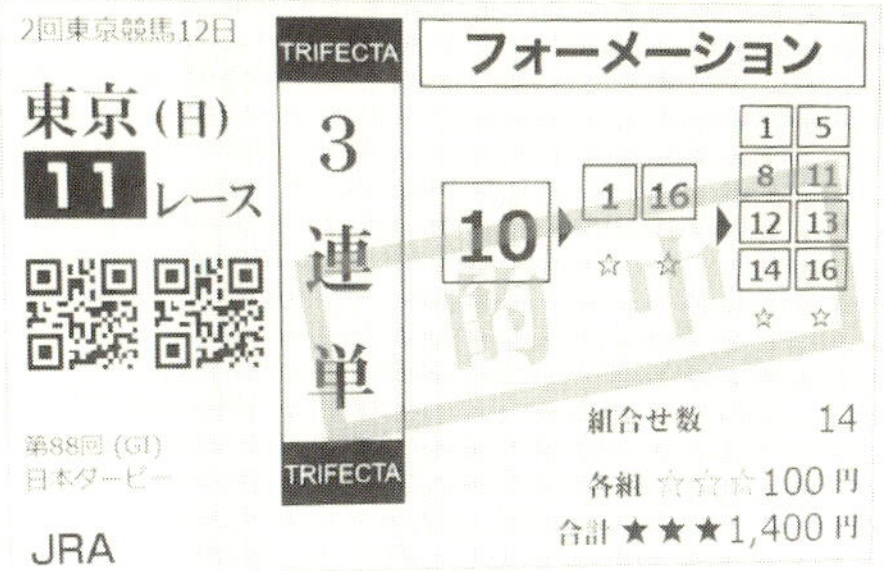

３連単58,980円

●2019年5月19日東京11Rオークス（3歳牝馬GⅠ、芝2400m）

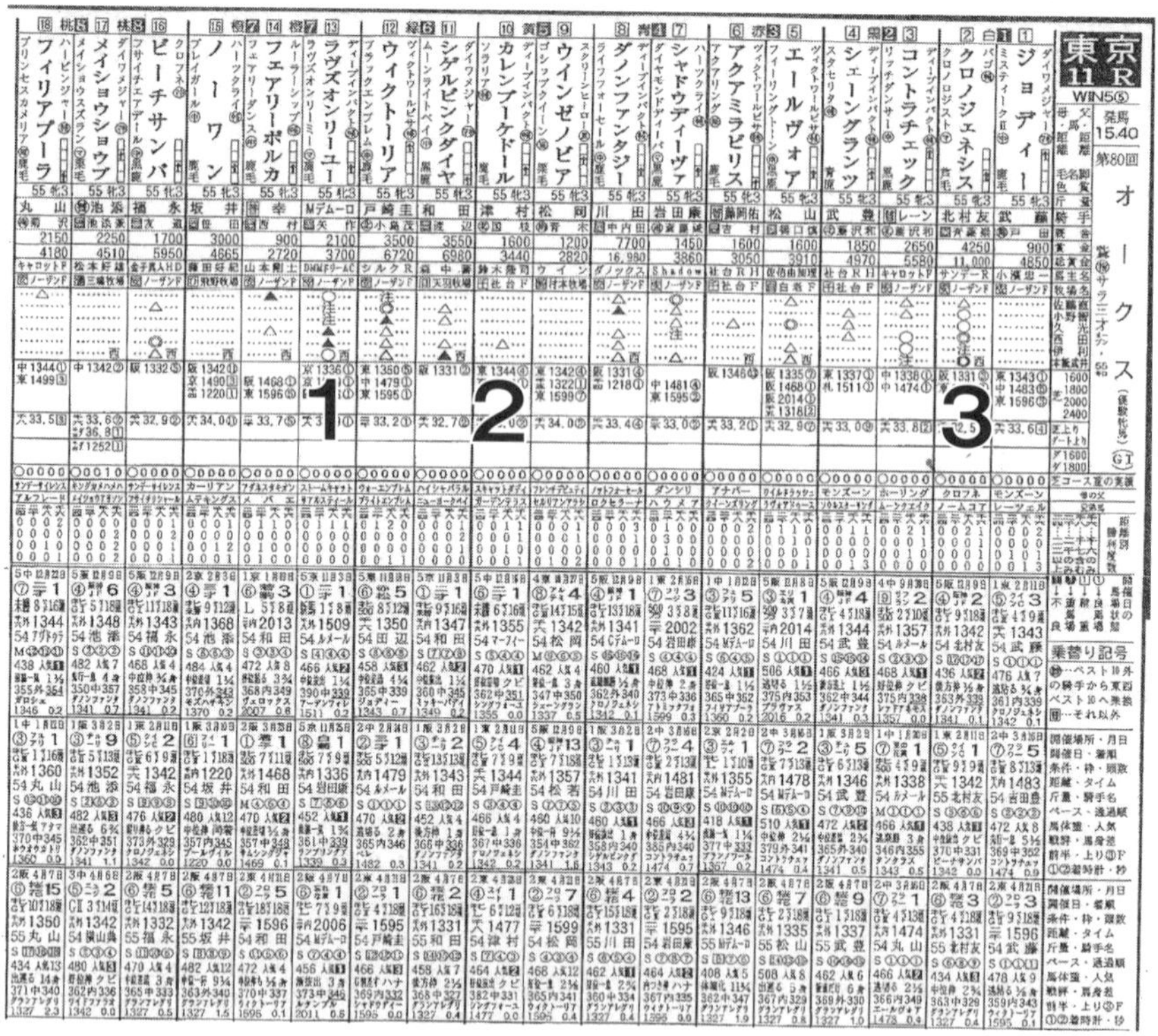

1着⑬ラヴズオンリーユー（1番人気）

2着⑩カレンブーケドール（12番人気）

3着②クロノジェネシス　（2番人気）

※危険な人気馬＝2番人気・単勝4.5倍

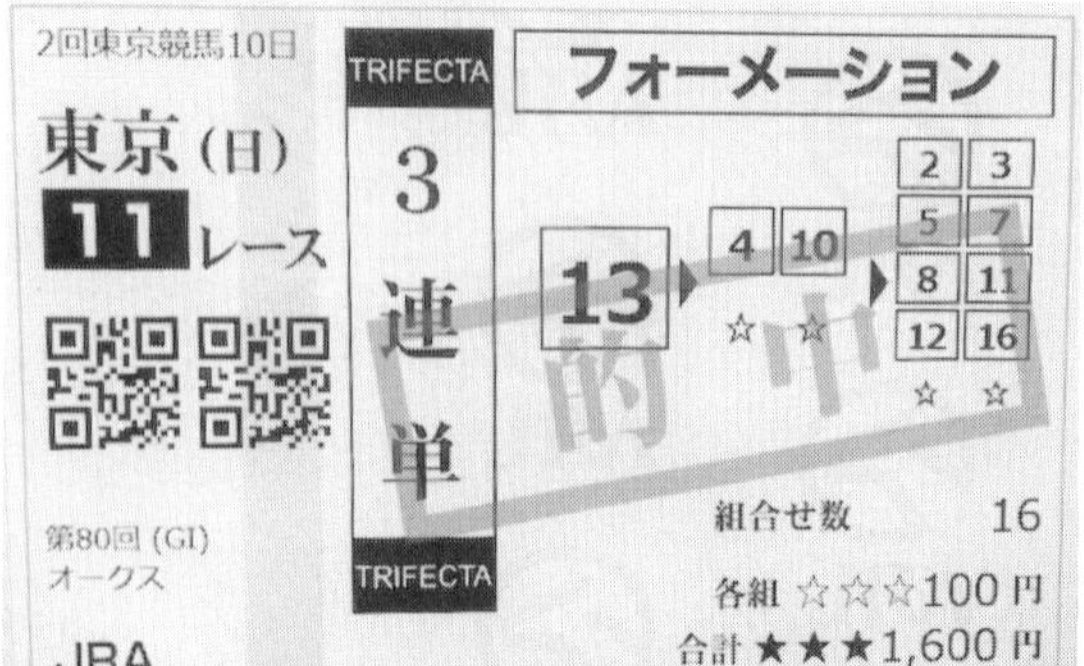

3連単179,960円

コンピ指数をチェックすると1位は②クロノジェネシスで88ポイントでした。しかしレース当日のオッズをチェックするとビックリです。同馬はなんと1番人気になっていないのです。単勝4・5倍と完全に危険な2番人気です。

そこで軸にしたのが、クロノジェネシスの代わりに1番人気になった⑬ラヴズオンリーユーです。ここから3連単フォーメーションを組み、レース結果は⑬→⑩→②で17万9960円。約18万円馬券をGETしました（馬柱・馬券はP170）。

84 対極馬券を意識して回収率をアップさせる

【項目61】で資金をゼロにしないためには「対極馬券」意識したほうがいいと申し上げました。ここでもう一度「対極馬券」の重要性を説明しておきましょう。

「対極馬券」は「押さえ馬券」と思われがちですが、性質は異なります。**「対極馬券」は攻めの馬券であり、「押さえ馬券」は守りの馬券です。**

あるレースでA馬に◎印、B馬に○印、C馬に▲印という予想をしたとしましょう。

A馬の単勝とA馬の複勝を購入するパターンでは、私は複勝馬券を「対極馬券」と考えています。一方、A馬の単勝に加え、B馬とC馬の単勝も追加で購入するパターンでは、B馬とC馬の単勝馬券は「押さえ馬券」と考えています。

「対極馬券」と「押さえ馬券」の違いはどこなのでしょうか。

A馬の単勝に対し複勝を購入するということは、このレースでは◎印のA馬が馬券に絡むという明確な結論が出ています。

しかし、A馬の単勝を購入し、さらにB馬とC馬の単勝を購入するということは、明確な結論が出ず迷っている証拠ではないでしょうか。

オッズ馬券では、大穴型レースを9時半のオッズから選び出し、穴馬を浮上させていくわけですが、馬券を購入する段階にまで進んだ場合、浮上した穴馬絡みの馬券以外はけっして購入しません。

「対極馬券」として浮上した穴馬からワイド馬券や馬連馬券を購入することはあっても、他の馬同士の馬券は購入することはありません。すでに「穴馬」という明確な結論が出ているからです。

もし他の馬同士の組み合わせの馬券を購入するのであれば、それはイコールまだ明確な結論が出ていないことになるのです。

85 人気馬を1着に固定した馬単は馬券的に妙味なし！

人気馬から連勝馬券を組み立てるときに、その人気馬が2倍を切るようなダントツの1番人気のような支持をされていると、つい人気馬を1着にした馬単馬券を組み立てている人が多いものですが、これは果たして賢い買い方でしょうか。

私はあまり賢い買い方ではないと考えています。**馬単馬券を購入するのであれば「人気薄の馬→人気の馬」以外は効果がない**と思っています。

【項目83】でふれましたが、2021年のダービーを振り返ってください。このレースのダントツ1番人気は単勝1・7倍、複勝1・3倍の①エフフォーリアです。

結果、1着になったのは⑩シャフリヤールです。ダントツ1番人気のエフフォーリアは2着と負けてしまいました。この2頭の組み合わせの馬連①－⑩は最終オッズで10・1倍です。一方、①番の1着付けの馬単、①→⑩は12・5倍とわずか2・4倍しか変わらないのです。

1000円購入した場合、馬連は1万1000円、馬単は1万2500円と2400円しか差がないのです。これだけの差額を得るために、①番を1着に固定した買い方は効率的とはいえません。

しかし「人気薄の馬→人気の馬」の場合はどうでしょうか。⑩→①のオッズは33・6倍と、馬連オッズの約3倍に跳ね上がります。これだけの差が出るのであれば、馬単馬券を購入する意味があるのではないでしょうか。

アーモンドアイが2着に敗れた2020年の安田記念でも、同馬は最終的に単勝1・3倍と圧倒的な1番人気に支持されていました。しかしフタを開けてみると2着です。

1着になったのはグランアレグリア。⑤アーモンドアイと⑪グランアレグリアの組み合わせ、馬連⑤－⑪は6・5倍、馬単⑤→⑪は7・2倍と、その差がわずか0・7倍です。このレースで馬連⑤－⑪を買った人は的中ですが、アーモンドアイを1着にした馬単⑤→⑪は外れ馬券になってしまいます。実際には、このレースの馬単は⑪→⑤で２８４０円と、馬連に対し約4倍以上のリターンがありました。

【項目48】で中穴馬は５～８人気に潜んでいると申し上げました。１、２番人気→５～８番人気の組み合わせの馬連は15倍から40倍程度です。しかし、馬単馬券で「人気薄の馬→人気の馬」の組み合わせになると、簡単に万馬券になるケースも多く、そのケースでなら馬単を買う意味もあるというものです。

86 1勝4敗でも、回収率が１００％を超えるオッズ馬券

馬券は回収率がすべてです。朝の１Ｒから最終12Ｒまで、すべてのレースを的中させても回収率が１００％を超えなければ、馬券で勝ったことにはなりません。

馬券で負ける可能性の高い人は、馬券の式別をコロコロ変える傾向があります。最初は手堅く儲けようと、ワイドや馬連馬券を中心に馬券を購入したものの、マイナスが多くなると、ワイドや馬連馬券では取り戻すことができなくなるため、高配当が期待できる3連系の馬券に手を出すようになっていきます。

また購入パターンが定まっていない人は、的中しても投資金額を超えない、いわゆるガミ馬券を買ってしまう人もいます。自分の馬券の購入パターンと回収率との関係を常に意識することが重要です。

私が実践しているオッズ馬券、９時半のオッズから大穴型レースを振るい分け、浮上させた３連複フォーメーション馬券の的中率は約20～25％程度です。

つまり、４～５レースに１レース程度の的中率なのです。１勝４敗でも的中したときに回収率が５００

%を超えていれば、結果的に収支は黒字になる計算です。

レースの予想が外れ続けることも、もちろんあります。反対に当たり続けることもあります。トータルして的中率20～25％、1レース当たりの平均回収率が500％であれば、馬券で勝ち組に入ることができるのです。

コンスタントに同じ姿勢で馬券に取り組むことは、イコール馬券で勝利することにつながります。**回収率が100%を超えている人は、「馬券を買うレース」と「見るレース」を見極める力があります。**

すべてのレースに手を出したり、ガミ馬券が含んでいる組み合わせの馬券を買い続けては、たまに高配当馬券を的中させても、長期的に見ると必ず収支はマイナスになってしまいます。

ここで回収率を意識した馬券の買い方を紹介しましょう。2021年10月31日、東京競馬場で行なわれた天皇賞・秋です。

このレースは、まだ記憶にある方も多いと思いますが、①コントレイル、⑤エフフォーリア、⑨グランアレグリアの3頭が人気になり、実際この3頭で1～3着を占めました（⑤→①→⑨の順に入線）。

3連複は①⑤⑨で350円なのですが、3連単のボックスを買った場合はどうでしょうか。

この3頭の組み合わせの3連単は①→⑨→⑤の15・2倍から⑤→⑨→①の23・0倍となっています。3連複1点買いでしたら回収率は350％です。これで3連単を6点に分散すると、一番高い配当の⑤→⑨→①の23・0倍で決まれば383％の回収率を期待できますが、①番が1着すると約250％と大きく下がってしまいます。

●2021年10月31日東京11Ｒ天皇賞・秋（ＧⅠ、芝2000m）

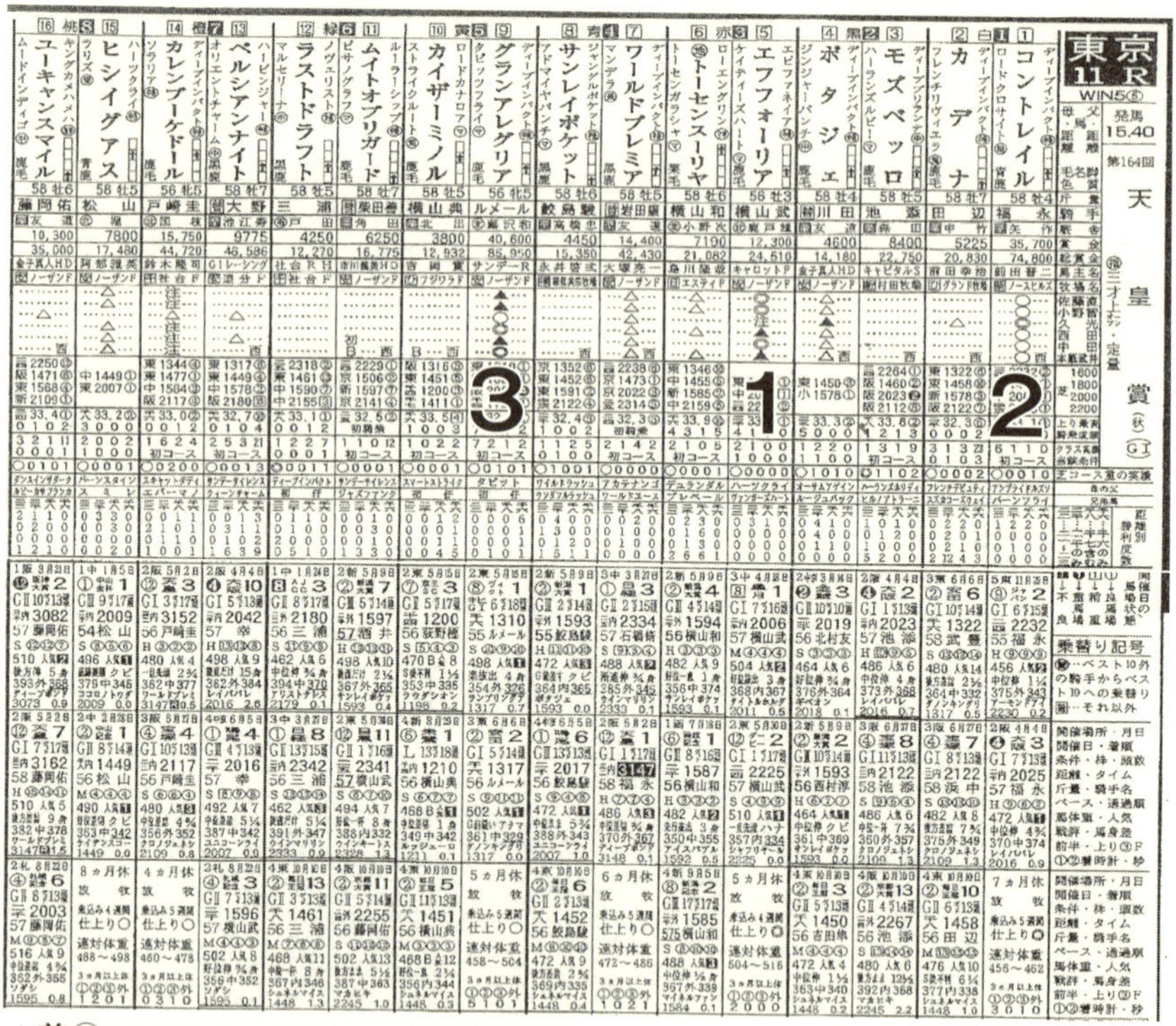

１着⑤エフフォーリア　　（３番人気）

２着①コントレイル　　　（１番人気）

３着⑨グランアレグリア　（２番人気）

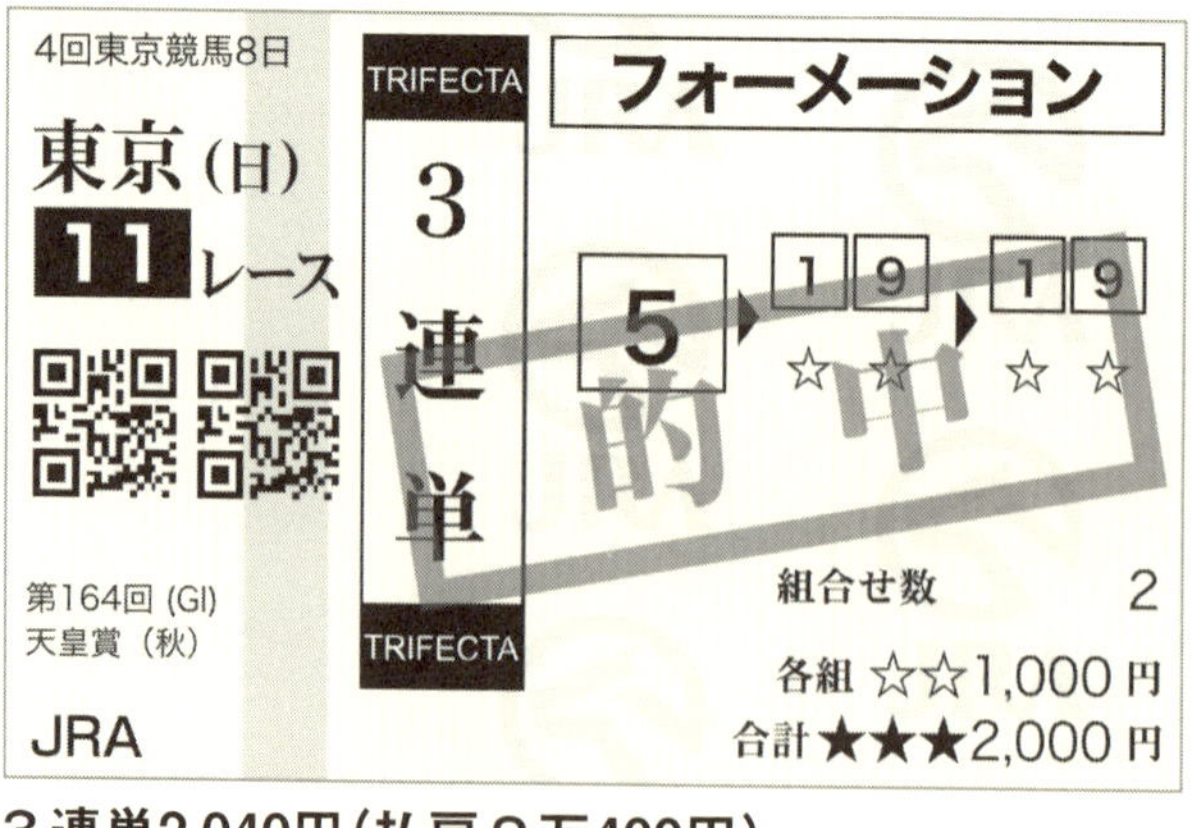

３連単2,040円（払戻２万400円）

つまり、3連単をボックスで購入するのであれば、3連複を1点購入したほうが効率的であることがわかります。

私はこのレース、9時半のオッズで馬連ランク3位の⑤エフフォーリアが複勝ランク1位になっていたため、⑤を1着に固定し、①コントレイル、⑨グランアレグリアを2、3着に流す馬券を組み立てました。結果、3連単⑤→①→⑨2040円が的中です。2点買いですから回収率は1020％（約10倍）、これなら満足のいく回収率かと思います。2000円をすべて3連複で購入した場合のリターンは7000円ですから、約3倍、回収率が違うことがわかります。

87 馬連1番人気が15倍を超えているレースは、上位4頭が馬券になる

大穴型レースは「9時半のオッズから馬連1番人気のオッズが9倍以上、単勝30倍未満の頭数が10頭以上のレースがまずは対象になる」と、ここまで何度も申し上げてきました。

しかし、ここでひとつ注意してもらいたい点があります。それは**馬連1番人気のオッズの数値と波乱度は比例しない**ということです。

まれに9時半のオッズで馬連1番人気のオッズが20倍を超えるようなレースが出現します。人気が割れれば割れるほど波乱になる可能性が高いと思われがちですが、馬連1番人気のオッズと波乱度は比例しません。

私は15倍あたりを、ひとつの境であると考えています。

あまりにも人気が割れすぎていると、下位ランクの馬が馬券に絡みづらくなるばかりか、通常の判定では手が出ないような、単勝オッズが100倍、複勝が20倍を超えているような馬が飛び込んでくることもあります。【項目10】で超万馬券が飛び出す条件に、「馬連1番人気のオッズが15倍以上」という項目があるのは、そのためなのです。

馬連15倍以上になっているレースでは、ひとつの特徴が見られます。それは、10時半の馬連ランク1位から4位の馬が絡む傾向があるということです。

この傾向を逆手に取る方法もあります。それは、上位ランク4頭から下位ランクの馬へ流すワイド馬券を買うという手法です。

【項目40】で紹介しました**「複勝15倍の壁」の前の2頭から上位ランク4頭へのワイド馬券**なども面白いかもしれません。9時半のオッズで複勝15倍の馬は、レース直前になると平気で複勝20倍を超えたりする超穴馬です。そのような馬とのワイド馬券は、簡単に万馬券になるものです。

また、単勝10倍未満の頭数が7頭以上のレースも穴馬が台頭しづらい傾向にあります。過去のデータから、7頭の馬の中から2頭以上の馬が着までに絡む可能性が高いからです。

88 「ハンデ戦」「開催替わり」「重急変」は穴党にとってプラス材料

9時半のオッズから穴馬を浮上させて馬券を組み立てていくのですが、穴馬が馬券に絡みやすいレースがオッズ馬券にはあります。それが「ハンデ戦」「開催変わり」「重急変」の3つの条件です。

「ハンデ戦」はハンデキャッパーが出走馬が同時にゴール板を駆け抜けるように、成績の好調な馬には重いハンデ、成績があまり芳しくない馬には軽いハンデを課したレースのことです。つまり、人為的に馬の能力を調整したレースなのです。ハンデ戦のレース結果はそのためか、人気通りに決まることが少なく、波乱になる傾向が高いのです。

「開催変わり」にも注目しています。開催変わりとは、たとえば中山競馬場から東京競馬場に開催場所が変わることをいいます。この場合、中山競馬場は右回りの競馬場、東京競馬場は左回りの競馬場です。競走馬ももちろんですが、騎手も右回りから左回りになると、少しは最初とまどうものです。ここに波乱になる要素があると考えています。

特に開催変わりの初週、第2週は波乱になるレースが多くなると考えています。視点を変えて考えれば、数週間に渡り開催が続き、翌週から開催競馬場が変わる最終週などは、波乱になる傾向が低くなることになります。

3つ目の条件は「重急変」です。これは天候の変化により、馬場状態が「良馬場」から「やや重」や「重」「不良」に変化したときをいいます。馬場状態が急変すると、騎乗している騎手にも何かしらの影響が出るものです。馬場の変化は走破タイムなどにも影響するため、不安定要素が増え、それが結果的にレースが波乱になることにつながります。つまり「重急変」は穴型レースにとっては追い風なのです。

89 波乱になる可能性の高い競馬場とは

【項目88】で申し上げた通り、レースには波乱になりやすい3つの条件があります。その他にも、競馬場や番組表からも穴レースが出やすいレースが存在しています。

オッズ馬券で、GⅠレースは偏差値が高い難しいレースです（【項目45】参照）。メインレースも的中させるのは難しいレースであると考えています。

では競馬場や番組表から、波乱になる可能性が高いレースとは、どのようなレースでしょうか。

競馬場では**福島競馬場**、**小倉競馬場**が過去のレース結果から、穴馬にとってはプラスに働く傾向の高い競馬場であると考えています。直線が短いコースはレースが単調になりやすいと思われそうですが、穴型レースに判定されたレースでは、意外と追い込みが決まるケースが多いものです。

京都競馬場の最終レースも大きな配当が飛び出したものですが、現在は改修中で、オープンは2023年4月が予定されています。改修後は、どのようなレースの傾向になるか注目です。

番組上の傾向では、やはり**1勝クラスや2勝クラス**のレースです。また**最終レース**も高配当を狙うには絶好のレースだと考えています。最終レースは1勝クラスか2勝クラスのレースが組まれることが多いため、それも穴レースにとっては追い風になると考えています。

反対に、穴馬が台頭するにはマイナスと考えているレースが3勝クラスやオープンクラスのレースです。また新潟直線1000mのレースも穴型レースにとってはマイナスであると考えています。このコースはもともと外枠が有利で外枠の馬に人気が集まる傾向にあるため、正しいオッズの判定が難しいからです。

さて、福島競馬場や小倉競馬場で行なわれる1勝クラスや2勝クラス、さらには最終レースがすべて波乱になるというわけではありません。ここで申し上げたいのは、少々判定が弱いレースでも、これらの条件に該当しているレースは、穴型レースにとってはプラスに作用すると考えておくよいということです。

90 GIレースの反対競馬場の最終レースを狙え！

GIレースが行なわれる日はお祭りムードがあるものです。ダービーや有馬記念当日などが特に盛り上がりを見せるものです。GIに注目するのは悪いことではありませんが、馬券的には私はGIより、GIの反対競馬場の最終レースに注目するようにしています。理由は簡単です。**「GIレースの反対競馬場の最終レース」は波乱になる可能性が高い**からです。

GIレースに出走する馬にはリーディング上位の騎手たちが乗る傾向があります。P65でもふれましたが、GIが開催されている競馬場には、勝利度数の多い騎手が集まる傾向があるのです。反対に考えれば、当日、反対競馬にはリーディング上位の騎手は少ないということになります。

最終レースは発売時間が他のレースと比べて長いため、売り上げが多くなります。またメインレースを外した人たちが今までの負けを取り戻そうと、無茶買いする人が多いものです。

これが他の一般レースより売り上げが上がる要因のひとつです。特にGIレースの日の最終レースは、通常の開催日の最終レース以上に売れるものです。

無茶買いをする人が多い人が買う馬券は、外れ馬券になることが多いものです。外れ馬券が多いことはイコール的中馬券の配当が高くなることになります。

下の表は、2021年上半期のGIレース当日の反対競馬場の最終レースの結果をひとつにまとめたものです。

多くのレースで7番人気以下の馬が馬券に絡んでいることがわかります。宝塚記念の日の反対競馬場の札幌競馬の最終レースは、1~3着まですべて10番人気以降の馬同士で決まっています。

大穴馬券が飛び出す可能性の高い、GIレース当日の反対競馬場の最終レースというチャンスをみすみす逃す手はないでしょう。「ハンデ戦」「開催替わり」「重急変」に加え、「GIレースの反対競馬場の最終レース」も大穴馬券をGETしやすいレースであると考えています。

●2021年上半期のGIレースと反対競馬場の最終レース

GIレース	GI開催場	反対競馬場の最終レース
フェブラリーS	東京	阪神：15番人気3着
高松宮記念	中京	阪神：9番人気2着
大阪杯	阪神	×
桜花賞	阪神	中山：7番人気3着
〃	〃	新潟：10番人気3着
皐月賞	中山	新潟：9番人気2着
天皇賞・春	阪神	×
NHKマイルC	東京	中京：15番人気2着
〃	〃	中京：13番人気3着
ヴィクトリアM	東京	中京：7番人気3着
〃	〃	新潟：11番人気2着
オークス	東京	×
ダービー	東京	中京：12番人気2着
安田記念	東京	中京：8番人気3着
宝塚記念	阪神	東京：11番人気1着
〃	〃	札幌：10番人気1着
〃	〃	札幌：13番人気2着
〃	〃	札幌：15番人気3着

第7章

検証

的中馬券から読み解くオッズの重点項目

91 オッズ馬券術の3つの基本ルール

私が実践しているオッズ馬券術とは、当日朝9時半のオッズから大穴型レースを調べ上げ、浮上したレースをさらに精査し、穴馬を見つけ出すという手法が基本となっています。すなわち「競馬予報」から、高配当が期待できるレースだけを選んで検証しているのです。

その検証方法で基本となるのが、**「オッズの壁」「突入&移動馬」「複勝6倍の壁」**という3つの基本ルールです。

「競馬予報」により、レースの性格を的確に分類することにより、どのレースが高配当馬券になる可能性が高いレースなのかを見つけることができるようになりました。パチンコでたとえるならば、「競馬予報」から大穴型レースとなったレースは確率変動状態のレースなのです。

波乱になる可能性が高いレースとわかれば、あとは穴馬を見つけ出すだけです。人気薄の馬から馬券に絡む馬を見つけ出せば、高額配当はもう手中に収めたのも同然です。

穴馬を見つけ出す作業の基本となるのが、馬連を人気順に並び替えることです。一般のファンの方は、馬連を人気順に並び替えるなんて考えたこともないでしょう。私は単勝1番人気からの馬連オッズを調べ、それを人気順に並び替えることにより、それを「馬連の人気順」としました。

この作業により馬連オッズを人気順に並び替えることができ、「馬連ランク」「単勝ランク」「複勝ランク」の3つのランクを比較することに成功したのです。

	17位	18位
	8	4
	302	321

それから約25年の歳月が流れましたが、馬連を人気順に並び替えるという、基本となる考え方は変わっていません。

【項目92】から実際のレースを使い、どのようにして高配当馬券をGETしたか、その道筋を紹介したいと思います。

92 「オッズの壁」とはいったい何か？

それではオッズの馬券の基本ルールのひとつ、「オッズの壁」を紹介していきましょう。

「オッズの壁」とは、馬連オッズや単勝オッズの人気準に並び替えたオッズで、ランク間の数値の乖離差が「1・8倍以上」の箇所を指します。

ひとつ例を出してみましょう。2021年7月25日、新潟12Rです。まずは「競馬予報」のチェックです。

馬連1番人気は10・2倍、単勝30倍未満の頭数は11頭ですから、このレースは大穴型レースと判定されました。

単勝1番人気は①番ですから、①番絡みの馬連オッズを調べ、それを人気順に並び替えます。並び替えた表が【図A】となります。

馬連ランク11位と12位の間に注目してください。馬連11位は③番で59・1倍です。12位は

【図A】2021年7月25日新潟12Rの馬連ランクとオッズ（9時半段階）

	1位	2位	3位	4位	5位	6位	7位	8位	9位	10位	11位	12位	13位	14位	15位	16位
馬連	1	7	13	17	14	11	2	10	6	15	3	9	12	16	18	5
オッズ		10.2	15.2	21.8	27.2	27.7	28.6	30.4	30.5	52.8	59.1	106	128	166	269	284

●2021年７月25日新潟12Ｒ（３歳以上1勝クラス、芝1600m）

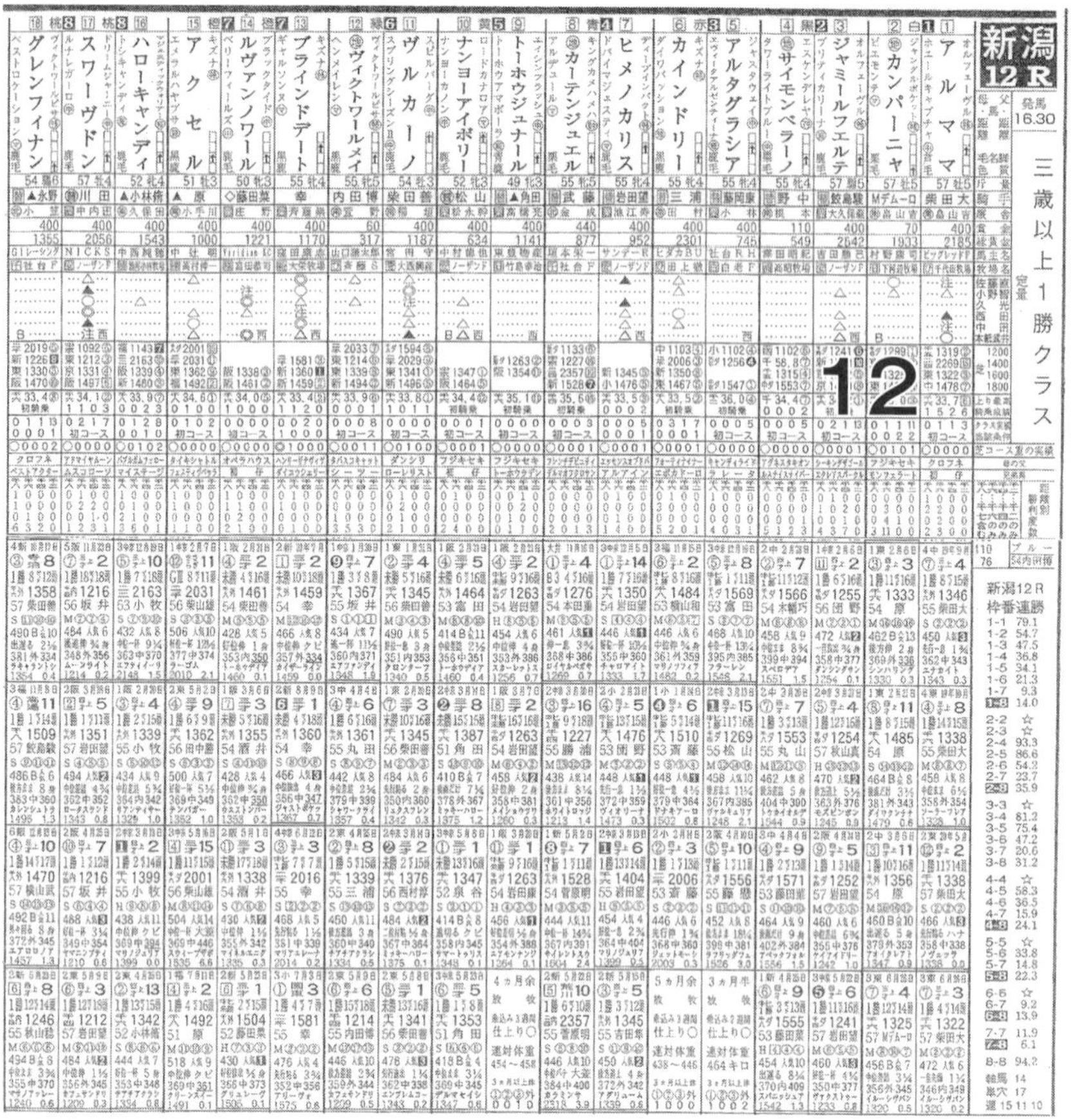

馬番	馬名
1	アルママ
2	カンパーニャ
3	ジャミールフエルテ
4	サイモンベラーノ
5	アルタグラシア
6	カインドリー
7	ヒメノカリス
8	カーテンジュエル
9	トーホウジュナール
10	ナンヨーアイボリー
11	ヴルカーノ
12	ヴィクトワールメイ
13	ブラインドデート
14	ルヴァンノワール
15	アクセル
16	ハローキャンディ
17	スワーヴドン
18	グレンフィナン

１着③ジャミールフエルテ（11 番人気）

※穴馬候補＝「オッズの壁」前の１頭

２着②カンパーニャ　　　（８番人気）

３着⑪ヴルカーノ　　　　（５番人気）

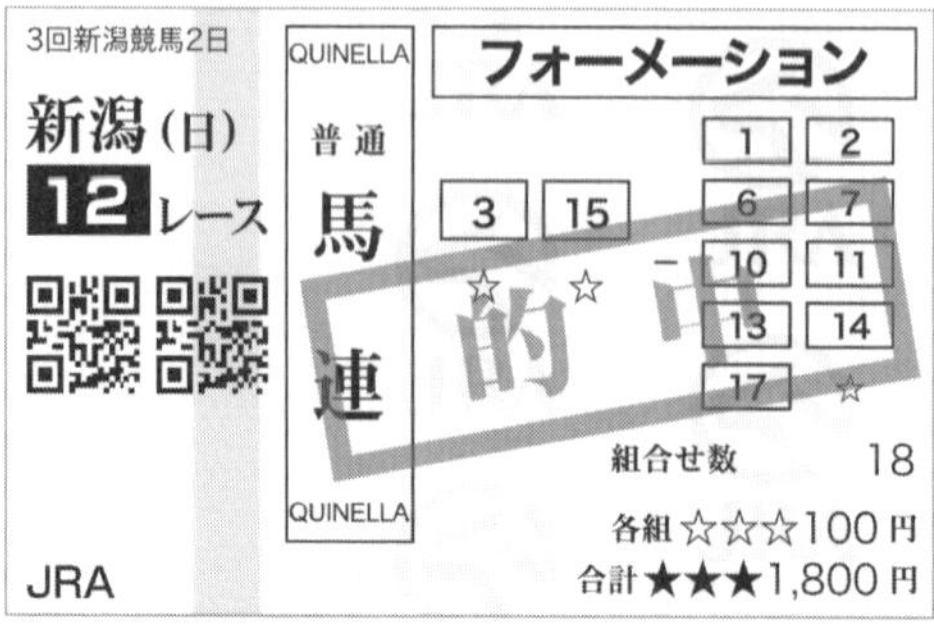

馬連25,010円

⑨番で106倍ですから、11位と12位との間の乖離差を調べると、106÷59・1＝1・79……**乖離差1・8倍以上の箇所は「オッズの壁」と呼び、その前の2頭が穴馬候補となるのがルール**ですから、このルールからは③番と⑮番が浮上します（1・79のような場合は小数点2位を四捨五入します）。

レース結果は、1着には穴馬候補の③番が入り、2着は馬連ランク7位の②番で、馬連②－③2万5010円馬券のGETに成功しました。

連勝馬券を組み立てるときの目安ですが、**馬連オッズが80倍未満のときには穴馬候補から上位ランクの馬へは馬連馬券、下位ランクの馬へはワイド馬券が対象となります。80倍を超えていた場合はすべてワイド馬券が対象です。**

93 「オッズの壁」を活用して高配当馬券を獲る

「オッズの壁」からワイド馬券を使って高配当を的中させた例を紹介しておきましょう。2021年6月27日、札幌12Rの例です。

まずは「競馬予報」のチェックです。馬連1番人気は12・3倍、単勝30倍未満の頭数は11頭ですから、馬連1番人気9倍以上、単勝30倍未満の頭数10頭以上という、大穴型レースの基準値をクリアしていますので、大穴型レースと判定されました。

次は、単勝1番人気の馬から馬連オッズを人気順に並び替える作業です。このレースの1番人気をチェックすると⑧番になっています。しかし、馬連1番人気の組み合わせは②－⑫で⑧番は入っていません。

このようなケースでは、馬連1番人気の組み合わせである②－⑫、②番と⑫番の単勝オッズを調べて、上位人気の馬から並び替えるというのがルールであることを覚えておいてください。

②番の単勝は7・2倍、⑫番の単勝は8・5倍でしたので、②番からの馬連オッズを調べ並び替えます。人気順に並び替えたのが【図B】です。

馬連ランク11位と12位の間に注目です。馬連11位は⑮番で59・3倍、馬連12位は⑦番で125倍です。このランク間の乖離差を調べると、125÷59・3＝2・1となり、乖離差1・8倍以上の箇所は「オッズの壁」となり、馬連11位と12位の間には「オッズの壁」があることがわかります。

そこで「オッズの壁」の前の2頭が穴馬候補になるのがルールですから、このレースの場合は①番と⑮番となります。

この2頭から馬券を組み立てるのですが、このレースは複勝オッズが最低ランク16位の⑭番でも11・6倍と売れていました。そこで私は「オッズの壁」の前の2頭の①番と⑮番から下位ランクへのワイド馬券を購入しました。

レース結果は、1着には「オッズの壁」から浮上の⑮番。2、3着には下位ランクの⑭番、

【図B】2021年6月27日札幌12Rの馬連ランクとオッズ（9時半段階）

	1位	2位	3位	4位	5位	6位	7位	8位	9位	10位	11位	12位	13位	14位	15位	16位
馬連	2	12	8	5	4	3	10	6	11	1	15	7	16	13	9	14
オッズ		12.3	15.8	20.4	20.8	22.7	25.8	35.2	38.8	49.5	59.3	125	141	148	164	176

●2021年6月27日札幌12R　HBC賞
（3歳以上2勝クラス、芝1200m）

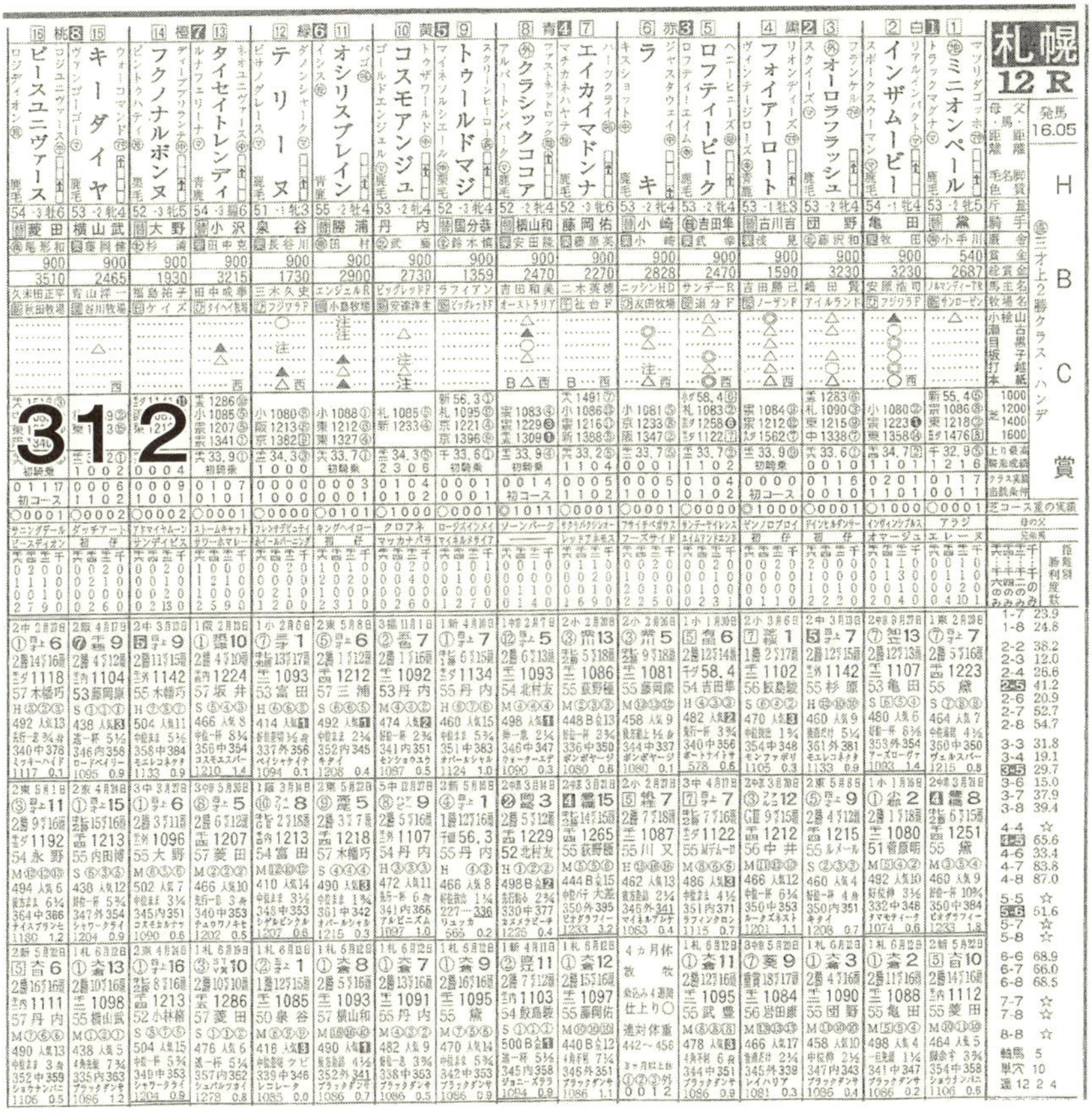

札幌 12R　発馬16.05　HBC賞　三才上2勝クラス・ハンデ

馬番	馬名	斤量・性齢	騎手	厩舎	賞金	総賞金	馬主名	牧場名
16	ピースユニヴァース	54 -3 牝6	菱田	尾形和	900	3510	久米田正明	秋田牧場
15	キーダイヤ	53 -2 牝4	横山武	藤岡健	900	2465	青山洋一	谷川牧場
14	フクノナルボンヌ	52 -3 牝5	大野	杉浦	900	1930	福島祐子	ケイズ
13	タイセイトレンディ	54 -3 騸6	小沢	田中克	900	3215	田中成奉	タイヘイ牧場
12	テリーヌ	51 -1 牝3	泉谷	長谷川	900	1730	三木久史	フジワラF
11	オシリスブレイン	55 -2 牡4	勝浦	田村	900	2900	エンジェルR	小島牧場
10	コスモアンジュ	53 -2 牝4	丹内	武藤	900	2730	ビッグレッドF	安達洋生
9	トゥールドマジ	52 -3 牝4	国分恭	鈴木慎	900	1359	ラフィアン	ビッグレッドF
8	クラシックココア	52 -2 牝4	横山和	安田隆	900	2470	吉田和美	オーストラリア
7	エイカイマドンナ	52 -3 牝6	藤岡佑	藤原英	900	2270	二木英徳	社台F
6	ラキ	53 -2 牝4	小崎	小崎	900	2828	ニッシンHD	友田牧場
5	ロフティーピーク	53 -2 牝4	吉田隼	武幸	900	2470	サンデーR	追分F
4	フォイアーロート	53 -1 牝3	古川吉	浅見	900	1590	吉田勝己	ノーザンF
3	オーロラフラッシュ	53 -2 牝4	団野	藤沢和	900	3230	嶋田賢	アイルランド
2	インザムービー	54 -1 牝4	亀田	牧田	900	3230	安原浩司	フジワラF
1	ミニオンペール	53 -2 牝5	黛	小手川	540	2687	ノルマンディーTR	サンローゼン

1着⑮キーダイヤ　　　　（10番人気）

※穴馬候補＝「オッズの壁」前の1頭

2着⑭フクノナルボンヌ　（13番人気）

3着⑯ピースユニヴァース　（15番人気）

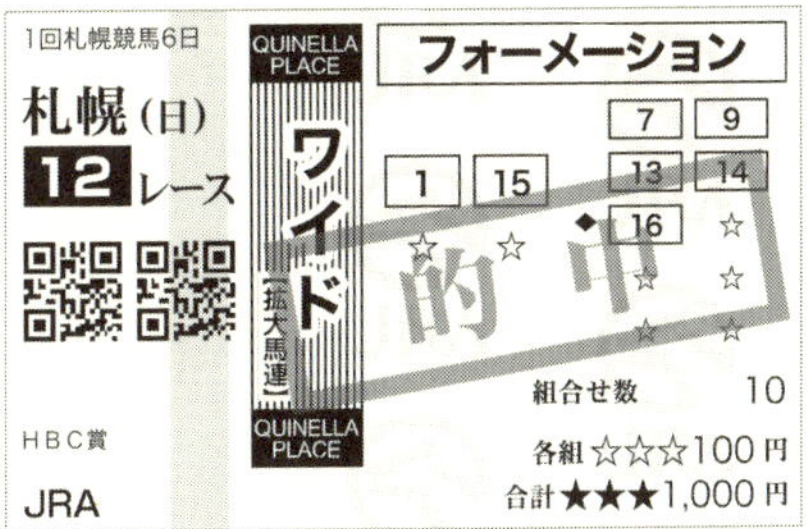

ワイド⑭-⑮13,350円、⑮-⑯9280円

⑯番が入り、3連複は⑭⑮⑯で25万4580円。3連複馬券のGETはできませんでしたが、ワイド馬券⑭－⑮1万3350円、⑮－⑯9280円はしっかりと的中させることができました。

94 「突入&移動馬」とはいったい何か？

【項目26】でも少しふれましたが、**「突入&移動馬」とは馬連ランクと比較して、単勝ランクや複勝ランクが5ランク以上上昇している馬**のことをいいます。

2021年4月17日、中山10Rの例を用いて説明していきましょう。

このレースの馬連1番人気は9・5倍、単勝30倍未満の頭数は14頭で、「競馬予報」からこのレースは大穴型レースと判定されました。

では単勝1番人気の馬から馬連オッズを並び替えていきましょう。すると馬連1番人気は⑤－⑦、単勝1番人気は⑯番です。単勝1番人気の馬が馬連1番人気の組み合わせにない場合は、【項目93】で紹介した通り、馬連1番人気の組み合わせ、すなわちこのレースの場合なら、⑤番と⑦番の単勝オッズの人気上位の馬から馬連オッズを並び替えていきます。

⑤番の単勝は5・3倍、⑦番の単勝は9・1倍ですから、馬連ランクの軸は⑤番となり、

【図C】2021年4月17日中山10Rの馬連・複勝ランクとオッズ（9時半）

	1位	2位	3位	4位	5位	6位	7位	8位	9位	10位	11位	12位	13位	14位	15位	16位
馬連	5	7	16	2	1	10	15	8	12	3	4	11	6	14	13	9
オッズ		9.5	13.1	18.1	28.1	28.3	29.3	30.1	61.9	66.5	73.3	77.1	93.2	132	173	284

複勝	5	7	4	11	1	2	10	16	15	13	3	12	8	6	14	9
オッズ	2.0	2.4	3.6	3.9	4.5	4.6	5.0	5.1	5.8	5.9	6.2	6.4	6.6	7.6	14.2	22.6

●2021年４月17日中山10Ｒ下総Ｓ（４歳以上３勝クラス、ダ1800m）

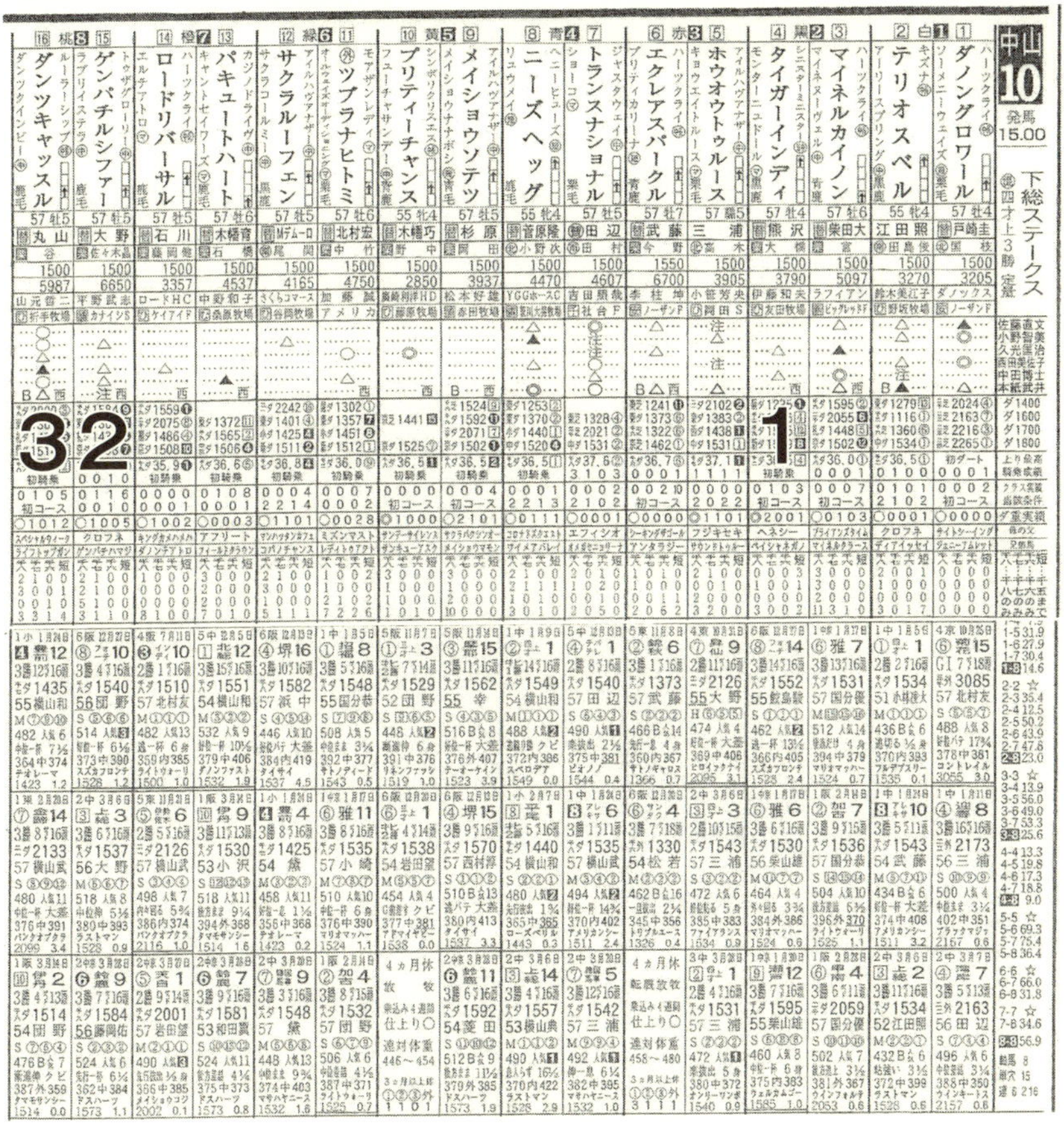

中山10 発馬15.00 下総ステークス 四才上３勝 定量

馬番	馬名	斤量・性齢	騎手
1	ダノングロワール	57牡4	戸崎圭
2	テリオスベル	55牝4	江田照
3	マイネルカイノン	57牡6	柴田大
4	タイガーインディ	57牡4	熊沢
5	ホウオウトゥルース	57騸5	三浦
6	エクレアスパークル	57牡7	武藤
7	トランスナショナル	57牡5	田辺
8	ニーズヘッグ	55牝4	菅原隆
9	メイショウソテツ	57牡5	杉原
10	プリティーチャンス	55牝4	木幡巧
11	ツブラナヒトミ	57牡6	北村宏
12	サクラルーフェン	57牡5	Mデムーロ
13	パキュートハート	57牡6	木幡育
14	ロードリバーサル	57牡5	石川
15	ゲンパチルシファー	57牡5	大野
16	ダンツキャッスル	57牡5	丸山

１着④タイガーインディ　（11番人気）

※穴馬候補＝「突入＆移動馬」の１頭

２着⑮ゲンパチルシファー　（４番人気）

３着⑯ダンツキャッスル　（２番人気）

３連複13,750円

⑤番からの馬連オッズを人気順に並び替えていきます。単勝ランクや複勝ランクも同じように人気順に並び替えていきます。完成したのが【図C】です（単勝ランクは割愛しました）。

これを見ると、馬連ランク11位の④番は複勝ランク3位に8ランク上昇していることがわかります。馬連12位の⑪番も複勝ランク4位に8ランク上昇しています。馬連ランクと単勝や複勝ランクとの比較で5ランク以上上昇している馬を「突入&移動馬」と呼び、穴馬候補として注目するのがルールですから、このレースは④番と⑪番が穴馬候補となります。

レース結果は1着には「突入&移動馬」から浮上の④番、2着に⑮番、3着に⑯番と入り、3連複④⑮⑯1万3750円の的中となりました。

95 「突入&移動馬」を活用して高配当馬券を獲る

もうひとつ「突入&移動馬」から浮上した穴馬から馬券を購入し、高配当馬券をGETすることができた例を紹介しましょう。2021年3月6日、中山10Rです。

馬連1番人気は10・4倍、単勝30倍は10頭ですから、「競馬予報」から大穴型レースと判定されました。馬連1番人気は②－④、単勝1番人気は④番ですから、④番からの馬連オッズを調べ人気順に並び替えていきます。単勝オッズも複勝オッズも同様に人気順に並び替えます。すべて並び替えたものが【図D】となります（単勝ランクは割愛しました）。

●2021年３月６日中山10Ｒ上総Ｓ（４歳以上３勝クラス、ダ1800m）

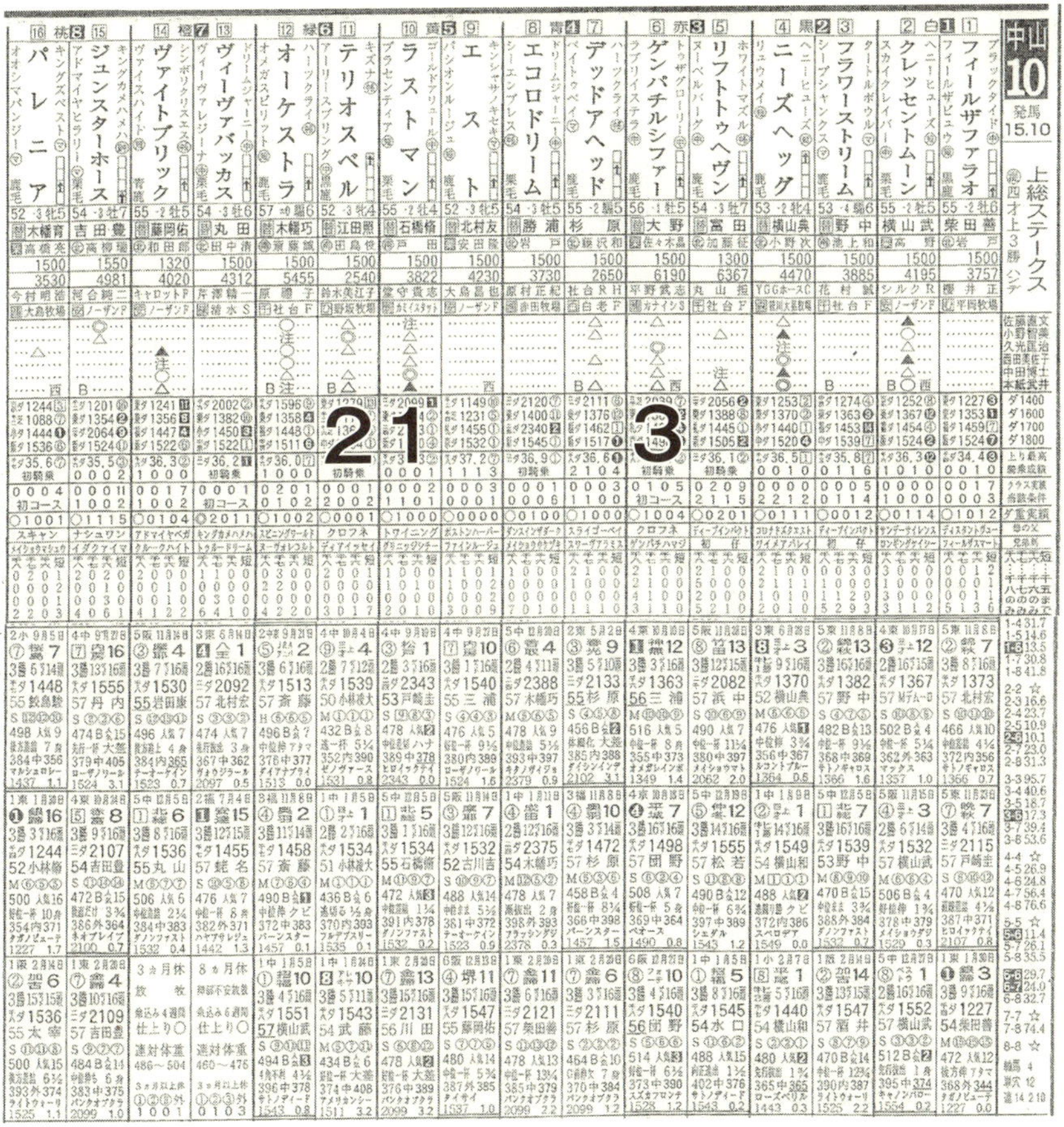

馬番	馬名	騎手
1	フィールザファラオ	柴田善
2	クレッセントムーン	横山武
3	フラワーストリーム	野中
4	ニーズヘッグ	横山典
5	リフトトゥヘヴン	富田
6	ゲンパチルシファー	大野
7	デッドアヘッド	杉原
8	エコロドリーム	勝浦
9	エスト	北村友
10	ラストマン	石橋脩
11	テリオスベル	江田照
12	オーケストラ	木幡巧
13	ヴィーヴァバッカス	丸田
14	ヴァイトブリック	藤岡佑
15	ジュンスターホース	吉田豊
16	パレニア	木幡育

１着⑩ラストマン　（５番人気）
２着⑪テリオスベル　（６番人気）
３着⑥ゲンパチルシファー（８番人気）
※穴馬候補＝「突入＆移動馬」の１頭
「オッズの壁」前の１頭

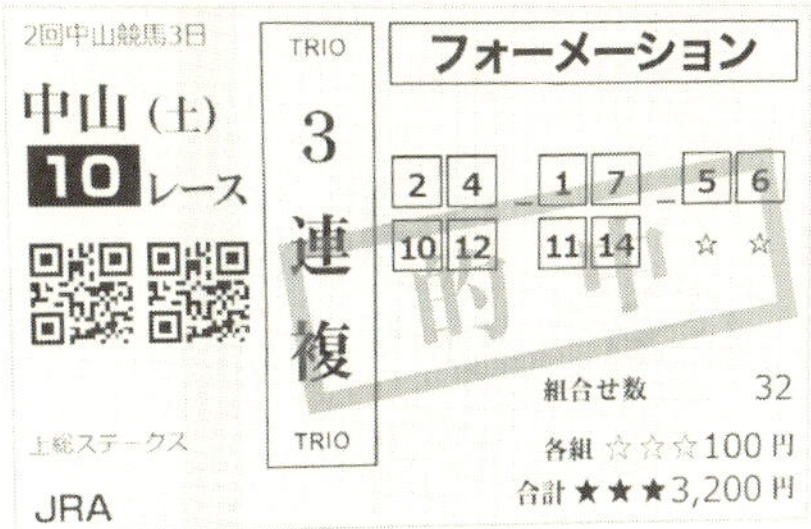

３連複30,810円

馬連ランク10位の⑥番に注目してください、複勝ランク2位に8ランク上昇していることがわかります。馬連ランクと比較して、単勝ランクや複勝ランクが5ランク以上上昇している馬は「突入&移動馬」として注目するのがルールですから、このレースは⑥番が穴馬候補となります。

また、このレースでは馬連10位と11位の間に乖離差が1・8倍あることがわかります（79・5÷43・3＝1・84）。つまり馬連10位と11位間には「オッズの壁」があります。その前の2頭が穴馬候補になります。このレースでは⑤番と⑥番となり、ここからも⑥番が浮上しています。

レース結果は、1着⑩番、2着⑪番、そして3着には「突入&移動馬」と「オッズの壁」から浮上した穴馬候補の⑥番が入り、3連複⑥⑩⑪は3万8１０円で、3万馬券の的中となりました。

3連複のフォーメーションは、10時半のオッズから【項目56】で紹介したルールに基づいて組み立てています。

96 「複勝6倍の壁」とはいったい何か？

「複勝6倍の壁」とは複勝オッズを人気順に並び替え、複勝オッズが6・0倍を超えた

【図D】2021年3月6日中山10Rの馬連・複勝ランクとオッズ（9時半段階）

	1位	2位	3位	4位	5位	6位	7位	8位	9位	10位	11位	12位	13位	14位	15位	16位
馬連	4	2	12	10	7	11	14	1	5	6	15	13	9	16	8	3
オッズ		10.4	12.0	15.8	17.6	20.5	24.6	40.1	42.8	43.3	79.5	135	160	175	230	256

複勝	11	6	4	7	14	10	12	2	1	5	16	15	13	9	8	3
オッズ	2.1	2.6	3.0	3.5	3.7	3.8	3.8	3.9	5.3	7.3	9.2	9.6	14.3	18.1	18.3	24.1

【図E】2021年8月7日新潟10Rの馬連・複勝ランクとオッズ（9時半段階）

	1位	2位	3位	4位	5位	6位	7位	8位	9位	10位	11位	12位	13位	14位	15位
馬連	13	2	1	9	8	12	14	5	10	6	15	3	11	4	7
オッズ	／	11.9	14.2	14.8	17.8	27.3	29.1	36.5	41.7	54.5	59.7	60.5	104	296	366

複勝	13	5	2	9	6	1	12	8	10	15	14	3	11	7	4
オッズ	2.6	2.6	3.1	3.2	3.2	3.5	4.4	4.7	5.1	5.8	6.1	6.4	8.7	17.2	19.0

※馬柱はP115に掲載

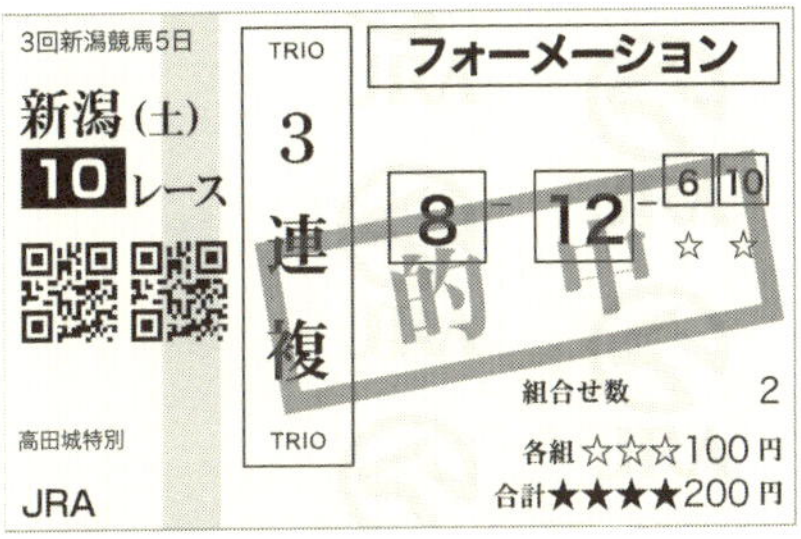

3連複⑧⑩⑫42,470円

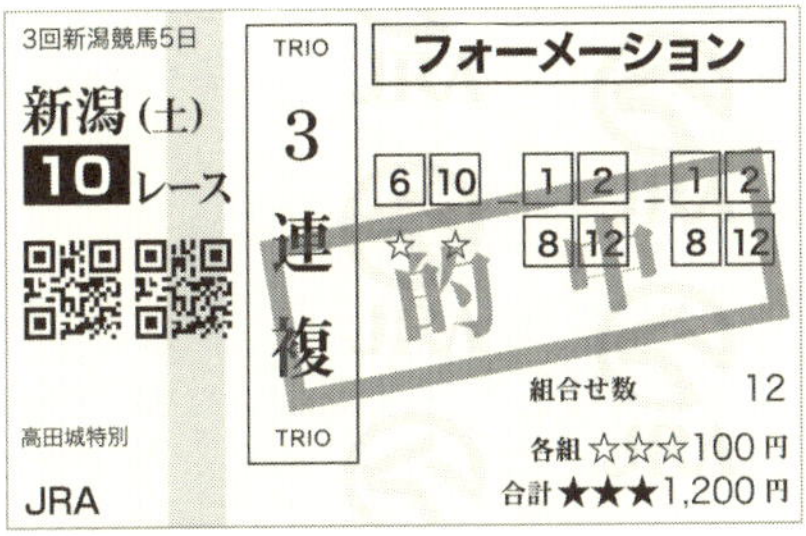

3連複⑧⑩⑫42,470円

箇所のことを指し、その前の2頭に注意するというのが基本ルールです。

【項目56】で3連複のフォーメーション馬券について紹介しましたが、肝心の穴馬は「複勝6倍の壁」から浮上していました。

このレースの馬連1番人気は11・9倍、単勝30倍未満の頭数は12頭ですから「競馬予報」から大穴型レースと判定されました。単勝1番人気は⑬番、馬連1番人気は②－⑬なので、⑬番からの馬連ランクを人気順に並び替えます。

単勝ランクや複勝ランクも人気順に並び替えていきます。完成したものが【図E】です（単勝ランクは割愛しました）。

複勝オッズに注目してください。10位の複勝オッズは⑮番で5・8倍、11位の複勝オッズは6・1倍で、ここで初めて6倍を超えていることがわかります。つまり複勝ランク10位と11位の間には「複勝6倍の壁」があることがわかります。その前の2頭に注目するのがルールです。このレースでは⑩番と⑮番。

⑩番と⑮番をさらにチェックすると、⑩番は単勝4位に上昇していますが、⑮番は単勝12位に下がっていました。その代わり馬連10位の⑥番が複勝5位と5ランク上昇していたため、穴馬候補は⑥番と⑩番と決め3連複フォーメーション馬券を組み立てました。

レース結果は【項目56】で紹介した通り、⑧→⑫→⑩と決まり、「複勝6倍の壁」から浮上した穴馬候補の⑩番は3着と馬券に絡み、3連複4万2470円馬券の的中となりました。

私はこのレースの穴判定が強かったため、馬連ランク2位、3位、5位、6位のボックスから穴馬候補2頭への3連複も追加で購入し、4万円馬券のダブルGETに成功しました。

97 「複勝6倍の壁」を活用して高配当馬券を獲る

もうひとつ「複勝6倍の壁」から浮上した穴馬候補が馬券に絡んだ例を紹介しましょう。2021年6月12日、札幌11Rです。

馬連1番人気は15・0倍、単勝30倍未満の頭数は10頭ですから、このレースは「競馬予報」から大穴型レースと判定されました。

馬連オッズを単勝1番人気から人気順に並び替え、単勝と複勝オッズも人気順に並び

【図F】2021年6月12日札幌11Rの馬連・複勝ランクとオッズ（9時半段階）

	1位	2位	3位	4位	5位	6位	7位	8位	9位	10位	11位	12位	13位	14位	15位	16位
馬連	12	5	2	11	1	10	13	9	3	4	7	15	14	8	16	6
オッズ		15.0	16.4	19.1	23.2	23.2	34.9	48.0	57.1	76.5	78.4	110	186	189	192	426

複勝	5	2	12	10	1	11	3	13	9	4	15	7	16	8	14	6
オッズ	2.5	2.6	2.8	3.2	3.7	3.8	4.6	4.9	5.1	5.6	6.8	6.9	10.8	11.3	15.2	25.3

●2021年６月12日札幌11Ｒ大倉山特別
（３歳以上２勝クラス、芝1200m）

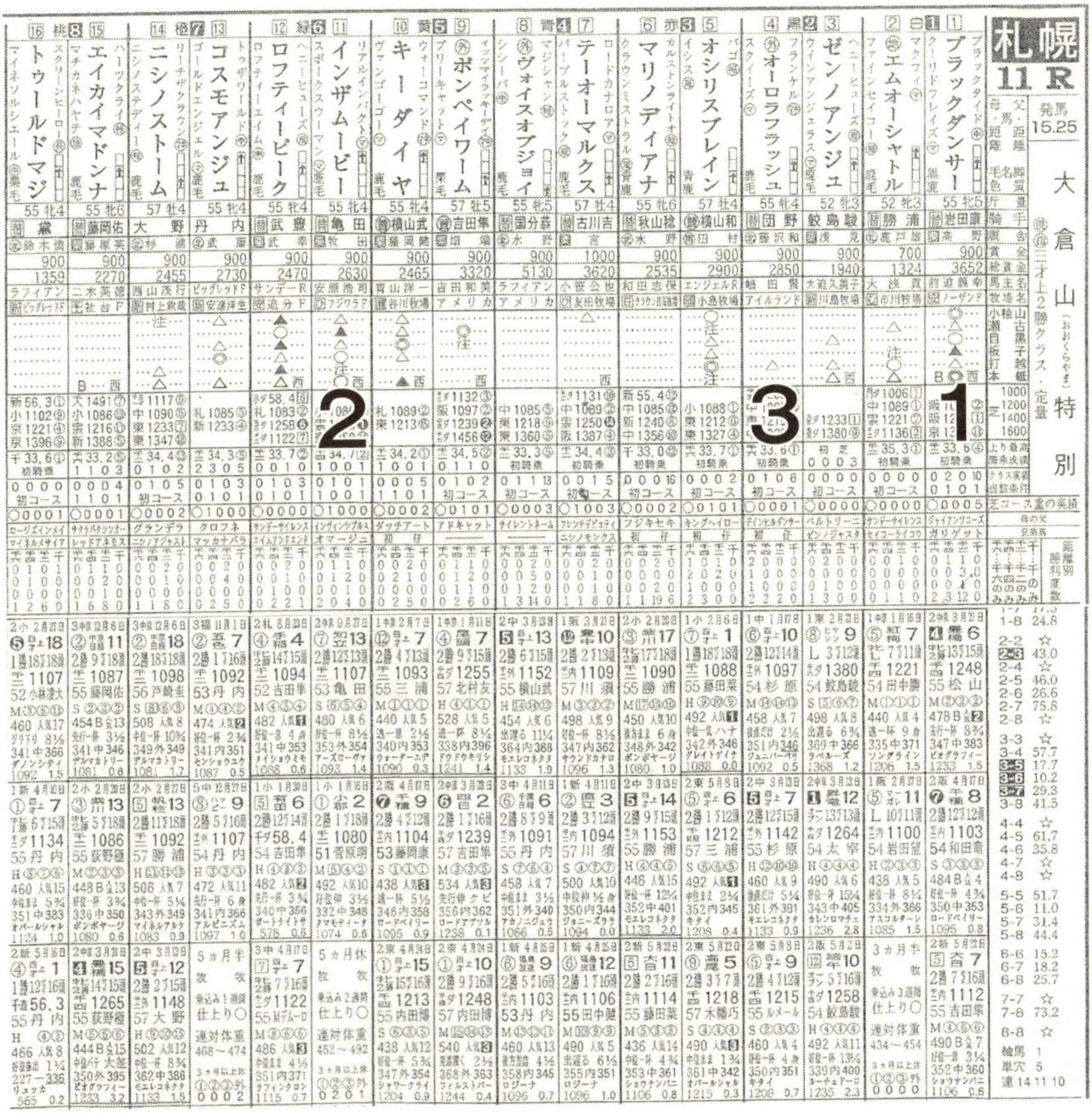

１着①ブラックダンサー　（６番人気）

２着⑪インザムービー　（４番人気）

３着④オーロラフラッシュ（10番人気）

※穴馬候補＝「複勝６倍の壁」前の１頭

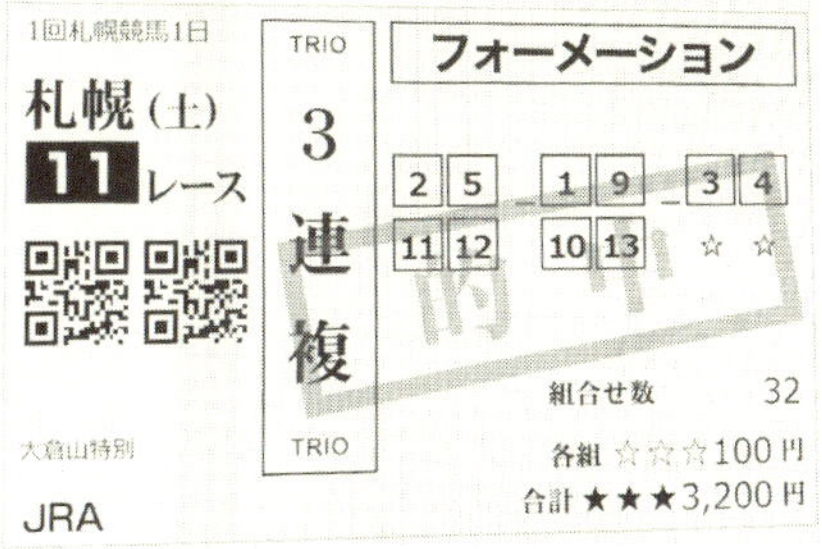

３連複36,040円

替えていきます。並び替えたものが【図F】です（単勝ランクは割愛しました）。

複勝オッズに注目していきましょう。複勝ランク10位は5・6倍、11位は6・8倍と、ここに「複勝6倍の壁」があることがわかります。

「複勝6倍の壁」の前の2頭に注目するのがルールですから、このレースの場合は⑨番と④番となります。しかし⑨番は馬連ランク8位の馬ですから無視して結構です。「複勝6倍の壁」から浮上している2頭が馬連ランク8位以内の馬は、穴馬候補にはなりません。

馬連ランク15位に「オッズの壁」がありますが、ご覧のように馬連オッズは189倍、192倍、⑧番と⑯番の単勝オッズは40倍台以上、複勝オッズも10倍を超えていては、穴馬候補としては弱いです。

レース結果は1着に①番、2着に⑪番と入り、3着には「複勝6倍の壁」から浮上の④番がしっかりと馬券に絡みました。3連複①④⑪は3万6040円と3万円馬券の的中です。馬券のフォーメーションはもちろん、【項目56】で紹介した通りの3連複フォーメーション馬券です。

掲載馬券には穴馬候補の④番と並び、③番が入っていますが、これは馬連9位で57倍ながら単勝が8・0倍、複勝4・6倍と売れていたからです。

98 馬券が証明する「少頭数レース」での高配当的中

少頭数レースでは、どのように馬券を組み立てていけばいいかを紹介していきましょう。

取り上げるのは2020年3月28日、阪神9Rです。このレースは12頭立てで、複勝6倍未満の頭数が8頭ですから、【項目41】で紹介した「競馬予報」のルールである、**複勝6倍未満の頭数が「出走馬の半数＋2以上」**というルールをクリアしています（下の【図G】）。つまり少頭数ながら波乱になる可能性が高いのです。

このレースの軸は⑩番にしました。これは事前にブログでも発表しましたが、馬連ランク2位から単勝と複勝ランクが下がり、おかしな動きをしていたからです。

ここで申し上げたいのは⑩番からの馬券の組み立て方です。私は複勝ランク1位になった馬連4位の①番に注目し、3連複のフォーメーション馬券では馬連ランクで①番までの馬、すなわち⑫番、⑦番、①番を⑩番の相手に選びました。

そして3頭目には、このレースは波乱になる可能性が高いため、下位ランクまですべての馬を入れました。少頭数レースのメリットは、すべての馬に流しても24点と購入点数が少ないことです。

レース結果は、⑩番が1着、2着に①番、3着には馬連11位、複勝12位の⑧番が入り3連複①⑧⑩は3万4100円と3万円馬券の的中となりました。

少頭数レースは複勝6倍未満の頭数が何頭いるかに注目し、「出走馬の半数＋2以上」のルールをクリアしていたら、下位ランクの馬に注目するだけで高配当馬券をGETすることが可能となるのです。

【図G】2020年3月28日阪神9Rの馬連・複勝ランクとオッズ（9時半段階）

	1位	2位	3位	4位	5位	6位	7位	8位	9位	10位	11位	12位
馬連	12	10	7	1	6	9	11	2	4	5	8	3
オッズ		12.7	13.3	15.8	24.5	25.3	27.3	30.2	30.9	42.3	85.2	94.1

複勝	1	12	4	9	7	10	3	6	5	2	11	8
オッズ	2.0	2.2	2.8	2.9	3.0	3.0	4.5	4.9	6.0	6.0	6.4	8.3

●2020年３月28日阪神９Ｒ君子蘭賞（３歳牝馬１勝クラス、芝1200m）

阪神 9R　発馬 14.25　君子蘭（くんしらん）賞　牝 三才1勝クラス・馬齢

馬番	12	11	10	9	8	7	6	5	4	3	2	1
枠	桃8	桃8	橙7	橙7	緑6	緑6	黄5	黄5	青4	赤3	黒2	白1
父	ディープインパクト	オルフェーヴル	クロフネ	ダイワメジャー	フェノーメノ	キングカメハメハ	ディープインパクト	ディープブリランテ	ワールドエース	ルーラーシップ	ディープインパクト	オルフェーヴル
馬名	オーマイダーリン	ショウナンナデシコ	ボンオムトゥック	シャレード	ザイラ	ゴールドティア	ソフトフルート	ドナキアーロ	ピュアカラー	アークフリゲート	エイシンバイエルン	セウラサーリ
母	ラブーム	ショウナンマオ	ガラアフェアー	ヴィヤダーナ	カーリア	ヒストリックスター	ストロベリーフェア	アンソニカ	ヴィヴィッドカラー	チアフルスマイル	トロピカルフローール	サマーナイトシティ
毛色	鹿毛	栗毛	芦毛	栗毛	鹿毛	鹿毛	黒鹿	鹿毛	黒鹿	黒鹿	青鹿	鹿毛
斤量	54 牝3	54 牝3	54 牝3	54 牝3	54 牝3	54 牝3	54 牝3	54 牝3	54 牝3	54 牝3	54 牝3	54 牝3
騎手	武豊	浜中	松山	岡田祥	中谷	ヒューイット	福永	北村宏	国分恭	岩崎	川須	幸
厩舎	河内	須貝尚	高橋亮	藤原英	奥村豊	池添学	松田国	牧浦	[illegible]	渡辺	中尾秀	西園
賞金	400	400	400	400	400	400	400	400	400	400	400	400
総賞金	1250	1250	910	1250	700	750	825	700	850	600	600	690
馬主名	廣崎利洋HD	国本哲秀	窪田芳郎	寺田寿男	吉田和美	キャロットF	ゴドルフィン	山田貢一	サンデーR	野田善己	栄進堂	G1レーシング
牧場名	社台F	天羽牧場	ノーザンF	ノーザンF	オリオンF	ノーザンF	ダーレージャパンF	ノーザンF	ノーザンF	フジワラF	栄進牧場	白老F
持木	○		▲	△		◎	△		△		注	△
瀬古	○		▲	△	△	△			注	△		◎
加茂	注	△	○	◎	△		△		▲		△	
中邑	○	◎	△	△		▲		△	△			注
田崎	◎		○				▲	△		△	注	△
本紙須藤	△	▲	◎	△		注	○		△		△	△
芝持ち時計	京1353①		阪1?2② 阪14?4①	京1215⑧ 京1346④	京1224③ 京1346?	京1358①	東1506④ 阪2014③	東1350⑧ 新1482①	阪1220① 京1346⑤	京1378①	京1533❶	?1352⑦
芝上り	34.6①		33.4①	33.5⑧	34.8⑤	35.5❸	33.8④	34.0⑧	34.3⑤	35.3①	35.6❶	34.0⑤
ダート上り		37.6①										
ダ1600/1800		ダ1456❷ ダ1533④										
芝コース別の実績	○0010	○0000	○0010	○1000	○0000	○0011	○0002	○0000	○0000	○0000	○1000	○1000
母の父	モンズーン	ダイワメジャー	ダイワメジャー	アザムール	カースンシティ	ファルブラヴ	キングマンボ	バージ	ダンスインザダーク	サンデーサイレンス	ビッグシャッフル	エリシオ
兄弟馬	リセエンヌ	初仔	アルボルト	ダノンメジャー	スプレンデレ	ハーブスター	ミッドサマーフェア	インヴォリア	カレンラストショー	メッサーウイング	サンニューヨーカー	ジュールポレール
距離別勝利度数 千五まで	0010	0100	0100	0001	0001	0010	1000	0100	0001	0010	0100	0010
千六のみ	0000	0100	0010	0000	0000	0000	0000	0000	0000	0000	0000	0000
千七含む	0010	0000	0010	0001	0000	0010	1000	0000	0000	0000	0000	0010
二千のみ	0010	0200	0000	0012	0011	0010	2100	0110	0013	0000	0000	0010
前3走	4京10月26日 ⑧新馬 3 新馬 7ト14頭 芝内1373 54武豊 S②②② 462 人気1 先行粘る 3身 369中357 ウトノインプレ 1368 0.5	5京11月16日 ⑤もちの木 4 1勝 1ト10頭 ダ1533 54岩田望 S①①① 460 人気1 逃一息 1¾ 380内377 レーヌブランシ 1530 0.3	4京10月12日 ③新馬 3 新馬 3ト11頭 芝内1395 54福永 H⑩⑩⑩ 460 人気2 後方伸 1¾ 365中373 スマートリアン 1392 0.3	5京11月2日 ①ファンタ 8 GⅢ 3ト15頭 芝外1215 54川田 M⑩⑧⑤ 490 人気4 直線伸い 5¼ 349内354 レシステンシア 1207 0.8	3新10月27日 ⑥新馬 1 新馬 9ト18頭 芝内1238 53西村淳 M⑤④④ 482 人気3 好位抜出 クビ 356中360 メイクアウィッ 1238 0.0	3中京7月20日 ❼新馬 6 新馬 9ト14頭 芝1372 54川田 S⑦⑦⑦ 454 人気2 中位まま 4身 376中356 マイネルグリッ 1366 0.6	5阪12月14日 ⑤未勝 3 未勝 11ト16頭 芝内2014 54福永 M⑤⑤④ 468 人気1 中位伸 クビ 365中356 ディープハーモ 2014 0.0	2新7月28日 ②新馬 1 新馬 12ト15頭 芝外1482 54田辺 S⑤③④ 454 人気6 好位抜出 1¼ 363内346 コウソクスピー 1484 0.2	4中京12月7日 ③つわぶき 8 1勝 11ト14頭 芝1223 54マーフィー S⑪⑪⑨ 432 人気4 脚余す 3½ 358中345 ペコリーノロマ 1218 0.5	兄弟 チアフルアイズ（公） アクロマティック（公）	近親 ロサギガンティア トライフォーサ	4阪9月21日 ⑥新馬 3 新馬 14ト15頭 芝外1375 54幸 S⑧⑦⑦ 442 人気6 中位伸 1¾ 377外340 ロータスランド 1372 0.3
	5京11月10日 ④未勝 1 未勝 6ト16頭 芝内1353 54武豊 S⑭⑬① 462 人気2 直線一気 1½ 363中346 パリスデージー 1355 0.2	1京1月6日 ②1勝 7 1勝 6ト9頭 ダ1553 54川田 S②④⑦ 468 人気1 先行一杯 10¼ 381内381 ヴォルスト 1536 1.7	5阪12月1日 ②未勝 1 未勝 8ト11頭 芝外1484 54藤岡佑 S③②② 456 人気2 G前差す ハナ 367中334 チャイカ 1484 0.0	2京2月23日 ⑧1勝 9 1勝 5ト11頭 芝外1256 54岩田康 S⑧⑧⑦ 502 人気1 後方まま 5身 376内361 フィオリキアリ 1248 0.8	4中京12月7日 ③つわぶき 9 1勝 9ト14頭 芝1224 54鮫島駿 S⑬⑦⑦ 484 人気11 出遅る 4身 356中348 ペコリーノロマ 1218 0.6	5京11月24日 ⑧未勝 1 未勝 11ト15頭 芝内1358 54北村友 M⑨⑨⑤ 458 人気3 中位差切 1¼ 358中359 ヒルノエドワー 1360 0.2	1小1月19日 ❷未勝 8 未勝 15ト15頭 芝2049 54吉田隼 H⑤③④ 462 人気1 先行一杯 11¾ 354外388 ホウオウエクレ 2030 1.9	5東11月17日 ⑥赤松 8 1勝 12ト12頭 芝1350 54石橋脩 S⑩⑨⑧ 456 人気9 中位まま 4¾ 370外340 シャインガーネ 1344 0.6	1京1月18日 ⑥紅梅 6 L 9ト10頭 芝外1251 54幸 S④③③ 436 人気5 好位一息 2¼ 376中351 ヒルノマリブ 1248 0.3	レース診断 上昇度○ 直線でうまく外に出し差し切る。時計は平凡	レース診断 上昇度○ かなり外に振られたが長く脚を使い差し切る	4中京12月14日 ⑤1勝 7 1勝 9ト16頭 芝1356 52斎藤 S③④③ 452 人気2 好位一息 4¼ 364中347 エピファレーズ 1350 0.6
	1京1月12日 ④シンザン 4 GⅢ 5ト10頭 芝外1367 54武豊 S⑨⑦⑦ 456 人気4 出遅る 5身 364内358 サンクテュエー 1359 0.8	1小1月19日 ❷ネモフィ 2 1勝 4ト7頭 ダ1456 54西村淳 M②②① 470 人気3 4角先頭 1¼ 361中383 ミヤジコクオウ 1454 0.2	4ヵ月休 放牧 乗込み5週間 仕上り○ 連対体重 456～464 3ヵ月以上休 ①②③外 0100	1中京3月7日 ③フローラルウ 4 1勝 10ト13頭 芝1346 54岡田祥 S⑤⑧⑨ 496 人気5 後方追上 ¾身 360外348 ジュンライトボ 1345 0.1	1中京3月7日 ③フローラルウ 7 1勝 12ト13頭 芝1347 54中谷 S③③③ 494 人気11 好位一息 1½ 357中354 ジュンライトボ 1345 0.2	2京2月16日 ⑥こぶし賞 3 1勝 4ト7頭 芝内1392 54北村友 S④⑤④ 456 人気4 中位伸 2身 384中355 ウトノインプレ 1389 0.3	1中京2月29日 ①未勝 1 未勝 10ト17頭 芝2018 52岩田望 S④④⑤ 468 人気1 好位抜出 2身 370外351 カレンブラッキ 2021 0.3	2中2月29日 ①デイジー 6 1勝 2ト9頭 芝内1492 54ミナリク S⑧⑥⑥ 464 人気7 出遅る 2身 388内348 ウインマイティ 1489 0.3	1中京3月7日 ③フローラルウ 6 1勝 4ト13頭 芝1346 54シュタルケ S⑬⑬⑬ 438 人気6 後方差詰 ¾身 371中343 ジュンライトボ 1345 0.1	2京2月9日 ④新馬 1 新馬 6ト16頭 芝内1378 54岩崎 S⑨⑧⑨ 446 人気8 中位一気 ½身 371中353 アドマイヤパン 1379 0.1	2京2月16日 ⑥新馬 1 新馬 4ト16頭 ダ外1533 54川須 S⑥⑤③ 458 人気12 G前差す ハナ 387外356 スマートクラー 1533 0.0	2京2月16日 ⑥未勝 1 未勝 9ト14頭 芝内1377 54福永 M⑤④① 452 人気2 好位抜出 クビ 362外368 ダイメイボーイ 1377 0.0

枠連	オッズ
1-7	13.2
1-8	13.3
2-2	—
2-3	☆
2-4	☆
2-5	61.8
2-6	82.6
2-7	31.4
2-8	31.7
3-3	—
3-4	☆
3-5	☆
3-6	☆
3-7	51.1
3-8	51.5
4-4	—
4-5	44.3
4-6	59.2
4-7	22.5
4-8	22.7
5-5	55.1
5-6	24.0
5-7	9.1
5-8	9.2
6-6	☆
6-7	12.2
6-8	12.3
7-7	14.4
7-8	4.6
8-8	17.9

軸馬 10　単穴 7　連 9 11 2

１着⑩ボンオムトゥック（３番人気）
２着①セウラサーリ（４番人気）
３着⑧ザイラ（11 番人気）

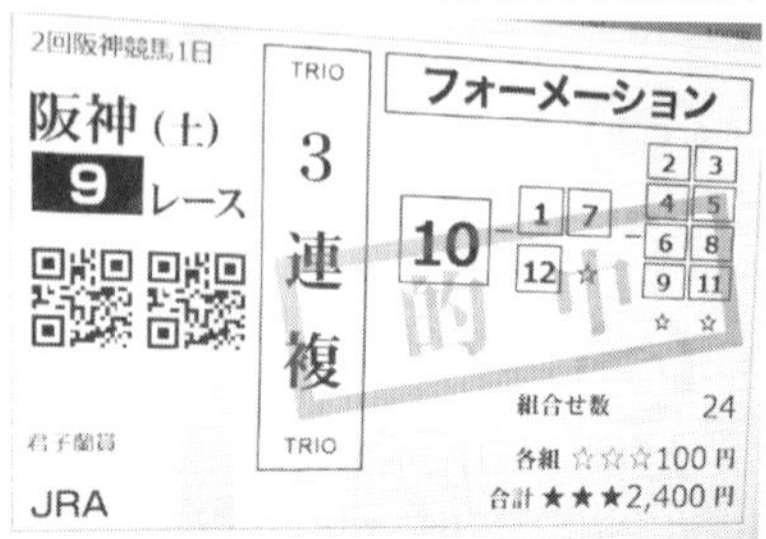

３連複34,100円

99 馬券が証明する「1頭軸」からの高配当的中

日刊コンピ指数を活用し軸馬を1頭に絞り、そこから高配当馬券を狙い撃ちする方法を紹介しましょう。

２０２１年1月10日、中京10Ｒ新春Ｓです。

【図Ｈ】をご覧ください。このレースはコンピ指数13位の③番は馬連8位、複勝は5位と大きく上昇していることがわかります。私は③番を軸馬として決定しました。

3連複馬券の組み立て方ですが、馬連3位に「オッズの壁」があるため、まずは③番の相手には⑩番、⑥番、⑫番を選びました。

3頭目は馬連4位から8頭です。1頭流しの3連複フォーメーションの点数は24点程度をひとつの基準としています。

その代わり注意しなければならいことがあります。このレースの場合、3頭目の馬として②番、⑪番、①番、⑬番をカットしています。この4頭へは、③番からワイド馬券で流してください。③番から上位3頭の馬が絡み、3頭目の馬としてこの4頭が絡んだケースでは3連複馬券は外れとなりますが、ワイド馬券は的中となるからです。

【図Ｈ】2021年1月10日中京10Ｒの日刊コンピ＆馬連・複勝ランクとオッズ

（9時半段階）

コンピ	1位	2位	3位	4位	5位	6位	7位	8位	9位	10位	11位	12位	13位	14位	15位	16位
馬番													3			

	1位	2位	3位	4位	5位	6位	7位	8位	9位	10位	11位	12位	13位	14位	15位	16位
馬連	10	6	12	9	8	16	15	3	7	4	5	14	2	11	1	13
オッズ		4.7	6.5	16.2	20.0	27.1	32.1	34.8	42.6	45.7	47.3	48.4	51.3	56.6	59.7	113

複勝	10	6	12	9	3	8	15	14	5	4	16	1	11	7	2	13
オッズ	1.2	2.7	3.7	4.7	4.8	5.1	7.0	8.0	8.6	9.0	9.1	10.1	11.7	12.6	12.6	13.2

●2021年1月10日中京10R新春S（4歳以上3勝クラス、芝1200m）

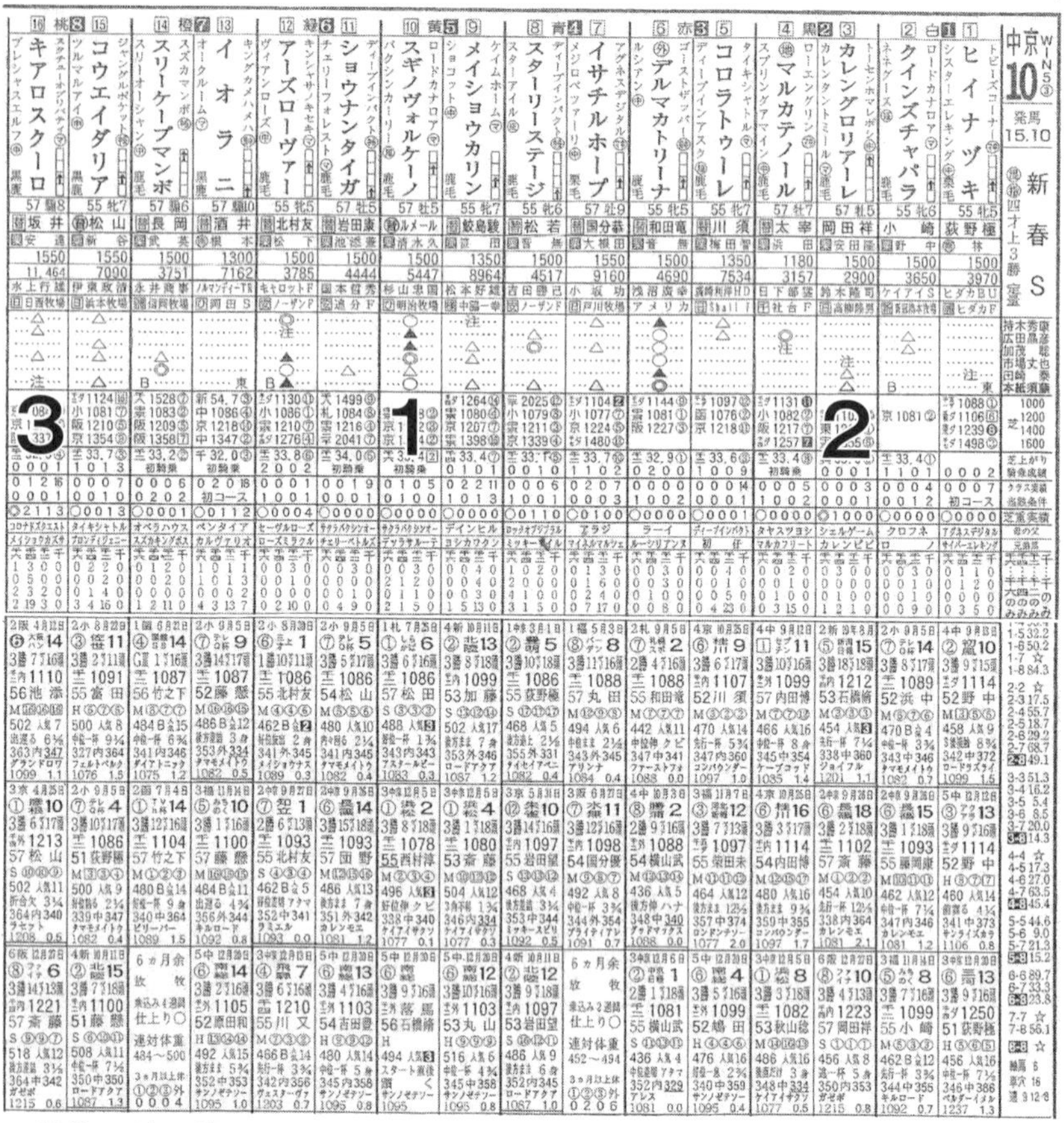

馬番	枠	馬名	父	母	毛色	斤量・性齢	騎手	調教師	賞金	総賞金	馬主	生産者
16	桃8	キアロスクーロ	スタチューオブリバティ	プレシャスエルフ	黒鹿	57 騸8	坂井	安達	1550	11,464	水上行雄	日西牧場
15	桃8	コウエイダリア	ジャングルポケット	ツルマルアイ	黒鹿	55 牝7	松山	新谷	1550	7090	伊東政清	浜本牧場
14	橙7	スリーケープマンボ	スズカマンボ	スリーオーシャン	鹿毛	57 騸6	長岡	武英	1500	3751	永井商事	信岡牧場
13	橙7	イオラニ	キングカメハメハ	オークルーム	黒鹿	57 騸10	酒井	根本	1300	7162	ノルマンディーTR	岡田S
12	緑6	アーズローヴァー	キンシャサノキセキ	ヴィアンローズ	鹿毛	55 牝5	北村友	松下	1500	3785	キャロットF	ノーザンF
11	緑6	ショウナンタイガ	ディープインパクト	チェリーフォレスト	鹿毛	57 牡5	岩田康	池添兼	1500	4444	国本哲秀	追分F
10	黄5	スギノヴォルケーノ	ロードカナロア	バクシンカーリー	鹿毛	57 牡5	ルメール	清水久	1500	5447	杉山忠国	明治牧場
9	黄5	メイショウカリン	ケイムホーム	ショコット	鹿毛	55 牝7	鮫島駿	笹田	1350	8964	松本好雄	中脇一幸
8	青4	スターリーステージ	ディープインパクト	スターアイル	鹿毛	55 牝6	松若	音無	1500	4517	吉田勝己	ノーザンF
7	青4	イサチルホープ	アグネスデジタル	メジロペツアーリ	栗毛	57 牡9	国分恭	大根田	1550	9160	小坂功	戸川牧場
6	赤3	デルマカトリーナ	ゴーストザッパー	ルシアン	鹿毛	55 牝5	和田竜	音無	1500	4690	浅沼廣幸	アメリカ
5	赤3	コロラトゥーレ	タイキシャトル	ディープインアスク	鹿毛	55 牝7	川須	梅田智	1350	7534	廣崎利洋HD	Shall I
4	黒2	マルカテノール	ローエングリン	スプリングアマイン	鹿毛	57 牡7	太宰	浜田	1180	3157	日下部猛	社台F
3	黒2	カレングロリアーレ	トーセンホマレボシ	カレンタントミール	鹿毛	57 牡5	岡田祥	安田隆	1500	2900	鈴木隆司	高柳隆男
2	白1	クインズチャパラ	ロードカナロア	ネオグース	鹿毛	55 牝6	小崎	野中	1500	3650	ケイアイS	[illegible]
1	白1	ヒイナヅキ	トビーズコーナー	シスターエレキング	栗毛	55 牝5	荻野極	林	1500	3970	ヒダカBU	ヒダカF

1着⑩スギノヴォルケーノ（1番人気）

2着③カレングロリアーレ（7番人気）

3着⑯キアロスクーロ　　（8番人気）

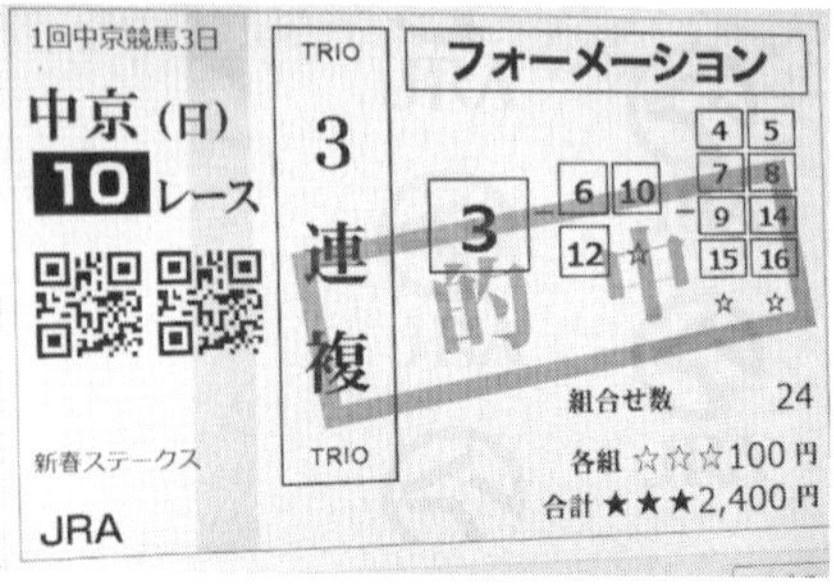

3連複26,730円

このようなちょっとした気配りをするだけで、回収率を上げることが可能となります。

レース結果は、1着は人気馬の⑩番、2着はコンピ指数13位から上昇した③番、3着に⑯番が入り、3連複③⑩⑯は、2万6730円馬券の的中となりました。

100 「逆・突入&移動馬」が馬券に絡んで高配当馬券を演出

2020年12月13日、中山12Rで面白い馬券が飛び出しました。

下の【図I】をご覧ください。このレースの「競馬予報」は馬連1番人気10・7倍、単勝30倍未満の頭数が11頭となっており、大穴型レースと判定されました。しかし馬連8位になっても馬連オッズは23・4倍と、馬連1位の⑭番から売れていることがわかります。

私が注目したのは⑦番です。理由は⑦番が馬連ランク3位から複勝10位と7ランク下がり、「突入&移動馬」の逆バージョンの状態になっていたからです。⑦番は「複勝6倍の壁」の前の1頭にもなっています。

穴馬として注目したのは馬連8位に出現した「オッズの壁」の直後の3頭です。すなわち⑬番、⑪番、⑨番。3頭目は上位7頭すべてに流しました。

【図I】2020年12月13日中山12Rの日刊コンピ&馬連・複勝ランクとオッズ

（9時半段階）

コンピ	1位	2位	3位	4位	5位	6位	7位	8位	9位	10位	11位	12位	13位	14位	15位
馬番															9

	1位	2位	3位	4位	5位	6位	7位	8位	9位	10位	11位	12位	13位	14位	15位
馬連	14	1	7	5	2	10	8	6	13	11	9	12	4	3	15
オッズ		10.7	11.7	12.4	13.6	13.7	15.9	23.4	44.8	49.5	53.7	73.5	89.7	149	155

複勝	14	9	2	8	10	13	1	6	5	7	12	11	4	15	3
オッズ	1.7	3.0	3.6	3.6	4.1	4.3	4.7	4.8	4.9	5.0	7.7	7.9	8.5	9.9	11.3

●2020年12月13日中山12Ｒ（３歳以上２勝クラス、芝1200m）

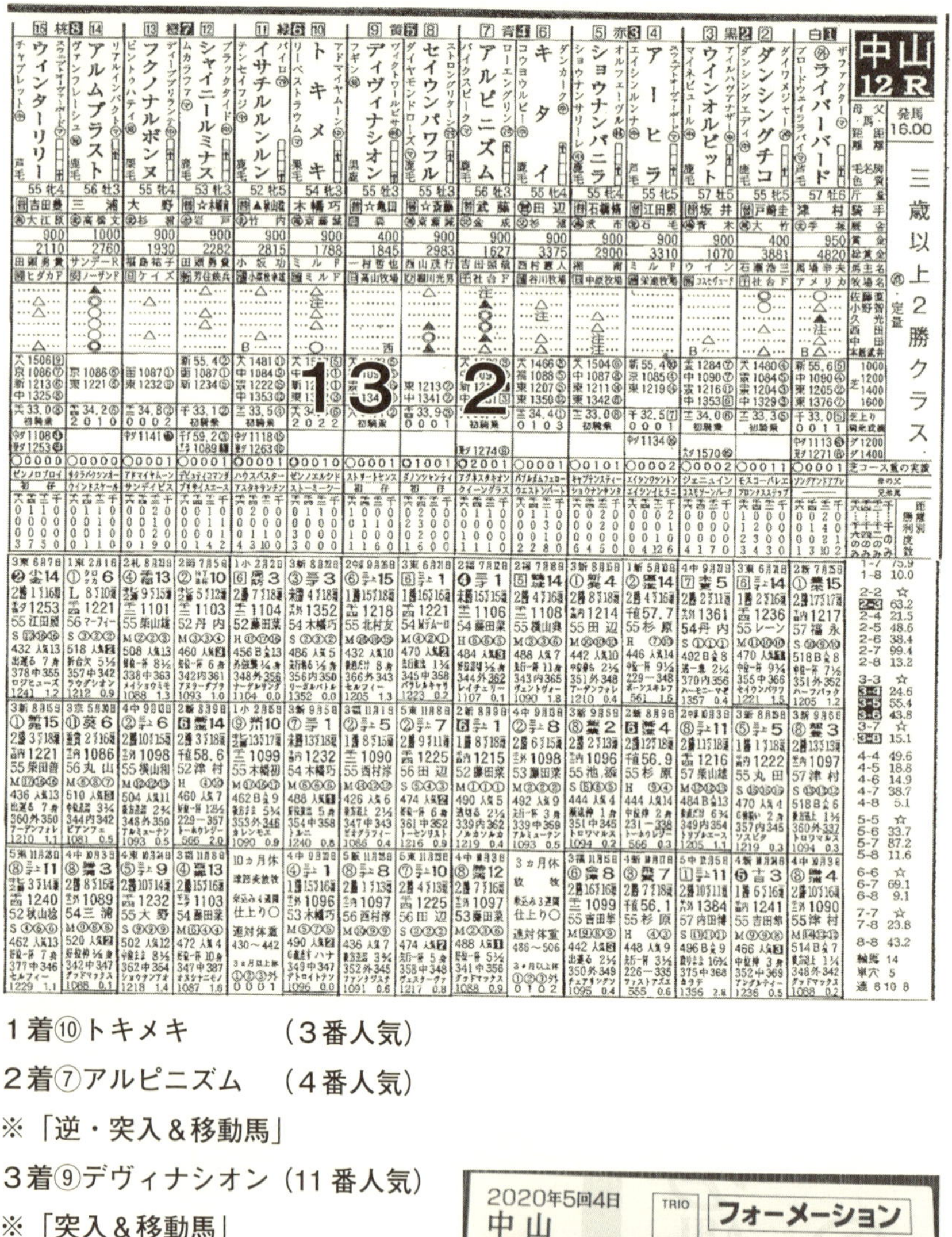

１着⑩トキメキ　　　　（３番人気）

２着⑦アルピニズム　（４番人気）

※「逆・突入＆移動馬」

３着⑨デヴィナシオン（11 番人気）

※「突入＆移動馬」

３連複50,760円

レース結果は、1着には上位ランクの⑩番、2着には軸馬として狙った「逆・突入&移動馬」の⑦番、3着には「オッズの壁」の直後の馬である⑨番と入って、3連複⑦⑨⑩5万760円馬券の的中となりました。

このレース、図Iでもわかるように⑨番はコンピ指数最低ランクから、馬連ランク11位、複勝ランクはなんと2位に上昇していたのです。⑨番は馬連ランク11位から複勝2位へと9ランク上昇した「突入&移動馬」だったわけです。

強烈な「逆・突入&移動馬」と「突入&移動馬」が3連複5万円馬券を演出した面白いレースでした。

おわりに…オッズは高配当馬券的中へのパスポートです

いかがだったでしょうか。オッズを使えば高配当馬券を簡単に的中させることが可能であるということが理解できたかと思います。

3連複や3連単といった3連系の馬券が登場するようになってから、万馬券は珍しいものではなくなりました。しかし珍しくないからといって、簡単に当たるほど馬券の世界は単純ではありません。しかしオッズを使えば、単純ではない馬券の世界を単純にすることができるのです。

9時半のオッズからたった2つの条件を調べるだけで、高配当馬券に近づくことができるなんて予想もしなかったことでしょう。さらに100万円馬券といった夢の超万馬券が飛び出す予兆まで察知できるのです。

万馬券を的中させたいからといって、常に人気薄の穴馬から馬券を買っていたら、いくら資金があっても足りません。しかし事前にレースが波乱になるとわかっていたら、効率よく高配当馬券を釣り上げることは可能ではないでしょうか。

オッズは、自分が購入する馬券の配当がどれくらいなのか、自分が軸馬として決めている馬はどれくらいの人気なのかを知る程度しか活用していない人が多いと思います。つまり、オッズは自らの予想にとって、脇役的なツールといえるでしょう。

しかし私の場合、オッズは主役です。オッズがないとレースは波乱になるか、どの馬が高配当馬券を演出するか、まったくわかりません。

本書を最後までお読みいただいた方は、オッズが競馬予報や競馬予想をするうえで、極上のツールであることを実感していただけたかと思います。

単勝や複勝オッズの人気をチェックしたことはあっても、馬連を人気順に並び替えるようなことをしていた人は少ないと思います。馬連人気や単勝、複勝人気を比較した経験も少ないのではないかと思います。しかも朝のオッズ、9時半のオッズでです。

9時半のオッズと最終オッズと比べると、確かにオッズは動いています。特に単勝・複勝オッズは変化しています。

オッズは時間とともに変化するから馬券必勝法には不向きだという声も聞きますが、私が実践しているオッズ馬券は「バランス」や「競馬予報」が軸になっているため、5分や10分程度のオッズの変化では影響しません。9時半のオッズに注目といえども「9時25分から35分頃のオッズ」でも大丈夫です。

本当に波乱になるレースや穴馬券を演出する穴馬は、その程度の誤差では変化しません。それは約25年間、オッズ馬券を検証し続けた結果から申し上げているのですからご安心ください。

現在、私はブログで日刊コンピ指数を使いながら、翌日のレース予報（どのレースが波乱になるか）をアップしています。興味のある方は是非のぞきに来てください。

◆大谷清文のブログ　http://manbaken7.blog.fc2.com/

２０２１年11月上旬　大谷清文

●著者紹介

大谷清文（おおたに　きよふみ）

1963年4月22日、群馬県館林生まれ。明治大学商学部卒。出版社に入社。マンガ雑誌、競馬雑誌（ザ・競馬）の編集長を経て書籍編集に従事。テレビでハイセイコーの姿を見たのが、競馬との最初の出会い。シンボリルドルフの単勝馬券を２回外したことから、単勝オッズと人気馬の動向に気づく。故・松本守正氏、故・相馬一誠氏、互冨穴ノ守氏との出会いがオッズの研究に拍車をかけ、出版社退社後、本格的にオッズ馬券の研究に没頭し、オッズだけで馬券を買うようになって、回収率がプラスに転じた。著書に『回収率をあげるオッズ馬券の教科書』『回収率をあげるオッズ馬券の参考書』『回収率をあげるオッズ馬券の奥義』『楽しみながら儲ける馬券攻略Xファイル』『競馬力を上げる馬券統計学の教科書』『ネット投票で儲ける！オッズ馬券の新常識』（いずれもガイドワークス刊）など。

●大谷清文のブログ

http://manbaken7.blog.fc2.com/

勝《か》つ!儲《もう》ける!極《きわ》める!オッズ馬券幸福論《ばけんこうふくろん》

発行日　2021年12月5日　　第1版第1刷

著　者　大谷《おおたに》　清文《きよふみ》

発行者　斉藤　和邦

発行所　株式会社　秀和システム
〒135－0016
東京都江東区東陽2-4-2　新宮ビル2F
Tel 03-6264-3105（販売）　Fax 03-6264-3094

印刷所　三松堂印刷株式会社　Printed in Japan

ISBN978-4-7980-6640-0 C0075